U0922087

珍藏本
纪念版

汉译世界学术名著丛书

资本和收入的性质

〔美〕欧文·费雪 著

谷宏伟 卢欣 译

谷宏伟 审校

商务印书馆
SINCE 1897 The Commercial Press
2017年·北京

Irving Fisher
THE NATURE OF CAPITAL AND INCOME

本书根据麦克米伦公司 1906 年版译出

汉译世界学术名著丛书
（120年纪念版·珍藏本）
出版说明

2017年2月11日，商务印书馆迎来120岁的生日。120年前，商务印书馆前贤怀揣文化救国的理想，抱持“昌明教育，开启民智”的使命，立足本土，放眼寰宇，以出版为津梁，沟通中西，为中国、为世界提供最富智慧的思想文化成果。无论世事白云苍狗，潮流左右激荡，甚至战火硝烟弥漫，始终践行学术报国之志，无改初心。

逡译世界各国学术名著，即其一端。早在20世纪初年便出版《原富》《天演论》等影响至今的代表性著作，1950年代后更致力于外国哲学和社会科学经典的译介，及至1980年代，辑为“汉译世界学术名著丛书”，汇涓为流，蔚为大观。丛书自1981年开始出版，历时三十余年，迄今已推出七百种，是我国现代出版史上规模最大、最为重要的学术翻译工程。

丛书所选之书，立场观点不囿于一派，学科领域不限于一门，皆为文明开启以来，各时代、各国家、各民族的思想与文化精粹，代表着人类已经到达过的精神境界。丛书系统译介世界学术经典，引领时代思想，为本土原创学术的发展提供丰富的文化滋养，为推动中国现代学术和现代化进程做出了突出的贡献。

为纪念商务印书馆成立120周年，我们整体推出“汉译世界学术名著丛书”120年纪念版的珍藏本，寄望既利于文化积累，又便于研读查考，同时向长期支持丛书出版的译者、编者和读者致以敬意。

两甲子后的今天，商务印书馆又站在了一个新的历史时间节点上。我们不仅要铭记先辈的身影和足迹，更须让我们的步伐充满新的时代精神。这是商务人代代相传的事业，更是与国家和民族的命运始终紧密相连的事业。我们责无旁贷，必须做好我们这代人的传承与创造，让我们的努力和成果不仅凝聚成民族文化的记忆，还能成为后来人可以接续的事业。唯此，才能不负前贤，无愧来者。

商务印书馆编辑部

2017年10月

目　　录

序言 …………………………………………………………………… 1

导论:基本概念

第一章　财富 …………………………………………………… 7
第二章　产权 …………………………………………………… 22
第三章　效用 …………………………………………………… 43

第一部分　资本

第四章　资本 …………………………………………………… 53
第五章　资本账户 ……………………………………………… 70
第六章　资本总和 ……………………………………………… 94

第二部分　收入

第七章　收入 …………………………………………………… 105
第八章　收入账户 ……………………………………………… 122
第九章　收入总和 ……………………………………………… 146
第十章　精神收入 ……………………………………………… 171

第三部分　资本和收入

第十一章　四种收入—资本比率 ……………………………… 189

第十二章　利率的概念…………………………………… 198
第十三章　资本价值……………………………………… 210
第十四章　赚得与收入…………………………………… 237
第十五章　资本和收入的账户…………………………… 270
第十六章　风险因素……………………………………… 281

第四部分　总结

第十七章　用图对第三部分内容所做的总结…………… 323
第十八章　一般性的总结………………………………… 345
词汇表　书中所用诸定义之概要………………………… 352

附录

第一章附录……………………………………………… 365
第三章附录……………………………………………… 369
第七章附录……………………………………………… 371
第十一章附录…………………………………………… 383
第十二章附录…………………………………………… 384
第十三章附录…………………………………………… 397
第十四章附录…………………………………………… 428
第十六章附录…………………………………………… 436

译后记…………………………………………………… 447

附 录 目 录

第一章附录…… 365
§1(对应第一章第7节)财富、价格、价值的量度 …… 365
第三章附录…… 369
§1(对应第三章第4节)边际合意的数学表示 …… 369
第七章附录…… 371
§1(对应第七章第1节)收入定义的范例 …… 371
第十一章附录…… 383
§1(对应第十一章第2节)收入—资本比率的量度 …… 383
第十二章附录…… 384
§1(对应第十二章第2节)利率被理解为资本价格意义时的年金和半年年金等的数学关系 …… 384
§2(对应第十二章第4节)利率被理解为溢价时的年金和半年年金等的数学关系、图形表达以及经济解释等 …… 385
§3(对应第十二章第6节)溢价意义上第一年4%和之后每年3%的利率相当于价格意义上的第一年3.03%的利率 …… 389
§4(对应第十二章第6节)价格意义上的第一年4%和之后

每年3%的利率相当于溢价意义上的第一年37.33%的利率 …… 390
§5(对应第十二章第6节)溢价意义上的利率和价格意义上的利率之间的数学关系 …… 391
§6(对应第十二章第7节)利率和贴现之间的数学关系 …… 392
§7(对应第十二章第7节)按不同时间计算的贴现率之间的数学关系 …… 394
§8(对应第十二章第8节)利率、贴现率和资本化率的量度 …… 395
第十三章附录 …… 397
§1(对应第十三章第1节)一笔一年期金额的现值公式 …… 397
§2(对应第十三章第1节)任意期 t 的一笔金额 V 的现值公式 …… 397
§3(对应第十三章第3节)永续年金的现值公式 …… 398
§4(对应第十三章第3节)按年、半年、季度支付以及连续支付的年金的资本价值公式和图形 …… 399
§5(对应第十三章第3节)非连续收入和连续收入的图形 …… 401
§6(对应第十三章第5节)有期年金的资本价值的公式 …… 404
§7(对应第十三章第5节)用图形讨论有期年金的公式。“总贴现”、“总利息”和折旧 …… 404

§8(对应第十三章第7节)债券价值的公式 …… 408
§9(对应第十三章第7节)债券价格溢价单独复合计算的另一种方法 …… 410
§10(对应第十三章第7节)每年计息多次时的债券价格公式 …… 412
§11(对应第十三章第8节)任意系列收入的资本价值公式 …… 413
§12(对应第十三章第8节)从既定的连续收入流中推导出资本价值的图形和公式 …… 414
§13(对应第十三章第8节)一个既定收入流的累计金额的图示 …… 418
§14(对应第十三章第10节)对存货或者商品按半年、季度以及连续时间计算利率的结果 …… 419
§15(对应第十三章第11节)利率变化的影响 …… 421
§16(对应第十三章第11节)用极坐标表示资本和收入 …… 425
第十四章附录 …… 428
§1(对应第十四章第5节)利率变化时,有关标准收入的两个不同概念 …… 428
§2(对应第十四章第12节)可预见的税收对资本增值的影响 …… 430
§3(对应第十四章第13节)应用:一个对实际收入征税的不切实际的所得税体系 …… 432

第十六章附录…………………………………………………… 436
§1(对应第十六章第6节)概率、谨慎和风险的数学系数
…………………………………………………… 436
§2(对应第十六章第7节)风险债券的数学价值公式 …… 437
§3(对应第十六章第10节)用标准差衡量的均值的变异
…………………………………………………… 440
§4(对应第十六章第20节)均衡的纯寿险保费的计算方法
…………………………………………………… 444

序　言

资本和收入的概念众多、理论纷繁，本书旨在为其提供一个理性的基础。除了意图构建某种有关经济核算的哲学外，我们还尝试为蕴含在现实经济交易与抽象经济理论背后的思想和应用间的割裂搭起一座桥梁。对某些读者而言，书中的个别主题可能过于拖沓，但经验表明，经济大厦如果建得太过草率、缺乏根基，坍塌就不可避免，可很少有人愿意在夯实基础上花太多心思；此外，一些本质上技术性强或与主题关系不大的内容（尤其是数学公式）则被安排到了附录中。

有些内容不会立刻得到读者的赞同，这是因为，一个主题无论如何编排，都难保毫无异议。为了令层次清晰，每一部分内容都为下一部分做了铺垫，这种想法也使得将某些主题延后介绍成为必要——直到我们认为这么做会给读者造成困扰为止。因此，就某些内容而言，我们要求读者在没有读完之前，不要急于下结论；而且，如果必要，一遇到问题就应立刻重读这部分内容。收入的概念是本书的核心，而上述建议对于理解这一问题格外有用。很多人曾对本书的原稿提出过善意的批评，其中一些人会对第七章的结论表示强烈的质疑，可一旦读完第十四章之后，所有疑虑都会烟消云散。

在经济学文献中，收入的本质至今也是一个难以理解的主题，多花些时间学习是必要的。在所有的经济问题中，收入都扮演了至关重要的角色。收入是资本存在之因，亦是辛苦劳作之缘，而收入分配则结出世间贫富有别之果。

对这一问题感兴趣的不仅有理论经济学家，还包括关注现实事务和社会改革的芸芸众生以及会计师、保险精算师和数学家。本书的安排可使一般读者（如果想这样的话）略过技术环节（比如附录及第十七章），但建议所有读者都要重点关注第六、第七、第九和第十四章的内容。

术语的使用并非小事。一般而言，某个术语的运用和含义均为唯一，但这个想法很难付诸实践。在本书中，有时诸词同义，比如“资源”和“资产”，又或“效用”和“欲求”；有时一词多义，像“资本”在不同情境下分别有“资本品”和“资本价值”的含义。为了不致引起混乱和歧义，我们还是做了特别的工作。每个定义均被小心构架，且可于书末的词汇表中找到。

书中的个别章节曾以不同形式散现于经济学期刊，故本书可仅视为多年来发表在《经济学期刊》（*Economic Journal*）上的诸多文章之思想的阐释。感谢期刊的出版商允许我原封不动使用如下文章：“何谓资本”（1897），“资本之诸含义”（1898），“资本在经济理论中的地位”（1898）。同样也要感谢《经济学季刊》（*Quarterly Journal of Economics*）允许我使用“资本定义之先例”（1904）一文。

此书的出版有赖于众人的慷慨相助，在此一并表示谢意。特别是我的妻子，我的兄弟赫伯特·费雪（Herbert W. Fisher），包括亨利·埃默里(Henry C. Emery)教授、约翰·诺顿(John P. Norton)教授、莱斯特·查特曼(Lester W. Zartman)博士在内的诸位同事,以及来自纽约的好友理查德·赫德(Richard M. Hurd)和奥兰德·伊斯贝尔(Orland S. Isbell)两位先生。

欧文·费雪

康涅狄格州 纽黑文市

1906年6月

导论：基本概念

第一章　财富
第二章　产权
第三章　效用

第一章　财富

§1

在本书中，“财富”一词用来表示为人类所有的有形物件（或实物）。根据这一定义，某一物件若要成为财富，只需满足两个条件：第一，它必须是有形的（material）；第二，它必定是有主的（owned）。也有人加入了第三个条件——它必然是有用的（useful）。不过，尽管有用性的确是财富的一个本质属性，但远谈不上有什么特别之处。有用性隐含于占有特征之中，放在定义中略显多余，故而可删去不表。有一些学者〔如坎南（Cannan）〕虽然明言，某一物件若能被视为财富就必须是有用的，但忽略了其必定有主的一面，于是将财富定义为“有用的有形物件”。而如此定义的问题在于，内容太过笼统。风、雨、云、湾流和天体（特别是给予我们光、热和能量的太阳）都是有用的，但它们都无主，进而也不是我们通常所理解的财富。还有一些学者坚持认为，某一物件必须是“可交换的”，才能被视为财富。采用这一限定条件的结果是，它将公园、国会大厦、海牙的和平寺等诸多受托财富排除在外。不仅如此，实际上，它也把所有永久地由某些人掌管的财富都排除了。因此，财富应

该有主是一项必不可少的条件——尽管有可能数易其主。也有一些学者〔如麦克劳德(McLeod)〕将财富必须是“有形的”这一限定条件完全忽略掉,以便扩大“财富”一词的范畴,从而将股票、债券以及其他形式的产权(或所有权)这些“无形财富”同人和其他服务一道涵盖进来。诚然,财富的产权及其提供的服务与财富本身密不可分,但这二者并非财富。将上述内容涵盖在一个术语之中,是对财富的一种三次重复计算。例如,铁路、铁路股份和乘铁路出行,这三项都与财富这一范畴息息相关,但它们却分别对应着财富、财富的权利和财富提供的服务。最后,仍有个别经济学家〔如塔特尔(Tuttle)〕在定义财富时企图完全脱离有形物件这项限定。他们坚持认为,“财富”一词所指的不是有形物件,而是这些物件的价值。用以支持这种观点的证据颇多,但由于其主要解决的是表述问题,也就是说,不是找寻一个恰当的概念,而是为概念寻找一个适宜的词汇,因此,这种定义看来也不足取,它背离了经济学家对财富的一般看法。

综上所述,“财富”一词囊括了有形万物中所有那些为人类所有和所用的部分。它不包括太阳、月亮、星星,因为无人拥有它们。它局限于我们这颗小小的星球,而且仅限于其中的某些部分,即地表中为人类所有的那些区域以及附着于其上的那些为人类所有的物件。这种占有无须是完全的,通常仅为其中一部分,而且出于特定目的。以纽芬兰岛沿岸的海域为例,对该海域的所有权仅限于一些特定国家的渔民在其临近海域拥有的捕鱼权;如果换个角度看,该海域是向所有人开放的。那么,是否存在所有权不受任何限制的物件,使得所有者在使用(这些物件)时可以完全无视他人的意愿呢？事实上，如果真有的话，难免会让人心生疑虑。因此，对任何物件的占有，其实都是指对该物件的占有程度。

财富范畴下的任何单个物件均可以被称作财富**项**、财富**件**或者财富**工具**(instrument)。也许"财富工具"一词最为方便。首次使用该词的是约翰·雷(John Rae)，时间可以追溯至1834年。[①]

§2

财富的三个类别清清楚楚、一目了然。由地表构成的财富被称为土地；土地之上建造的所有固定建筑物被称作土地改良物(land improvement)；土地和土地改良物一道又构成了不可移动的财富——不动产。我们将所有可移动的财富(除人类自身以外)称作商品。人属于第三类财富——其中不仅包括为他人所有的奴隶，还包括独立自主的自由人。

当然，自由人通常是不算作财富的；即便算，也是一种极特殊的财富形式。原因可归结为以下几点：首先，他们不像一般的财富那样可以买卖；其次，与其他人相比，所有者往往会高估自身的重要性；最后，所有者与所有物互为彼此、同为一人。尽管如此，自由人与其他财富一样，也是"有形的"和"有主的"。这些属性及其连带的其他属性可以证明，将自由人纳入财富范畴是正确的。[②] 但

① 《政治经济新原理》，最近以《资本的社会理论》为名重印，麦克米伦公司，1905年。

② 将人纳入财富范畴的学者包括：达韦南特(Davenant)、配第(Petty)、卡纳德(Canard)、萨伊(Say)、麦克库洛赫、(McCulloch)、罗雪尔(Roscher)、维特斯坦(Wittstein)、瓦尔拉(Walras)、恩格尔(Engel)、韦斯(Weiss)、达甘(Dargun)、奥弗纳(Ofner)、尼克尔森(Nicholson)以及帕累托(Pareto)等人。

为了尽可能地与财富的常规用法保持一致,我们又构建了以下补充定义:(从狭义上讲)财富指的是为人类所有的除其自身以外的有形物件。显然,这一定义将奴隶包含在内,而将自由人排除在外。但是,与之前给出的广义的定义相比,这一狭义的定义更难应用,因为它要求我们将那些介于自由人与奴隶之间的人群(如与帝王有君臣关系的诸侯、受合约束缚的仆人、长期的学徒和处于劳役状态的黑人)进行分门别类,要么将其归为自由人一边,要么把他们纳入到奴隶一类。可这种分类本身存在着很大的武断性和任意性。一个签有三十年劳务合同的人与奴隶相差无几。如果将此人的劳动期限无限延长,受管制的程度不断加大,则此人与奴隶的差别便成为无差之别了;而如果将他的服务期无限缩短,则情况又接近于自由人。实际上,现代社会中的大多数劳动者都是"受雇于人"的,也就是说,他们在某种程度上、在某段时间内都是受到合同约束的,即使这段时间可能短到只有一个小时,但他们在这段时间内也难言有人身自由。简而言之,自由与奴役只有程度上的差别,而无明晰的界限。

至此,我们已经定义了两个有关财富的概念,一个是"广义的财富",一个是"狭义的财富"。二者之间不会出现混淆的问题。一般来说,当"财富"一词单独使用时,我们可以将其理解为广义的概念,任何适用于这一广义概念的命题也必然适用于狭义的场合。当需要特指狭义概念的时候,我们随时可用"狭义的财富"这一全称。

财富的分类方法多种多样,每种方法的利弊因研究目的的不同而存在差异。下面的财富分类框架图(图1-1)并不是基于哪

财富
不动产
土地
生产用地
耕地
牧场
林地
矿藏
猎场
渔场
运输用地
铁路
公路
水路
泊位
建筑用地
土地改良物
建筑物
公路改良物
高架路
地下通道
路面铺装
桥梁
小工程
商品
原材料
矿物原料
农业原料
加工原料
产成品
易耗品
供燃烧
供食用或饮用
其他用途
耐用品
机械工具
动物
“硬币”
服装和首饰
家具和艺术品
读物
附属耐用品
人
奴隶
自由人

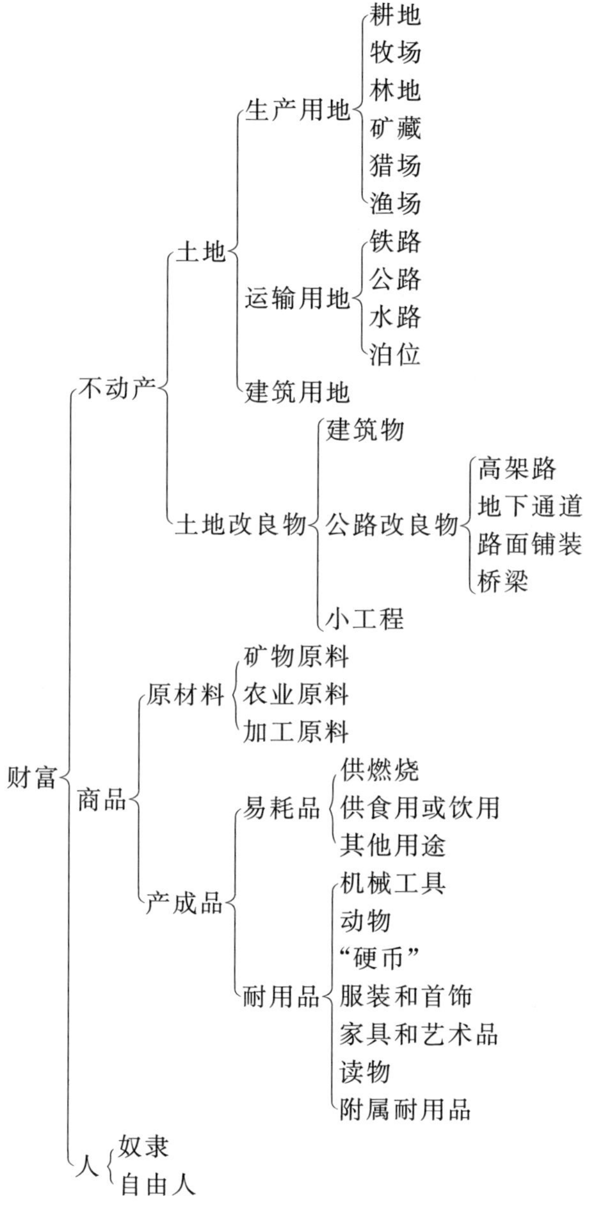

图 1－1

一条逻辑标准,只是意在将财富的自然分类呈现出来。无须赘言,财富的各个类别之间并非泾渭分明,同所有有形物件的分类一样,其间总会存在一定程度的交叉。正是基于这种原因,分类本身的意义不是很大,其目的仅仅在于使读者对经济科学有一个大体的了解。事实上,在科学研究中,对有形物件的分类难言有什么重要的意义。科学问题的解决,靠的不是分类,而是分析。①

§3

财富的定义涉及其自身的两个属性:财富是有形的,亦是有主的。财富的这两个属性——有形性和有主性,需要分开考虑。本章余下的部分将重点介绍前一种属性。

有形性的一个重要且有益的用途在于,它为我们从物理上度量财富提供了依据。财富的种类繁多,每种都有恰当的物理单位来度量。这些单位的渊源各异,但最终用起来全都得心应手。

许多财富以重量计,如煤炭、钢铁、牛肉等等,实际上多数"商品"如此。每单位对应着一定量的物品,而这个"量"是以便利性作为标准的。例如,英国的磅仅仅是伦敦的一块铂金,称之为磅也带有一定的随意性。

还有一些物品以重量计量十分不便,故按空间计量,像体积、面积或长度。因此,就体积而言,牛奶用夸特计量,小麦用蒲式耳,

① 参见作者的拙文"何谓资本?",《经济学期刊》,1896年12月,第516页;"定义资本的先例",《经济学季刊》,1904年5月。

木材用捆，燃气用立方英尺；就面积而言，木材按平方英尺计量，土地用亩；就长度而言，绳子、电线、绸带和布匹用英尺和码来计量。所有这些长度、面积和体积的单位也都随意且常见。例如，在伦敦，英语中码的定义是在两个小黄金点之间绘制的一条假想线，这两个点位于一个特殊的铜杆上。

有些物品或多或少只需按数量计，比如，鸡蛋或橘子按打算，同样，纸按刀算，铅笔和螺钉大体上用罗。这种情况下，我们称之为按“数”计。但“数”绝非最后的情形，所有的度量都含有抽象的数字和具体的单位，像“十根螺钉”、“六枚鸡蛋”或“四磅砂糖”。

最后一个例子表明，为了更周全地说明各种财富的单位，我们必须列出它们特有的属性，或足以让人将其同其他易混淆的各色财富区分开来的属性。因此，指明级别或品牌往往是必要的，如“甲级”、“鹰牌”、“拉卡瓦那”煤。有时候，用商标或标识来表示类别。有了这种方法，某种财富的属性才纳入经济学的视野，而不是如一些错误假定所说的，把它们单独作为一种“无形财富”。土地的“肥力”不是土地自身之外的财富，而“肥沃的土地”却是；技工的“技能”不是独立于人身之外的财富，而“熟练的技工”却应该在财富的范畴之内。

当然，衡量财富的量可能是“一”，如“一间住所”。有时某类财富只存在一个（处）。只有一个炮台公园、一个白金汉宫、一颗光之山钻石、一份林德手卷（Rhynd papyrus），商人称其唯一。正如没有任何两颗小麦完全相同一样，严格说来，每件物品都是独一无二的，但出于应用的目的，我们忽视了这些细小的差异，把很多相似的物品视为同质的。

§4

每种类型的财富都能用其特定的单位进行计量——英镑、加仑、码;但多数情况下,衡量财富的价值是至关重要的,这时可以使用美元和美分、英镑和先令、法郎和生丁,等等。价值也是物理计量的一种,但涉及了交换的原则。“价值”这个术语神秘莫测,唯有小心谨慎,才能获得关于该主题的准确且直白的思想。在接下来的阐述中,价值的概念取决于价格,进而取决于交换价格,以及(最终)财富的转让。

一项财富易主被称为财富转让。很明显,财富转让不一定意味着物品位置改变。但一般说来,转让涉及位置的变化。如糖或茶的购买通常伴随着这些物品在柜台(店铺)由卖方转让到消费者手中。但在有些情况下,物品的位置不会出现变化,房产交易尤其如此。不过,人们常常忽略了所有权转让和位置改变这两者的区别。例如,有时我们说进口和出口在某种特定方式下必须是平衡的,但如果“出口”指物品从本国流出,而“进口”意味着物品流入本国,则该命题就不再成立。几年前,英国人买下了美国的啤酒厂,虽然所有权转让到了国外,但这些啤酒并没有出口出去。

转让可能是自愿的,也能是非自愿的。非自愿财富转让有两种途径:(1)通过个人的暴力或欺诈,如抢劫、盗窃或贪污等方式;(2)通过政府的强制力,如税收和法院罚款等。但眼下我们只考虑自愿转让的情况。

自愿转让有两种类型:(1)单边转让,即馈赠和遗产;(2)双向转让或交换，这是经济学中最重要的一类。

因此，财富的交换意味着，财富在两个所有者之间进行相互的、自愿的转让，每一个转让都以另一个为条件。如果将所交换的一种财富的数量除以另一种的数量，这个商就是后者的价格。因此，当3蒲式耳小麦换得2美元黄金时，小麦的价格为每蒲式耳$\frac{2}{3}$美元黄金，而一美元黄金的价格为1.5蒲式耳小麦。在现代社会，两种物品中常有一种是货币，但不一定如此，在原始时代就更不常见。当交换是由一笔货币兑换其他财富时，双方中一方被称为购买者〔付出（舍弃）金钱的一方〕，另一方被称为销售者（获得金钱的一方）。

§ 5

价格的存在并非以真实的交换为前提，想象的即可。一名地产经济人常常有一个“要价（asking price）”，即想要卖的价格，该价格往往位于实际的售价之上；同样，还有一个常位于实际售价之下的“报价（或竞价，bidding price）”，因此，实际的售价往往介于要价和报价之间。但有时可能存在买家拒绝提高价格以及卖家拒绝降低价格的情况，此时，交易不会发生，价格也只存在报价和要价这一对儿。对很多商品而言，如果有交易发生，则行业期刊就会报告它的售价，或报价和要价，或者（如果二者并非都存在）存在的那个价格。

没有买卖，尤其是没有报价和要价时，很难回答“价格是什么?”的问题,进而必须依靠“鉴定”或“评估”——这只不过是一个关于物品售价会是多少或者应该是多少的技术性的猜测。在实践中,要评估或猜测价格非常困难,可有时又不得不这么做,比如,政府在判定税收、关税和征用土地时,保险公司在理赔和调整损失时,商人在制作财产清单和其他报表时,以及统计学家等从事若干事务时。实际上,基于各种原因,必须为某类财富定价,而确有一群人就以此为生。显然,评估目的不同会使结果相差悬殊。有时候我们想知道,使物品立即脱手的价格是多少;有时候又想知道,如果时间允许,期望的卖价又是多少。有时想了解所有者的可能要价;有时想知道买家可能的报价。这些估价可能各不相同。一张全家福对其主人公来说可能是无价之宝,但实际拿来出售或许一文不值。所有者会尽可能地付出高价来保证它远离火灾;但如果想用它借钱,其估价无疑会很低。对当铺老板来说,差不多就是废纸一张。

因此,现实的估价会困难重重,这部分是因为我们对物品的特征及其状况的无知,部分因为评估所服务的对象复杂多变。但不管确定物品的(一个或一组)价格有多么困难和含糊,价格的存在都是确定无疑的。它的含糊性源于不能充分确定交换发生的条件,如果我们能做到这一点的话,情况就会非常明确。至于能否准确地估价,就是另外一回事了。

§6

对任意一种财富而言,只要有了价格,不必对交换的数量做任何假设，就能计算出其任意数量的价值：等于财富的数量乘以价格。因此，如果每蒲式耳小麦的价格为$\frac{2}{3}$美元，那么3,000蒲式耳小麦的价格为3,000×$\frac{2}{3}$(2,000)美元。换句话说，如果一定量某种财富在基于该交换所设定的价格水平上都能交换出去的话，则该数量财富的价值即为其交换而来的其他财富的量。设定价格的交换不必仅限于我们所估价的3,000蒲式耳小麦的交换，可以是其他的交换，比如，按200美元价格交换的300蒲式耳小麦也能设定类似价格，这就是为什么“先有价格，后有价值”的一个原因。

如你所见，上述价值的定义适用于整体而非个体意义上的财富，这似乎有些背离了经济学的传统，但却非常符合商人和应用统计学家的习惯。经济学家常以为，没必要对个体的和整体的购买力加以区分，进而在两种情形下所使用的“价值”一词也没有差别；但有时(与此处不同)出于某种考虑，差别确实存在。有人将“价格”限定为货币方面，即货币价格，并用价值表示对商品的购买力；有人用“价格”表示物品的售价(即市价)，而“价值”意指物品应该卖多少钱(即估价或合理价格)；当然，也有人使用的“价格”与本书同义，但“价值”这个术语在某种程度上是指物品的估价(边际效用或主观价值)。在商业领域，“价格”用于个体的财富而“价值”用于整体的财富，这样看起来似乎更合理一些，而我们的用法会尽可能地同它保持一致。

§7

财富的数量、价格和价值之间的区别可以在任何一份财产清单中看得一清二楚,比如表1-1:

表1-1

	数量	价格(以小麦计)	价值(以小麦计)
鞋	1,000双	4.25蒲式耳/双	4,250蒲式耳
牛肉	300磅	0.2蒲式耳/磅	60蒲式耳
住房	1间	10,000蒲式耳/间	10,000蒲式耳
小麦	100蒲式耳	1蒲式耳/蒲式耳	100蒲式耳
			14,410蒲式耳

第一列是用每种财富相应的单位计量的财富的数量,第二列是用小麦表示的价格,最后一列是它们的价值,同样是用小麦计量的。第一列和最后一列代表着计量财富的两种不同的方式。一些有关财富的统计数据(如美国商务部每月出版的报告)往往同时给出"数量"和"价值"两个指标,为实现二者的转换,我们需要价格做"中间人"。

分清楚这三列数据很重要。牛肉的数量和价值完全不同,两者又都有别于价格。牛肉的数量以磅为单位,价值用多少蒲式耳小麦计量,价格则用每磅多少蒲式耳小麦计量。这三种计量方法分属于不同的维度,数量和价值都是简单的物理量度。这里所说的价值不是人的主观量度,而是完全客观的表达,如货币价值或小麦价值；当然，它们也具有主观性，只是暂时略去不谈。[①]

从“价值”而非“数量”角度对财富进行计量更有优势，因为它可将不同的财富转化为同一种，表中第三列的所有财富都有一个共同的单位——蒲式耳，进而可将该列的各项加总，得到一个总和，即14,410蒲式耳。第一列数据不能直接加总，因为鞋子、一定重量的牛肉、房屋及一定蒲式耳的小麦，是不能比较的。此处可见货币的一项重要功能：为不同物品提供统一的计量尺度。

尽管简化为一个共同的计量标准更便于实际应用，但认为它给出了“财富的真实度量”则大错特错。“财富价值”不是一个完整的表述：要清晰明了，应该说，“以黄金（或其他物品）计量的财富价值”。因此，我们不能用这些数值比较不同组的财富——除非在某些特定条件和有限的水平上。要比较美国和英国、古老的罗马和现代意大利、卡内基和克洛伊斯（Croesus）的财富价值，采用的价值标准不同，结果也不一样。

§8

我们已经了解了计量财富的三种计量方法或维度——数量、价格和价值。在实践中这样的计量远非准确无误，其精确度在（包括商人在内的）多数人的印象中是被夸大了的。如你所见，在财富数量（大量财富）的计量方面，由于每个度量都包含两个要素（一个

① 对财富的数量、价格和价值等维度的进一步解释，详见书后第一章附录的第1节。

计量单位和一个数字),故其误差也源自两方面:其一,计量单位可能不准确;其二,数字或要计量的财富数量与计量单位的比值也可能是不准确的。在现代社会,第一个问题在实践中很容易消除,可以通过法律来对重量单位和度量方法加以标准化,让在加利福尼亚州的一磅与在康涅狄格州的一磅相等,误差不超过1‰。因此,误差的主要来源不在于计量单位,而在于该单位所对应的财富的比率。零售业的误差不会小于5%,相比而言,批发业的要更准确一些。锡拉丘兹(Syracuse)的一家大型制造企业度量的整车烧碱的重量要比客户度量的重,每100整车允许存在2‰的误差。商业测量中精确度最高的大概要算美国在费城和旧金山使用的某种减肥秤,其误差约为千万分之一。

当我们把财富的数量转化为价值的时候,还要介绍误差的第三个来源,即所乘的价格因子。如果价格只是个“估价”,误差就更为明显。实际的售价是铁一般的事实,毫无误差可言。但对一定条件下物品售价的估计却总面临着不确定性。对于大宗物品(即市场上经常出现的物品)而言,经销商估价的误差不超过1%。城市中某些地区的房地产交易活跃,有时估价的误差会达到5%—10%;但在交易不活跃的地区或市外的部分城镇,因为交易罕有,估价也只能猜个大概。同样,在乡村,如艾奥瓦州和得克萨斯州的部分地区,耕地估价的误差会达到10%—15%;在更落后的地区,即便是专家的估价,误差也常常在50%以上。实际上,在物品几乎无法出售的情况下,估价几乎是不可能的。要估计黄石公园的价值好似登天——除非允许误差可达百分之几百;同样,当我们想估计自由人的价值时,也必须要接受类似的误差范围。我们常给

出下限，但极少能给出上限，观点不同，估计的结果可能千差万别。有时人们说："如果我能够以我的估价购买到某人，而按他的估价卖掉他，那就发大财啦！"然而，如某些学者所言，这是不可能的。因为公园和自由人不能称作财富，我们也无法对其价值做出准确估计。当南方的奴隶成为自由人时，他们就已不再被当作财富来估价。人口普查数据的结果有点令人匪夷所思。最近发布的《巴尔的摩工业报告》上的数据显示，战后南方的财富估值急剧下降，由此可以推断出该地区的财富大幅减少了。但这其中的大部分减少仅仅是奴隶的所有权的变化（从奴隶主转移到了其自身），但这种变化却导致他们的价值在统计数据中被忽略不计。

从配第（Petty）到恩格尔（Engel）和尼科尔森（Nicholson），学者们试图估计人的价值。据尼克尔森教授粗略估计，英语民族（English nation）的总价值是英格兰国内现有的其他财富价值的五倍多。[①] 当然。这样的计算更偏于理论而非实践。它也必定错误百出，且涉及每种情况下评估的一些特定的假设。例如，它指的是人的赚钱能力，还是对自身的价值，抑或是对于他人的价值？

① 《经济学期刊》，1891 年 3 月，第 95 页。

第二章　产权

§1

前一章我们把财富定义为有形的物件，但经济学家还要和一些抽象的服务、效用和产权打交道。和有形财富一样，它们也可以买卖，进而（实际上）常被视为一种“无形”财富。不过，将其归为一般财富的范畴，既不必要，也容易引起混乱。尽管它们与财富密切相关，但却不是财富。前面给出的定义概括了财富的两种属性：有形且有主。有形性是前一章的主题，有主性则是本章的重点。

拥有财富就是有使用权。这种权利也被称为产权（property），或者，更确切地说是一种财产权。拥有一片面包（或一片面包的产权或所有权），就意味着有权将其吃掉、出售或用它来实现某种愿望。拥有一件衣服，就意味着享有排他性的穿着权；拥有一辆马车，就意味着只要它还能走，你就有权驾驶或用作他途；拥有一块土地，则意味着你可以永久地使用它。所有权概念的更准确的表达是财富的使用权。在这句话里，我们必须要清楚两个新的思想：权利和用途。下面来分别介绍一下。

§2

我们首先要明白的是财富的用途（或所提供的服务）的本质。一项财富所提供的服务，是指它所带来的合意的变化（或者它所阻止的非合意的变化）。例如，一台纺织机所提供的服务在于变纱成布，这就是所谓的织造；同样，一把犁所提供的服务在于以一种特定方式改变土壤，一名泥瓦匠所提供的服务在于改变砖的位置，一座大坝或堤坝要阻止洪水泛滥，一道篱笆要防止牛群乱窜，一条项链要能闪闪发光，以满足所有者对美的热爱或虚荣。

当把服务说成是合意（desirable）的事件（event）时，就说明它是其所有者（不一定是每个所有者）想要的或喜欢的。但它对于别人来说可能是令人厌恶的。工厂的哨声对（除老板之外的）其他人而言简直不胜其扰。

在这一点上，区分用途或合意事件与事件的效用或合意性是很重要的。合意的服务通常是客观的，而服务的合意性却是一个质量问题，完全主观。它是对事件的感受，而非事件本身。本章不会讨论这个问题，它是下一章的主题。

每一种服务都有适当的计量单位。有时候用数字度量，即对特定服务所包含的行为进行简单计数来计量服务的量，例如，对打字过程中敲击次数的计量；有时候是通过时间度量，如工作日的计算；还有时候是以服务所产生的财富量度量，如所谓的计件工作。我们用采煤量来计量矿工的服务，用种植面积（英亩数）计量农民的服务，用成布的匹数计量纺织机的服务。同财富一样，服务也是可交易的,进而有价。服务的量与其价格相乘得到服务的价值。当用一个共同的价值标准来计算时,所有种类的服务彼此之间,以及它们同财富之间,都可以进行比较。

服务的反面是负服务(或损失,disservice),这是财富引起的不合意的变化(或者说合意的变化被阻止)。例如,一辆机车由于烧煤而产生危害,一家农场需要肥料和劳动力,一家工厂要发生工作成本。像服务一样,危害以特定的单位来衡量,一旦用共同的价值标准来计算的话,它们之间也可以相互比较。

§ 3

了解了财富的服务我们接下来不禁要问,这些服务的权利有何含义。“权利”是一个法律术语,并将经济学同整个法学以及客户认可的关系联系起来。不过,鉴于我们当前的目的,没必要在这个方向做进一步的探讨。一个人使用一项财富的权利,可定义为个人在法律和社会的认可下,享有该项财富的服务的自由。

律师们认为产权有别于人身权,但对经济学家而言,这些权利都是所有权。只有我们将财富的定义限定在两个更狭小的范围内,也就是说,只有将自由人排除在外时,产权才同人身权有别。出于逻辑上的便利,我们在这里会使用一个更宽泛的财富定义,以便将自由人包含在内,并用一个有关所有权的扩展定义,将法学上所有已知的权利涵盖进来;然后在此前提下,得出所有的权利都是产权的结论。没有哪一种权利不是与获得和享受财富的服务有关的,无论人或事。就连“生存权、自由权和追求幸福的权利”,也是关于个人对自身的一些使用的权利。丈夫对妻子及妻子对丈夫的权利，父母和孩子之间互惠的权利，以及所有的债权，都是针对特定人的权利；而名誉权、宗教信仰自由权以及抵制迫害的权利等等，则通常是关于团体的。[①] 如同个人通常不被视为财富一样，这些权利一般也都不叫产权，原因类似，它们都无法交易。当妻子可以买卖的时候，她们就被视为财富，婚姻权也即为产权。如今，上述两者都从经济（或商业）中分离出来，因此也不在商业理念和条款之列。经济学家不必坚持非要恢复它们不可，同商人一样，他们主要是对什么东西适于销售感兴趣。但建构定义时，他们发现，在不牺牲简化和逻辑便利以及将公园和早期英国的继承权之类无法交易的物品（即使商人也知道能分辨出财富和产权来）排除在外的情况下，将术语“财富”和“产权”限定在可交易的对象范围内，即使可能，也很困难。因此，在本书中，诸定义会合理构造以便将这类要素包含在内——哪怕后文再也不会提到它们。就定义而言，一般来说，它所涵盖的内容越多越好；而这些不必要的部分与我们的论述很少有关，也不会给我们带来麻烦。

所以，产权由财富的使用权或服务权组成。但我们拥有的服务总是且必是未来的服务，过去的已经消亡。而且，未来的事件总是不确定的，这就迫使我们要不断地对或然性（chance）这个因素加以考量。因此，有关产权的一个严格且完整的定义如下：产权是有可能获得一项（或多项）财富的部分（或全部）未来服务的权利。

---

① 参见 T. E .霍兰德，《法理学》，麦克米伦公司，1898 年，第 50、第 80、第 87、第 90 和第 128 页。

财富和服务均有特定的计量单位,是可度量的,产权亦如此。它常以“数”计,即按某类权利的数量来计算,持有一家公司的一百股优先股就是特定产权的数量证明。用于产权的转让、交换、价格和价值等概念同用于财富和服务时的相同。的确,一次财富交换只是一次更不明显的服务交换,而服务的交换也仅是更隐蔽的权利(即产权)的交换而已。故而,产权交换是交换的终极形式,它囊括了所有其他形式的交换。

§4

因此,财富和产权是两个相关的术语。财富是有主的实物,而产权是一种抽象的所有权。这两个概念互为彼此。没有相应的产权也就谈不上财富,没有对应的财富也就无所谓产权。实际上,产权和财富所延伸出来的那些命题必然基于我们这里所使用的(二者的)定义。然而,在现实的具体环境中,由于这些概念是人为设计的结果,故而容易产生异议,有人认为所谓的财富和产权之间的对应关系并不存在。可是,在对情况进行周密的考察之后,这些疑虑便不复存在。

财富和产权密切相关,极易混淆,因此,除非适可而止,否则对是否存在这两个独立的概念的质疑就会一直持续下去。在“不受限(或自有)的土地”(fee simple)情况下的确如此,此时,一块土地也被说成是“一份产权”。出于应用的目的,瑕疵被忽略,这种说法大行其道,可即便在这种情况下,严格的精确性仍要求将二者区别开来。如果我们使用“财产权”这个完整的术语,记住它们的差别易如反掌。一片面包是具体的财富，不是一项产权，吃它的权利才是产权；而在涉及多项产权的情况下，我们会遇到相反的问题。此时的危险是对财富和产权做过度区分，以致把它们看作是各自独立而非相互依存的概念。当铁路的股票在华尔街出售时，投资者容易把它们看作是脱离于任何具体财富之外的东西。他们可能没有或者将来也不会看到这些股票背后的铁轨、机车，而实际上唯一意识到的具体对象就是这一纸证书。但很明显，这一纸质的证书本身并不是产权，而仅仅是它的书面证明，铁路的股票若要成为一份产权，须以背后的铁路（财富）为基础。

所有财富都包含一份产权，这一点不容置疑；所有产权必以财富为基础，也应该是无可辩驳的事实。可情况并非如此。实际上，包括许多有关信贷的诡辩的困扰商界的一些最严重的错误，正是由于难以看到产权背后的已经升华为不同形式的财富所致。

§5

为了节约时间和篇幅，最好的方法是给出产权的大致分类，并具体说明各种产权背后的财富。表2－1就是这样做的，它还说明了产权所包含的服务以及产权的证书或书面证明。

表2－1 用以说明产权背后财富存在的典型案例

典型案例	产权建立的财富基础	财富提供的服务	对产权的说明	所有权凭证（如果有的话）
无限制的地产	农地	作物产量	永久性的排他的使用权	合约

(续表)

合伙制	商品	销售获利	合伙人“每人可分得利润的$\frac{1}{3}$”	协议条款
股份制	铁路	利润	股权	股权凭证
不同的使用权	牧场	产量	种植权、砍伐权、捕鱼权、开采权	书面合同
街道的特许权	街道	用其作为通道等	开车、铺设线路等权利	宪法
租赁	寓所	用其作为安身之所等	在特定时期内居住以及之后作为房东的权利	租约
租赁	马和马车	驾驶	客户开车一下午的权利	无
租赁	剧院	剧院的使用	按季使用剧院包厢的权利	收据
火车票	铁路	交通	特定路线旅行的权利	票
工作权	工人	其工作	带给雇主的绩效	书面合同
铁路债券	铁路	本金和利息收入	还本付息的权利以及偶然间取消赎回的权利	债券凭证
个人支票	签字人的全部产权	付款	付款或违约进而抵押的权利	支票
钞票	银行的建筑物、现金及所有银行资产背后的财富	即期付款	即期付款的权利	钞票
银行存款	同上	同上	同上	存款通知书(存折)
限制性要约	本人及其财富	不加干涉	不受干涉的权利	协议条款

（续表）

报纸的信誉	订阅者、广告商及其财富	继续订阅或做广告	以“纸”获得赞助机会的权利	无
不可兑换的纸币	社会的一般财富	其中的任意用途	部分用途的权利	纸币
版权	社会的一般财富（包含个人）	不加干涉	强制性的不受干预的权利	官方记录
专利权	同上	不加干涉	同上	官方记录
垄断专营权	同上	对同样的商业活动加以限制	同上	宪法
税收能力	社会一般财富	支付税款	政府征税权	无
共有资源的权利	俱乐部的家具和成员	共同使用	共同使用权	证书
政府产权	街道公园和建筑	上述产权的使用	类似的使用权	官方认可、早期授予、个人捐赠、立约转让

§6

在美国，真实的产权中有大概90%属于下列情形之一：不受限制的土地所有权、合伙权、股票、债券、票据、租赁权。这些权利所依附的真实财富也广为人知并被普遍接受。因此，基于实践的目的，财富和产权相互包含的命题早就建立起来了。

余下的产权中,有一些乍看起来晦涩难懂,但只要牢记几条一般性的原则,便可迎刃而解:

指导我们的第一个思想是,对于任何特定的产权,首先应该发现它所保护的收益或"服务",然后再了解获得这些服务的物质手段,但这些手段并不总被视为服务的原因。比如,因为光线好,南向的房子热销。太阳是阳光之源,但土地是获得它的现实途径。是否拥有土地同是否能得到阳光是同步的,是这块地使所有者能支配光;而灯能发光,意味着灯不只是一种手段,也是一个起因。

第二个观点是,财富只是手段,而非原因。基于这个想法,我们可以更好地理解表 2-1 中的一些项目,它让我们明白一条电车道或整个纽约市的地铁系统的特许经营权到底意味着什么,它必定是运输得以实现的财富基础。街道为(该街道上的)铁路供给运输服务提供了必要的手段。拥有自己的街道就包括有权基于运输目的而使用它们,并且,(就像一种特许经营权的授予那样)当这个权利被交出或出售时,从法律上讲,该行为就意味着所有者放弃了部分所有权。

此外,让我们再考虑一下要约(或承诺,promise)的问题。实现要约的物质手段显然是最终发出要约的人以及他(基于此目的)可支配的财富。因此,有抵押的债务或债券本质上是要约人的一项权利——他可以用自己的收入或一般性的财富来偿付。除了(与其他债务相比)这个明显的优势外,该权利还同要约人财富的特定部分有关,即如果他不能履行合约,须强制赔付。债券凭证行使权利的手段包括要约人及其总财富以及被抵押的那部分财富;而"劳动权(labor due)"是劳动者的首要权利,因为劳动者是满足劳动需求的必然手段。在乡下，农民通常有义务修一段通往县城的道路以供人、畜使用。这些征工权是一项属于县城的产权。下面的例子更能说明问题，即人所提供的劳动或服务都打着个人的烙印或艺术特点，比如帕蒂(Patti)的歌声或伯恩哈特(Bernhardt)的表演。因为，虽然一个有合约在身的泥瓦匠可以用再找一个同样娴熟的瓦工的方式来完成他的合约，但只为某位艺术家而着迷的观众不会愿意花钱看其他艺术家的演出——不管其水平如何。一个特定的人的服务(有别于一个特定的角色的服务)的权利，在法律上能引起许多匪夷所思的情况。同样，个人支票虽然也是对别的财富的一项权利，但很大程度上是对开票人的一项权利，因为他本人和他的外部财富都是履约并最终支付债务的手段。另一个例子是“君子协议”或一些限制个人或公司采取某些行为的约定，比如避免在销售方面与要约人竞争。几年前，纽黑文市附近的一家造纸厂如果按要求关闭的话，老板能得到一笔巨款。他照做了，自己和之前的对手双双获利——尽管对整个社会而言未必是件好事。在这个例子中，竞争对手之间达成的合约构成了一种产权，而合约所凭借的财富就是他本人连同他的工厂，二者提供的服务都不再变化。

声誉(或商誉，good will)虽然带有不确定性，但仍是一种有价值的产权形式。几年前，美国最大的一家报社出售。其产权除了印刷机、打字机、划线机、办公大楼以外，还包括之前读者订阅的报纸和声誉。前期订阅与读者构成了一种实质性的合约，进而是一种负债，而成千上万个这类的合约放在一起，价值不菲。声誉也类似，即只要报纸发送给他们并令其满意，那些约定订阅的人就会继续花钱订阅。这些要约也是一种产权,几乎同与订阅者签订协议有类似的效果。“我们据此约定,每年给报社支付 8 美元,前提是收到报纸并且报纸能够让我们满意 。”声誉仅仅是一种默认的权利,内容宽泛,和要约所保护的对象有关,但简单、经济。公司有了声誉,就形同在客户中拥有了一个虽不稳定但极具价值的权利,即获得他们继续“光顾”的机会。这些订阅者及其财富就是产权背后的基础,因为它们是行使这些理想服务权利的手段。当然如果服务经特别约定的话,获得这些服务的实际机会将大大增加;不过,机会不论大小,都蕴含于产权之中。

同样,一名裁缝的“设计”或医师的“诊断”也是争取未来光顾的机会的权利。

政府授予专营权是一种垄断意义上的特权,与铁路的情形完全不同。垄断之目的在于防止特定人(群)的特定行为,总之,人被迫受限,财富退出竞争。

对于版权的看法类似。回想一下造纸厂(托拉斯)的案例,其产权的一部分是造纸厂约定不再参与竞争,我们可以把版权看作是与之类似的用来避免或抑制竞争的权利。英国的一家出版商曾经想同美国的一家同行达成协议,让后者不盗版它的作品;如果《大不列颠百科全书》(*Encyclopedia Britannica*)的出版商能做到这一点的话,其产权的价值就相当可观。眼下,可以通过国际版权的方式来实现这一目的。这个产权背后的财富是,用于指定的范围就会与产权所有者展开竞争的那种财富,它主要包括相互竞争的出版商及其工厂。而终止竞争是由于货币补偿还是政府强制并不重要。

用同样的方式，我们可以理解不可兑换纸币的问题。它以最纯粹的方式存在：发行的政府没有最终偿付的约定和打算，它相当于一个强迫性的贷款，或者更确切地说，是税收。它像政府对公众开出的支票，每个人都必须接受。这是一个按需缴纳一定数量的社会物资的指令。政府通常用纸币购买弹药或士兵装备，而提供这些货物的商人被迫接受纸币作为报酬，他们可以通过将这种指令转给他人来补偿自己。人们自欺欺人地认为，这种方式下，不会有人真正受损，可损失会一直传递下去。因为政府已经从公众手中拿走了一定量的物资，损失的数额明显已定，因此，损失虽被转移，但永远存在，只不过通过不断循环的方式分摊下去。所以说，不可兑换纸币是对社会总财富的一项权利。当然，持续的不兑现极少发生，当它可兑时，性质就变了，因为当政府承担这一责任时，它变成了一种对政府的黄金和其他财富的特殊权利。

政府的征税权是一项与之相类似的模糊产权，它是政府在必要时从个人财富中拿走一部分服务或商品以作公用的权利。税负越重，社会中个人财富的价值减少得越多。众所周知，正如亨利·乔治(Henry George)提议的那样，土地国有化的主张意味着仅仅对土地征税，直到其价值全部变为税收，即为了公共利益，将个人从土地中获得的全部服务或利润拿走，只留给他名义所有权这个空壳。该情形类似于，个人或社会将其大量财富用于抵押，以致其服务的价值完全消耗在支付利息上，没钱赎回抵押物。该原则适用于所有的税收，即使没这么极端。

§7

解决各式模糊产权的第二种有效方法基于如下事实:一种产权常被另一种产权所掩盖。例如,一家磨坊是股份制的,某铁路公司拥有一部分股权,而另一家银行拥有该铁路公司的股份,接着约翰·史密斯又拥有这家银行的股份,很明显,史密斯对工厂的部分财富也有要求权——尽管其产权和它的那点联系百转千回。

构成财富和产权之间第二种关系的一个常见例子,是产权以信托形式存在。从普通法上讲,受托人是法律上的所有者,但是权益法承认如下事实,即受益人是真正的所有者。他对受托人有债权,而受托人对财富的权利优先于其他人。受益人必须通过受托人的权利来行使自己的权利。

另一个比较好的例子是对政府的债权,如政府债券。这其实是对社会的一项债权,因为政府只是债券持有者和公共财富的中间人,它通过征税的方式来满足债权人的要求。政府只是作为公众的受托人拥有产权。波士顿公园为波士顿市所拥有,但实际上属于市民,他们才是真正的受益者。每个有观光权的个体在这个意义上都是其所有者。

因此,一项产权及其所依赖的财富之间存在多个层级的情况并不鲜见。一位拥有普通外国银行的银行券的人,即享有对该银行产权的要求权。但构成银行产权的,不仅多数是无形财富,而且还包括本票和其他债权。这些银行券代表了对部分社会财富(包括个人)的要求权,因此,银行券的持有人毫无意识地拥有了对干货商、杂货店等商人财富的债权，这些财富用于补偿商人对银行的债务。

在美国的银行券例子中，银行券持有人还对政府债券拥有可选择的要求权，因此对作为该债券的补偿物的应税财富也有追索权。认为银行券只代表钱是错误的。但这种说法对金券来说就是正确的，因为美国财政部实际的黄金数量恰好与在外流通的金券的数目相等；而银行券不仅仅将银行的黄金储备作为补偿物，还有正在被银行不断转化为现金的其他产权或“资产”。例如，英格兰银行在某特定日期有 6,000 万英镑的银行券却只有 4,300 万英镑的黄金在金库，进而，这 1,700 万英镑的赤字是以有价证券(即银行持有的其他产权)的形式存在的。

§ 8

第三个有用的方面是，产权和财富之间的对应关系是一组共生的关系。也就是说，现有产权是对现有财富的使用权，因此现有财富是现有产权的基础。乍看起来，信用是个例外，因为它是对未来收益(或支付)(future payment)的现有权利。但如果不是以现期财富(present wealth)为手段去获得未来财富(future wealth)，想拥有对未来财富的权利也是不可能的。拥有对明年的水果的权利即是对当前果树的权利，拥有对明年的小麦的权利即是对现在的农场、农民和农具的权利，获得对(未完成的)未来的椅子或桌子的权利即是现在对人、工具和木匠等获得这二者的各种财富手段的权利。一张明年到期的支票是对要约人自身或他的其他“资产”

的部分权利,一旦过了有效期,也就价值全无。在支票到期之前,法院并不限制债务人的产权处置情况,他可能会肆意挥霍,甚至自杀。但这种对能提供未来收益的现有工具的破坏会影响支票的价值。除非对现存的产品有要求权,否则,未来就没有商品或收益可得。没有线就不能放风筝,同样,我们也不能拥有下一年的虚无缥缈的商品。始终要有一些能控制未来的现期手段才行。因此,就像其他所有产权一样,信用也是对现期财富的部分权利。

此外,不但每个获得未来收益的权利都是对现期财富的要求权,而且反过来说,每个对现期财富的要求权亦是对未来收益的权利。因此,拥有"未来"权利也没什么特殊的,再常见不过。正如我们所见,所有财富仅仅是获取未来服务的现有手段,而所有的产权,只不过是这些未来服务的现有权利。只有通过未来服务,财富和产权才能紧紧地绑定在一起。这一理念的顺序是:首先,现期财富;其次,未来服务;第三,对未来服务进而对产生这些服务的现期财富的权利。因此,产权总是一种有关未来收益机会的权利,它也总是要兼顾现在和未来。我们在这里要强调这样一个事实,即产权用获得它的现时手段构成利息。没有任何产权就是一无所有。这一原则同样适用于极端一点的商誉的情形。我们看到,商誉就是一种有关持续光顾机会的所有权。未来的光顾可能在某些情况下还包括尚未出生的后人,但是他们的光顾之路必然建立在现有这一代人基础上。现有的人、事必定(总)是构成在未来实现预期收益的手段。

§ 9

第四个有用的指导是，在部分（财富的）所有权的情况下，各部分权利加总便构成了总的所有权。我们自己可以绘制自身财富的所有项目，将它们同延伸到未来的服务流连接起来。这些服务在不同的所有者间以不同的方式被分割开，时而横向，时而纵向，时而将特定的部分分离出来。总的财富所有权仅仅是整个未来服务流的权利的加总；当然，根据不同的所有权分配方法，服务流的特点和规模也将有所不同。然而，这个事实并不能推翻总的所有权是所有的部分权利的结合这一原则。

通常所说的次级（minor）的财富权利并没有所有权那般神圣庄严。因此，一个租户对住宅的权利同房主相比差别很大。然而法律承认租赁物为土地的产权，并且，当地主希望出售和转让一块无抵押的自由地产时，他发现，清偿所有未付的有关未来服务的租赁或权利非常必要，也代价不菲。最近，纽约改革俱乐部（New York Reform Club）以 25,000 美元的价格出售了一个建筑的租赁权，因为买方等不到租赁期满。总所有权总是包括租户的所有权。

与之类似，任何具体财富的总价值都是蕴含于其中的产权的价值之和。财富和产权之间的密切关系为我们提供了一种新的估算财富的方法，即通过产权来评估。实际上，除了第一章已经提到的几种方法外，此处还提供了另一种意义上的财富评估方法。这样的评估可能意味着，需要计算的不是财富的所有部分一共能卖多少钱，而是在单项销售基础上估计的部分权利的价值总和。因此,在正常情况下经营的铁路的价值,是通过将其股票和债券的价值加总而得到的。铁路很少整条出售,但它的股票和债券在市场上不停地交易,往往是确定其估值的唯一方式。

的确,当铁路整条出售的时候,股票的市场价格便不能成为衡量其价值的基础,这需要加入“控制”的价值。可以解释为,股票价值增加达到了能获得控制权的程度。“控制”是一种源自多数票的权力,意在从铁路中获得某些服务,而它少了这样的多数的所有权也是不可能的。因此,当控制方投票提高自己的薪水时,所多获得的收益是非法的。但不管是合法还是非法,能使铁路更好地服务于某些人利益的这种权力,经常会对股票的价值产生深远的影响。当某一资本家决定购买芝加哥、伯灵顿和昆西铁路(Chicago,Burlington and Quiney Railroad)的股票时,其报价为132美元。众所周知,用普通方法获得所有的股票几乎是不可能的,他提出,应该把接管企业所必需的那部分股票给他(假定是一半以上),并为每100美元的股票付200美元(以利率为4%的债券的形式),这是一个多数股东能接受的提议。这项决定立刻使股票的市值上升了50%,也提高了债券的价值。因此,这条铁路作为一个整体的实际销售的价值远远超过谈判之前公开发行的股票和债券的价值。进而,就像按照评估的目的计算那样,这里计量出的铁路的价值也会有所不同——无论是根据它是否在一个特定的利益控制之下,还是它的所有权分散与否。[①] 但在每个实例中,铁路的价值都

① 有关铁路估价的完整账户发布在公告第21期“铁路运营产权的估价”上,美国人口普查,1905年。

是其所有权利之和。

牢记上述解释，我们在勾勒财富背后的每项产权时便会轻而易举，进而可以给出财富和产权共生关系所固有的一般原则。即使我们不把它当作“必然真理（necessary truth）”，也不能不承认这是一个“一般事实（general fact）”。可一旦我们有关财富和产权的定义被接纳，它也就成为一个必然真理了。

§10

了解了产权的真谛，就可以对它进行分类了。产权可分为完全产权和部分产权两种。一项财富的完全（或实际上完全的）产权或无条件的继承权，是对所拥有物品有完全的使用权；部分产权则是对该物品的部分使用权。只有后者会给我们带来麻烦。

一项财富的服务可依不同方式在不同所有者间分配。如果按时间对它们进行纵向划分，则所有者的权利彼此相似。主要的例子有，合伙人和股东的权利，一家俱乐部、家庭或公社的个体成员对共同产权的定义不明确的权利，对共有资源的所有权利，以及各种不同的使用权（比如，就一块土地而言，一个人有耕种的权利，而其他人则有在上面采矿或捕鱼的权利）。

如果服务是在时间上横向划分的，一个人在特定时期享有所有服务的权利，而另一个人享有除此之外的所有权利，则前者被称为租户，后者被称为房东。

如果服务有时间和数量（或价值）方面的限制，则又会有其他一些产权，下图（图 2－1）给出了这些分类。

- 产权
  - 完全产权(无条件继承权)
  - 部分产权
    - 纵向对服务划分
      - 共有资源的权利
      - 不同收益权
      - 合伙权
      - 股份
    - 横向对服务划分
      - 租赁
      - 继承
      - 专利权和版权
    - 服务的确定部分的权利
      - 要约
        - 债券
        - 个人票据
        - 银行票据
        - 银行存款
      - 命令
        - 支票、汇票以及可交易票据
        - 不可兑换纸币
    - 次要或不确定
      - 信誉和习俗
      - 收税权

图 2－1

§11

经济学常被说成是一门关于“财富的科学”,鉴于财富和产权是硬币的两面,把它说成是关于“产权的科学”也无可厚非。如果我们正在研究整个国家的经济状况,把注意力集中在财富上,而不是计较所有权的划分,则更为可取。因此,我们感兴趣的是麦田的面积,煤矿、铁路、工厂和田园的规模,而不是它们的所有者;不过,如果研究的是“财富的分配”(个体或阶级的财富状况),就要格外留意产权了。因此，(一般来说)财富的理念常与社会福利相伴，而产权则与社会不同个体的福利有关。

有人不禁要问，为什么将如此多的内容放在财富和产权共生的原则上？应该承认，无论该原则严格成立与否，多数政治经济学原理都不受影响。它的用途在于帮助我们梳理想法。眼下，对财富、产权、产权证明、服务和效用这些应小心区分的概念，多数人都一头雾水。例如，没有人能完全理解货币问题，除非他仔细地区分被任意缀以“钱”这一术语的三个元素。作为财富的钱，比如一枚金鹰币；作为产权的钱，如持有“美钞”的权利；以及作为货币凭证的钱，如纸币“美钞”本身。如果财富和产权是共存的这一事实广为人知的话，一些非常实用和有益的结果便会随之而来。货币通货膨胀的草率计划是基于这样一个想法——仅仅通过增加货币便可让财富成倍增加。这一想法需要重新审视，一些劣行也要避免，比如，对农场和抵押贷款或铁路和铁路股票的双重征税。[①]

如果我们将这两章的区分牢记于心，就会明白，将任何“无形”部分包含于财富之中，不仅成事不足，反而适得其反。实际上，“无形财富”就是使简单的经济关系变得复杂的元凶之一。司法建议或医疗护理不是“无形财富”。正如我们所见，它们只是财富(本例中是人力财富)所提供的服务。“自然的产权和权力”不是财富，但正如前一章所说的那样，它具有土地的属性，出现在经济科学中仅仅是因为它给出了特定种类财富的特性。就像橡胶的弹性不能算

① 参见爱德华·W.比米斯(Edward Bemis)和卡尔·H.诺(Carl Nau)的报告《俄亥俄州铁路的价值》，1903；同时参见州际商务委员会(Interstate Commerce Commission)有关《1902年美国的铁路》的报告，1903年，第五部分。

作橡胶之外的财富一样,它们也不能算作是土地之外的财富。同样,千里马是财富,但他们的日行千里却不是;诚实、聪明、成功、健康的男人是财富,但他们的诚实、智慧、技能或者健康却不是。对普通人而言,银行业的神秘基于这样一种错误的看法:信贷是脱离现实(或有形)基础的"通胀"。可只要一检查银行的资产负债表就会发现,每项权利的背后都有抵押。如果前面的某项本身是其他银行或个人的权利,则它背后也一定存在其他的基础,最终定有一个具体的实物存在。

另一个常见的错误是认为"财富包含效用"。果真如此的话,则效用递减规律(即新增财富所带来的效用递减)就自相矛盾了。

为惯常错误用法辩护就像是在力图证明,一般人将物质科学中的质量和密度、速度和加速度、力和能量的概念混杂在一起也没什么大不了的。在任何科学中,唯有克服小错不断,才能做到大错不犯。失之毫厘,谬以千里,只有小心对待基本的区别,才能实现这一目标。

第三章　效用

§1

我们知道，所有的财富和财产均意味着潜在的服务或“合意之物”。正是这些未来预期服务的合意（desirability）赋予经济现象以含义。因此，从任一可鸟瞰学科全貌的角度来看，将我们的研究严格局限于客观的财富、财产以及服务范围之内都是不可能的。本章将简要介绍经济学中的主观和心理因素。

财富之所以为财富，是因为它的服务，而服务之所以为服务，则是因为人内心对它的合意以及期望从中得到的满足（satisfactions）。的确，对服务的这种合意就暗含在“合意之物”这一定义中。对整个经济大厦而言，人类的思维（或心智，mind）为其提供了核心动力。欲望源于人的思维，个体实际上参与的一连串事件最终带来主观满意的体验也在于人的思维。只有在初始欲望和最终满足之间，财富及其服务才以中介的形式拥有一席之地。

因此，现在开始考察两个概念——“合意”和“满足”。这两个词之所以会进入我们的视野，是因为它们被用于财富、财产和服务这三个经济要素之中。为避免不必要的重复，我们将这三个要素均纳入“商品”这一标题之下。

§2

对任一特定个体而言,他在特定时期和条件下对特定商品的合意,是其在彼时彼境下,对那些商品的欲望的程度或强度。这里所说的“合意”同经济学中常见的“效用”并无二致。就研究目的而言,后者虽不能被完全取代,但绝非最佳术语。它沿袭了很多含义,用时极易混淆,更不用说其反义词“无用”(disutility)(与“不合意”(undesirability)相对应)所带来的麻烦了。例如,“实用的”(useful)一词在日常术语中是“装饰性的”(ornamental)一词的反义词。从这个意义上讲,钻石是装饰品而非实用品——尽管经济学上认定它有用。此外,“效用”常暗含有内在的优点的含义,但用于经济学时,我们可能需要依据所有者的意愿,将其用于有害的物品上,比如鸦片、酒精或低俗文学。最后,在近几年,“效用”一词被赋予了新的专业含义,用于“公共事业”(public utilities)这一短语中,指的是电厂、铁路、天然气以及其他特定种类的财富。

为了消除这些反对意见,帕累托(Pareto)教授提出了一个全新的术语——“满足度”*。同其他新发明的技术术语一样,这个词既有优势,也有劣势。因此,到目前为止,它的命运也和其他新词一样。“效用”一词仍在使用,并且短时间内很难被“合意”、“满足度”或其他术语取代。在本书中,我们将同时使用“效用”和“合意”这

* 英文为 ophelimity,也有国内学者译为期望或最优。——译者注

两个词，但更偏好后者。我建议经济学家用“合意”替代“效用”，其实是步了纪德（Gide）教授[①]和马歇尔（Marshall）教授的后尘。

§ 3

如果使用“效用”一词，就必须先对商品的效用和商品的用途做区分。如前所述，商品的用途或服务是借由它们所带来的合意之物（desirable events）；而效用并非如此，它是合意本身。

同样，一定不要把商品的效用或合意同最终从商品中获得的满意（或快乐，pleasure）混淆。这里出现了第二个（我们需要区分的）概念，满意不是欲望（desire），而是欲望的满足（satisfaction）。这是一段时间的感受，并且其存在要求是一段持续的时间。合意是特定情境下个体欲望的强烈程度，仅指某一特定时点的一种心理状态，也就是，在特定时点他对任意预期服务、财产或财富的主观测度。就特定个体而言，我们能说出一片果园在 1905 年 1 月 1 日带给他的合意度是多少，但他从果园得到的实际的满足只有再过几年才能知道，因为在这段时间里，果园结果，果子又会给品尝的人带来快乐。于是，我们有了两个概念：效用或合意（特定时点的心理状态）以及满意或满足（特定时期的心理体验）。这两个概念密切相关，对商品的合意只不过是从商品中获得的未来满足的现期估价。但二者依然有别，本章关注的是效用或合意。

① 纪德，《政治经济学原理》，美国版第 2 版，1904 年，第 48 页。亦可参见我本人的“价值和价格理论的数学研究”，《康涅狄格学院》，1892 年，第 23 页。

§4

对任意特定商品的合意可能与所有或其中一组商品有关。对整体商品的合意称为总的合意，对额外一单位商品的合意称为边际合意。在经济学中，我们更常使用的是后者，因此，准确把握边际合意的概念非常重要。

边际合意是一单位商品带来的合意，下面的例子多少能说明这点。如果一个人有十把椅子，在他心中，边际合意是有十把椅子的（总的）合意和有九把椅子的（总的）合意之差，也就是放弃第十把椅子所减少的合意量；或者，也可以这样说，边际合意是在十把椅子基础上多加一把所多得到的合意，也就是十一把椅子带来的合意与十把椅子的合意之差。边际合意到底是指多一个单位还是少一个单位并不重要，也无须用单独的称谓来区分。如果商品能像面粉、小麦、煤炭等大宗商品一样无限细分，上述差值就会变得无穷小。[①] 事实上，通常用第十把椅子的合意来表示椅子的边际合意。尽管这种方法没什么问题，但它可不是要传递"任意一把椅子都是第十把"这样的思想。

考察边际合意的商品组可以是任意的一组，但它可能是现存或未来的特定商品组，或者一段时间内的特定商品流。例如，煤对个人的边际合意可能与此刻他拥有的煤的多少有关。如果他有15吨煤，其边际合意就是第15吨煤带来的合意，或15吨和14吨

---

① 数学处理过程参见第三章附录的第1节。

煤的合意之差。或者,考察的商品组是能在三个月内运到的预购。如果我们考虑未来可能的购买量为 15 吨,边际合意代表的是目前对第 15 吨煤的合意,这同我们对现有存货的参考几乎一样。再如,若某人的家庭一年消费 15 吨煤,他的边际合意在任何时候都是对第 15 吨煤的合意,或是他的年消费量从 15 吨减少为 14 吨时所牺牲的合意。

再者,商品组中的物品可能属于同类或不同种类。前面的例子中,每件商品是完全相同的。作为由不同商品组成的商品组的边际合意的例子,我们可以看一下多一份月刊或报纸的合意。如果订阅者已经定了 10 期不同的杂志,在此基础上,新增一期特定杂志的合意就是对所有期刊来说的边际合意。

我们可以用同样的方法来说明与任意财富项有关的一系列特征或特色的边际合意。一个想盖房子的人必须决定装几扇窗。如果打算装 50 扇窗户,窗户的边际合意就是他对第 50 扇窗户的边际合意,或者装 50 扇与装 49 扇窗户的合意的差值。

§ 5

边际合意的第一个原则是,在一组商品中,随着商品数量的增加,该组商品的边际合意递减。每个连续的增长量的合意均小于前一个增长量的合意。对每周消费 5 磅糖的家庭来说,糖的边际合意要大于每周消费 6 磅糖的情形,而且随着消费量的连续增加而逐渐递减。

这里用的“连续”一词很容易理解,它并不是从时间意义上来讲的。连续不是时间上的连续,而是思维上的连续。我们将在一系列不同假定的基础上来考察糖的消费,以检验这个连续性。先假设家庭每周消费5磅糖,然后继续假设每周消费6磅、7磅、8磅,等等。这一系列假设中,"最后"一磅糖的合意即为每组糖的边际合意,但这"最后"一磅不是消费者获得的最后一磅,而是主观想象中的最后一磅。需要强调的事实是,因随意使用"最后"和"连续",思想上的混乱屡见不鲜。大概是因为这些词本身就包含时间上的混乱,在维塞尔(Wieser)[①]和马歇尔[②]的指导下,经济学家用"边际效用"取代杰文斯(Jevons)的"最终效用"一词。

有了这些限制条件和解释,明显可知,一组商品的总的合意是连续的每一单位商品的合意之和。例如,十把椅子的总的合意是通过把第一把椅子的合意、第二把椅子的合意、第三把椅子的合意直至第十把椅子的合意连续相加得到的。这些连续的合意显然是递减的。因此,该组椅子的合意之和(或者总的合意)同边际合意的十倍显然不等,这在椅子一例中得到证实。椅子所有者认为,他所拥有的椅子带来的合意大于购买椅子的这笔钱给他带来的合意,尽管少任意一把椅子所减少的合意并不一定大于买这把椅子的钱的合意。[③]

现代价值理论已广为人知,边际合意是价值和价格决定理论的基础。不过,这里所关注的,不是边际合意概念在经济度量理论中的应用,而仅仅是解释其本质。

---

① 《价值的起源》,第128页。

② 《经济学原理》,第3版,1895年,第168页。

③ 费特(Fetter),《经济学原理》,纽约,1904年,第25到26页。

虽然之前给出的有关合意的定义有助于解释其本质，但它们并不适用于定量研究。对物品合意的精确测度是一项更为重要也极为棘手的任务。由于这些概念在目前的工作中只是偶有使用，因此，没必要对它们进行深入探讨。[①]

① 参见本人的“价值和价格理论的数学研究”，康涅狄格学院，艺术与科学系，1893年，第9卷；庇古，《经济学期刊》，1903年3月，第13卷；帕累托，《政治经济学讲义》(第1卷)；《经济期刊》，1892年8月；克拉克(J. B. Clark)，“价值的终极标准”，《耶鲁评论》，1892年11月；塞利格曼(Seligman)，《经济学原理》，朗曼·格林公司，1905年，第13卷；陈锦涛(Chintao Chen)，《社会流通的测算》，博士论文，耶鲁大学，1906年。

第 一 部 分

资本

第四章　资本
第五章　资本账户
第六章　资本总和

第四章　资本

§1

前文介绍了经济科学中的几个基本概念——财富、产权、服务、满足、效用、价格及价值。我们知道，财富由相关实物构成，而产权则是这些物件的所有权；最宽泛意义上的财富包括人，而最广义的产权则包括任何权利；服务是财富的收益，满足是服务带来的满意，而合意或效用则是对财富、产权、服务和满足的欲求；价格是财富、产权或服务之间数量交换的比率；最后，价值是所有上述价格和数量的乘积。这些概念是经济研究中的主要工具。

到目前为止，有关这些重要概念同人的经历中的重要“独立变量”(即时间)之间的关系还只字未提。当我们说财富的某个数量时，要么是存在于特定瞬间的数量，要么是在一段时间内生产、消费、交换或运输的数量。前一个量是财富的存量，后一个量是财富的流量。在 1906 年 1 月 1 日中午，谷仓中储存的小麦数量是个存量；一周内存放进谷仓的小麦数量或者 1905 年从纽约港出口的小麦数量是个流量。“财富”这个词本身并不足以确定它属于两种含义中的哪一个。类似地，当我们说产权或者价值的时候，脑海里同样要有存量和流量的概念。某人在特定时间持有一家公司1,000股股票构成了产权的一个特定的存量;股票交易所在一周内交易的股票数量是产权的流量。同样,任意一天中午,一家银行持有的从另一家银行提取的支票的价值构成了价值存量;而在24小时内票据交易所交易的支票的价值则是个价值流量。与财富和产权不同,服务和满足只能表现为流量,而不可能成为存量。

存量仅需一个量(magnitude)就能说清楚,而流量必须要两个——流动的数量和持续时间。有了这两个量,我们可以得出第三个量——流动率或者流动数量除以持续时间的商。流动率常比流动量重要。因此,相比一个工人终生的工资总额,我们更关心的是他一生不同时期的工资率。

存量和流量的区别在经济学中用处很多,[①]其中最重要的应用,就是区分资本和收入。资本是存量,收入是流量。不过,二者的区别可不仅限于此。另一个重要区别是:资本是财富,而收入是财富的服务。因此,我们有如下定义:存在于某一时点的财富存量为资本,而一段时间的服务流量即为收入。所以,现时的住房是资本,它所提供的居所或带来的租金就是收入。国内的铁路是资本,运输服务或提供运输所得的收益是它的收入。

资本与收入的区别在某些方面同第三章所强调过的合意与满足之间的区别类似,合意与一个时点有关,而满足同一段时间

① 一些这类的应用,比如货币的流通问题,可参见“何谓资本?”,《经济学期刊》,1896年12月。

相联系。

§ 2

实际上，前述有关资本和收入的定义并未被广泛接受。有些人试图抛开时间因素来定义资本，把它当作一种特殊的财富，或是有特定目的的财富。简而言之，资本只是财富的特定部分，而不是财富的任意一块或者全部。因此，我们就有必要停下来掂量一下这些观点，本章只关注资本的概念。

从亚当·斯密的时代开始，经济学家就断言（但商人并不认可），只有某类特殊的财富才是资本。于是，接下来的问题变为："哪一类是?"争论持续了一个半世纪，作为资本的财富与不能作为资本的财富之间的任何界线都无法被认同，这就验证了人们的怀疑：根本就不存在这样的分界线。[①] 西尼尔（Senior）在七年前所说的在今天同样正确："资本的定义五花八门，以致我们怀疑是否有一个能够被广泛接受的定义。"[②]结果，"几乎每年都会有人试图破解这个有争议的概念，可遗憾的是，一直没有出现比较权威的结果，反倒徒使该领域的异议多多，困难重重"[③]。很多学者用自己的资本定义表达了他们的不满，甚至把这些定义放在后来的著

① 对这个主题的争议和困惑的更全面陈述，参见拙文"何谓资本?"，《经济学期刊》，1896 年 12 月。

② "政治经济学"，《大都会百科全书》，第六卷，第 153 页。

③ 欧根·冯·庞巴维克，《资本实证论》，英译本，伦敦及纽约，1891 年，第 23 页。

作中。[1]

亚当·斯密将资本定义为能产生“收益”的财富。[2] 进而，房主自己居住的房屋被排除在外。可另一方面，赫尔曼（Hermann）就把住房当成是资本，原因在于它们是耐用品。[3] 根据斯密的定义，水果商用来交易的存货算是资本，因为它是用来获得利润的；可按照赫尔曼的说法，这显然不算是资本，因为它们是易腐品。科尼斯（Knies）[4]认为，资本无论耐用与否，只要是为将来使用，就是财富。瓦尔拉（Walras）[5]试图通过计算用途来化解前述有关耐用性或未来性这样的问题。任何不止一种用途的财富都是资本。因此，对于科尼斯来说，如果水果罐头是为将来而存储的，它就是资本。但对于瓦尔拉来说不是，因为它只有一种用途。对科纳沃茨特（Kleinwachter）[6]来说，资本仅仅由生产“工具”组成，比如铁路，像食物就被他排除在外。相反，杰文斯[7]认为，食物是最典型的资本，而铁路不是，但修建铁路的工人的食物和生活资料则包含在内。

当大部分经济学家都在依据财富的类型来区分资本与非资本的时候，穆勒（Mill）[8]客观地根据资本家利用财富的动机来定义资

① 比如，罗塞尔、马歇尔和谢夫勒等。
② 《国富论》，第二篇，第一章。
③ 《政治经济研究》，慕尼黑，1832 年，第 59 页。
④ 《货币》，第二版，柏林，1885 年，第 69 页、70 页。
⑤ 《纯粹经济学要义》，第四版，洛桑，第 177 页。
⑥ 《社会主义的基本原理》，1885 年，第 184 页。
⑦ 《政治经济学理论》，第三版，1888 年，第七章，第 222—242 页。
⑧ 《政治经济学原理》，第一篇，第四章，第一节。

本，马克思（Marx）[①]则依据财富对工人的影响来定义，而塔特尔（Tuttle）[②]的依据是拥有财富的多寡。此外，当大多数学者将资本的概念限制在物质产品的时候，麦克劳德（MacLeod）[③]将资本的概念拓展到所有可以带来利润的非物质产品上，包括工人的劳动、信用以及他所定义的"无形的不动产"，比如法律、宗教、文学、艺术、教育以及作家的思想，等等。克拉克（Clark）[④]所谓的"纯"资本完全与物质范畴无关，他认为资本不是由物质而是由这些物质的效用构成。在多数经济学家的资本定义中，并没有提及与有形商品截然不同的商品价值，但费特[⑤]的定义却反其道而行之。一些定义是依据资本的特定问题而设计的。比如，许多定义都提到了资本和劳动的问题，但是学者们却无法就资本同该问题的关系达成一致。麦克库洛赫（MacCulloch）[⑥]将资本看作是通过工资基金来养活劳动者的一种方式，马克思[⑦]把资本视为压榨和剥削劳动者的工具，李嘉图（Ricardo）[⑧]将资本当成劳动的救世主，而麦克劳德却把劳动本身也视为一种特殊形式的资本。

很多定义都涉及生产问题，但是方法有待商榷。根据西尼

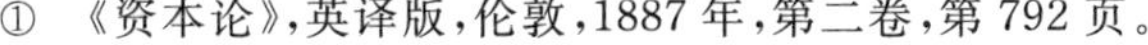

① 《资本论》，英译版，伦敦，1887 年，第二卷，第 792 页。

② "资本真义"，《经济学季刊》，1903 年 11 月。

③ 《政治经济学辞典》，"资本"词条，第 331 页。

④ 《资本及其收益》，出版于美国经济学会，1888 年，第 11—13 页。

⑤ "对资本概念的近期探讨"，《经济学季刊》，1900 年 11 月，及《经济学原理》，1904 年。

⑥ 《政治经济学原理》，第四版，第 100 页。

⑦ 《资本论》，英译版，伦敦，1887 年，第二卷，第 792 页。

⑧ 《政治经济学及赋税原理》，第 37 节。

尔[1]、穆勒[2]等学者的观点，资本本身必须是一种产品。瓦尔拉[3]、麦克劳德及另一些经济学家将土地[4]和所有的天然要素都归入资本的范畴。在同意资本必须是一种商品的同时，庞巴维克(Böhm-Bawer)[5]认为，资本绝对不是产成品。马克思[6]否认资本是生产性的。庞巴维克[7]承认资本不具有“独立的”生产性，但是也否认马克思关于资本不应该获得利息的论断。也有的经济学家将资本作为一种同土地和劳动力一道发挥作用的生产要素。

关于资本生产的是什么，分歧更加严重。亚当・斯密[8]断言资本创造“收益”，西尼尔[9]认为资本可以创造“财富”。还有些经济学家闪烁其词，认为资本可以产生价值、服务或效用。

① “政治经济学”，《大都会百科全书》，第六卷，第 153 页。

② 《政治经济学原理》，第一篇，第四章，第一节。

③ 《纯粹经济学要义》，第四版，洛桑，第 177 页。

④ 土地和资本有一个比较模糊的区别，即前者的收入是地租，而后者的收入是利息；同时，地租因土地的等级不同而不同，而利息对于所有类型的资本都是一样的。这种区别产生于对财富数量及其价值的混淆。每英亩土地的报酬确实因土地质量的不同而不同，所以不同等级的机器带来的回报也是不一样的。而价值 100 美元的不同种类的资本所带来的回报确实是一样的，而且价值 100 美元的土地带来的回报也将是一样的。对这一易混淆的概念的更全面的阐述参见费特的“地租和利息的关系”，这是一篇于 1903 年 12 月提交给美国经济协会的论文。参见克拉克的《资本及其回报》，第 27 页，及《财富的分配》(麦克米伦，1899 年)，第九章和第十三章。坎南在《经济学期刊》1897 年 6 月的“什么是资本?”中进一步阐述了这一思想。参见该作者的“资本的角色”，《经济学期刊》，1897 年 12 月，第 524 页和第 526 页。

⑤ 《资本实证论》，英译版，伦敦和纽约，1891 年，第 38 页。

⑥ 《资本论》，英译版，伦敦，1887 年，第二卷，第 792 页。

⑦ 《资本和利息》，第六篇。

⑧ 《国富论》，第二卷，第一章。

⑨ “政治经济学”，《大都会百科全书》，第六卷，第 153 页。

大部分定义都涉及时间问题，但方式有所不同。赫尔曼[①]考虑到了财富的持续时间；克拉克[②]把资本基金的永久性与其要素（也就是资本品）的暂时性相对比；科尼斯[③]着眼于未来的满足；杰文斯[④]和兰德里（Landry）[⑤]则特别说明了资本的"投资"和回报之间的时间问题。

§3

资本概念的分歧之大，使得任何调和的努力最终都成了徒劳。不过，这些概念倒也各有可取之处。虽然一般情况下，这些解释多少有些牵强附会，甚至破绽百出，但确有一些正确思想反复出现。这些定义齐心合力表达了如下重要事实：资本是生产性的，同收入是针锋相对的；资本是对未来的预备或储备。但是它们认为，只有一部分财富符合这些条件。对于前面提到的经济学家而言，把所有财富都划到资本中似乎有点荒谬，因为这就没有可以用来与资本对比或定义资本的财富了。如马歇尔教授所言，若一个人想把属于资本的财富和不属于资本的财富分得一清二楚的话，他就会发现自己因为解释概念时的自由度增加，就像坐在一架"倾斜的飞机上"，而且，由于他把更多财富定义为资本，这架飞机会不断倾

① 《政治经济研究》，慕尼黑，1832 年，第 59 页。

② 《资本及其收益》，出版于美国经济学会，1888 年，第 11—13 页。

③ 《货币》，第二版，1885 年，第 69—70 页。

④ 《政治经济学原理》，第三版，1888 年，第七章，第 222—242 页。

⑤ 《资本的利息》，巴黎，1904 年，第 16 页。

斜，直到资本以外的财富所剩无几。比如，我们得知，资本是“用于将来的财富”。但是“将来”是一个比较有弹性的词。正如第二章中所说的，严格来讲，所有财富都是在将来使用的，不可能把它的用途推到过去，限制在当下也不行。现在只是一瞬的时点，而将财富全部使用是需要一段时间的。一盘食物，不管用多快的速度把它吃掉，都可以说是用于将来的，尽管这个将来仅仅是接下来的几秒；如果我们要把“马上发生的未来”排除在未来之外，这个分界线应该画在哪里呢？比如，我们说，用于 17 天以后的财富就是资本吗？

由于所有的财富都用于未来，基于同样的道理，它也是一种“储备”。因此，严格来讲，将资本称作储备并不是把它从其他财富中划分出来。即便是名乞丐也会把面包片留在口袋里放几个小时。[①]

任何明确地将资本划分为“生产性的”财富的努力都是徒劳。我们已经看到，从获得服务的角度来看，所有的财富都是生产性的。有关哪种劳动是生产性而哪种不是的话题，曾经一度热门。后来人们慢慢意识到，做这种区分没有什么意义。现在没有人再反对将所有的劳动都视为生产性的。而且，如果这种生产力对所有的劳动都相同的话，那么它对所有的财富也就都是一样的。若承认私家马夫是生产性的工人，那还有什么理由否认马和马车也是生产性的，尤其这三者是相互配合提供同一项服务（交通）的。

最后，我们不能依据可带来收入的财富来区分资本。所有财

① 见拙文“资本定义的先例”，《经济学季刊》，1904 年 5 月，第 404 页。

富均能产生收入，因为收入仅仅是由财富的服务构成。不过，有些财富可以带来收入而有些则不能的思想，从亚当·斯密的时代起一直持续到今天。斯密认为，收入仅仅意味着货币收入。基于这层含义，他把资本设想为产生收入的财富，以区别于那些消耗或花费收入的财富，比如住房、马车、服装和食物。根据他的观点，住房不是收入之因，而是收入之果，因此不能称为资本。

§4

经济学家用不同的方式介绍财富之间（而不是存量和流量以及财富和服务之间）的相对区别，结果令他们对资本问题的研究杂乱不堪。其中之一[①]就是著名的“工资基金说”，这源于在区分存量和流量的时候对时间的无视。该理论认为，工资率与“工资基金”中的资本数量成反比。麦克库洛赫写道：[②]

> “为了解释这个原理，让我们假设一国用来支付工资的资本将是1,000万夸特（按小麦的标准来计量）；如果该国的工人人数是200万，很显然，则每人将挣得5夸特（把每个人的工资都以同一标准来表示）。”

“工资将为5夸特。”这是麦克库洛赫的结论，但这是多长时间

① 参见前文“何谓资本”。

② 《政治经济学原理》，第一版，第327—328页，第二版，第377—378页。参见坎南的《生产分配理论史》，第264页。

的5夸特呢？每小时、每天还是每年？由于定义完全没有时间概念，所以毫无意义。

甚至就连约翰·斯图亚特·穆勒这样敏锐的经济学家也毫不犹豫地认为：[1]

> “工资主要取决于劳动力的供求，或者，就像人们常说的那样，取决于人口和资本的比例。这里的人口仅仅指工人阶级（进一步地讲，是那些受雇于人的人）的人数；资本仅仅指用于循环的资本，即用于直接购买劳动的那部分资本，而不是全部资本。然而，这么做的话，必须把所有用来交换劳动的资金都算进来，比如士兵、公务员及其他非生产性的劳动的工资，而这些资金并没有成为资本的一部分……鉴于这些概念的诸多限制，工资既同资本和人口的相对数量有关，亦不受（影响万物的）竞争规则的约束。工资（当然，即一个一般性的比率）……”

对商业簿记的些许关注使经济学家避免犯类似错误。因为，如果无意识地承认了这里提出的时间原则，商业记录就会涉及某种现实。比如，铁路的“资本账户”在一个特定的时点上揭示了铁路的状况，而“收入账户”则显示了一段时间内的运营情况。

① 《政治经济学》，第二卷，第六章，第一节。

§5

已经提出的与习惯用法不一致的定义均被放弃。到目前为止，从我们所关注的经济学先例中已经看到，并没有出现约定俗成的用法。[①] 此外，在有关这一主题的浩如烟海的文献中，不乏在此推荐的定义的先例。杜尔哥(Turgot)[②]在财富存量的意义上将资本这一术语用于实践。萨伊(J.B.Say)[③]、库塞尔－塞纳尔(Courcelle-Seneuil)[④]和居约(Guyot)[⑤]也沿用了这一做法。在众多现代经济学家中，埃德温·坎南[⑥]用一种非常清晰明了的方式对其重新做了说明。如今，这种用法出现在了五六部标准的教科书[⑦]和一些不起眼的作品中。很多经济学家在口头上表达了对这一提法的认同。

也有其他经济学家事实上或者近似地接纳了这种定义，比如

① 关于这一问题的更全面的陈述参见拙文“资本定义的先例”，《经济学季刊》，1904年5月。

② 《关于财富的形成和分配的考察》，第58页，阿什莉翻译版(麦克米伦，纽约)，第50—59页。

③ 参见塔特尔，“真实的资本概念”，《经济学季刊》，1903年11月，第83页；对比庞巴维克，《资本实证论》，英译版，第59页。

④ 《政治经济学的理论与实践》，1867年，第一卷，第478页。

⑤ 《社会经济学原理》，英译版，第50页。

⑥ 《生产和分配理论》，伦敦，1894年，第14页。

⑦ 它们是坎南的《分配理论史》、哈德里(Hardley)的《经济学》、斯玛特(Smart)的《收入的分配》、丹尼尔斯(Daniels)的《财政学》、费特的《经济学原理》以及塞利格曼的《经济学原理》。

科尼斯、克拉克、帕累托[①]、吉芬(Giffen)[②]、福维尔(De Foville)[③]、弗拉克斯(Flux)[④]、尼克尔森(Nicholson)[⑤]、希克斯(Hicks)[⑥]以及(隶属于英国科学促进协会的)直接税价值公测委员会[⑦]。马歇尔教授说,在早些年,他"总是认为资本是全部的商品存货,而利息是从这些存货的使用中获得的产权收益"[⑧]。"当一个人从数学的角度探讨分配问题时,实际上别无选择"[⑨],也只能这么做;而且,"以住房或者私人马车的形式表现的财富同旅馆和轻便马车形式的财富一样,都有助于工人的就业"[⑩]。他说:"我同意他的(我的)观点,即无论我们怎么处理'资本'这个词,都无法通过将财富归类来解决问题。"此时,他明显让步于当代学者间的主要争论。[⑪] 不过,他也总结道:"并非没有疑问,但这是最好的。"[⑫]他在这种分类的基础上定义了资本,这与他所设想的主流用法完全不同。

① 上述三人的观点参见前面的引文"何谓资本"。

② 在他的《资本的增长》一书中。

③ 在他的"法国和其他国家的财富"一文中,英译版,《皇家统计学会期刊》,1894年。

④ 《经济学原理》,伦敦,1904年,第16—18页。

⑤ 见他的《要素》,第42页和第43页。

⑥ 《经济学讲义》,辛辛那提,1901年,第91页和第244页。

⑦ 英国科学促进协会报告,1878年,都柏林,第220页。

⑧ "分配和交易",《经济学期刊》,1898年,第56页。

⑨ 同上,第55页。

⑩ 同上,第57页。

⑪ 同上,第50页。

⑫ 同上,第56页。

§6

关于流行的及商业上的用法，有人可能会说，词典编撰者们的工作反映了对习惯用法的深入研究，他们会尝试将这些研究记录下来。[①] 这揭示出一个事实，即在亚当·斯密的时代以前，人们并没有将资本看作是财富存货的一部分，而是等同于存货。[②] 有时候，将所有存货都明确纳入资本的范畴，比如1611年，科特格雷夫(Cotgrave)将资本定义为“财富、价值，一种存货”。此外，我们发现：

> 1678年，杜弗尼·度·甘戈(Dufresne Du Cange)，《词汇》：资本给所有者一切幸福……

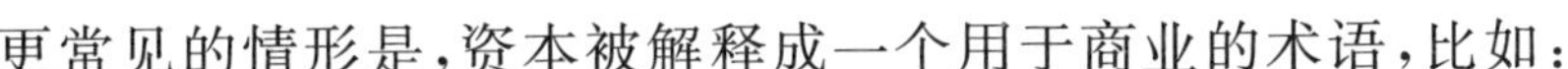

更常见的情形是，资本被解释成一个用于商业的术语，比如：

> 1759年，里德(Rider)，《英语通用词典》，伦敦：资本。在商人中，它指各方带来的构成普通股的货币总量；它也指一个商人一开始用自己账户交易时所拥有的货币。

---

① 参见前面引用的拙文“资本定义的先例”，其中介绍了对72部词典进行考察的结果。

② 起初，“资本”并不是名词，而是形容词。“capitalis pars debiti”意思是债务的本金部分，换言之，“本金”是有别于利息的。而这实际上也象征着存量和流量之间的区别。该术语很快被用于商人的存货，区别于这些存货带来的利润流，进而也有别于任何存量。参见“资本定义的先例”，《经济学季刊》，1904年5月，第395页。

这里所说的“在商人中”，可能是希望明确这一术语常用的范围，而不是该范围的一个必要限制。就像“缆绳”可解释为“航海术语”，但并不是说它就不能用于别的地方。[①]

随着经济学家的到来，词典里的定义也开始陷入混乱——尽管绝大多数定义还与最初的用法紧密相关。比如：

> 1883 年，西蒙兹（Simmonds），《商业大词典》：资本……一方的净值。
>
> 1894 年，帕尔格雷夫（Palgrave），《政治经济学大词典》，在“资产”词条下。清偿债务后的剩余资产就是一个人的实际资本。

在很多时候，人们认为区分经济学家和商人眼中的资本非常必要，比如：

> 1893 年，默里（Murray），《新英语词典》，第二卷，牛津：资本。资本的存货或者存量。a. 商业。公司、企业或者个人用以进入一家企业并计算利润和红利的存货。在一家股份公司中，资本由每个股东出资的总额构成。b. 政治经济学。个人、企业或者社团积累的用来支持新的生产的资金；用来创造更多财富的任何形式的财富。

① 参见“资本定义的先例”一文，第 8 页和第 9 页。

在有关实务会计的商业手册和论文中，资本被用于说明一个人财富的净值。因此，拉弗伦茨(L. W. Lafrentz)在谈到资产和负债[①]的区别时说道："剩余就是所有者(资本所有者)的净值。"

对商人的调查显示了这样一个事实，即在商业用法中，所有的财富都包含在术语"资本"中。对商人的资产而言，如果允许一名经济学家把非资本品拿掉，结果会令他大跌眼镜。比如，像科纳沃茨特那样处理原材料，像赫尔曼那样处理易腐品，像瓦尔拉那样看待燃料，像多数古典经济学家那样看待土地。商人都宣称，土地是资本。就像制造商说的那样，在一家新公司的"已缴"资本中，土地必是第一个。而且，他们还认为，任意给定的财富的功能同它作为何种类型的资本无关。它们无须"为了生产"，无须"为了养活工人"，也无须为任何一个特定的目的。唯一令某些商人犹豫不决的是，是否消费者手头的所有财富项都是资本。而犹豫的原因可能还会在记账的习惯中看到。正如一位商人所言，"资本就是个簿记术语"。于是，他很自然地将这一术语同他的商店(而不是家)联系在一起。因为前者需要做资产负债表，而后者不要，不过，一旦有了资产负债表，其背后的目的就无关紧要了。社交俱乐部、美术馆或者医院都有可能有自己的资本。一年之中，一家具有资本存货的股份公司也会盘算着为了应对美洲杯而去打造赛艇。如果一个家庭可以被称作股份公司并且也做一张资产负债表的话，在一边加入它的全部财产、住房、家具和口粮等，另一边写上负债，我们可

① "经济学角度的会计和审计"，《会计学季刊》，1906 年 4 月，第 482 页。参阅维克多布兰福德，《经济学与会计学》，伦敦(Gee & co.)，1901 年，以及查尔斯·E. 斯普雷格，《投资会计学》，纽约(商业出版公司)，1904 年，第 12 页。

以想象，没有哪个商人会纠结于把它称作是资产平衡还是负债平衡，因为这是以“资本”之名衡量的家庭财富总值。正如一位商人对学者说的，“资本并非财富的一部分，而是个人所有的财富，包括他的汽车”。当被问到“你嘴里的那支雪茄是资本吗？”时，他会犹豫一下说，“不是”。不过又立刻用前面的论述推翻了这个矛盾的观点，并承认一个雪茄盒以及里面的每一支雪茄或者拿出来的雪茄（出于那个原因）都是其存货或者储备的一部分。

“资本化”和“以资本为生”两个短语由于被商人使用，故暗含着资本仅仅是一个资金存量的意思。当我们将每年5美元的年金资本化为一个即定总量时（比如100美元），我们指的是，这100美元是已经准备好的货币的存量，它等价于每年5美元的流量。5美元的收入或者100美元的资本代表着哪种商品无关紧要。此外，当我们说一个人“以资本为生”时，意思是，他消耗资本的速度快于更新资本的速度，这不是专门针对资本某一部分或者类型而言的。一位富有的纽约市民最近开始出售他收藏的艺术品，被迫“以资本为生”，这和出售股票和债券没什么两样。

到目前为止，我们关注了有关资本的流行的和商业上的用法，进而有足够理由确保这个资本定义能被接受，而一般出现在经济学教科书上的定义是什么情形就难说了。

§7

某些经济学家仍拒绝承认上述简单定义，并坚持将“资本”一词的含义限制在多少有些狭隘的范畴，这么做应该吗？我们唯一遵从的是约翰·雷(John Rae)[①]的定义,在将资本定义为存货的一部分后,便可将这一术语安然搁置,代之以对“存货”的分析。[②]我们惊奇于“资本问题”不仅仅是“资本”的问题,也是存货问题,而且还不得不将这些普通短语曲解为“资本的利息”和“资本化”等各种含义。不过,这个(或者任何其他)解决该问题的方式 ,会受到那些受够了当前混乱的表达的人的欢迎。最近有一位商人朋友抱怨说,他在读经济学著作时,困难重重,因为经济学家对术语处理得似乎都不够好。选择什么名称来命名一个概念并不重要,重要的是这些概念要经过深思熟虑,以便它们能在科学分析中发挥效力。一个时点上的财富存量的概念,不管怎么称呼它,都非常有用。我们相信,接下来在把它用于所谓的“资本问题”(无论这个叫法是对是错)时,会表现得更加简单明了。

① 《资本的社会理论》,米克斯特教授编著,麦克米伦,1905 年。

② 当然,这不是要否认“存货”常分为几个不同的类别。一种分类已经给出,见“财富”一章;此外,还有其他的分类。存在于现代社会的对财富存货最引人注目的一种分类是介于家庭和商业之间的。这是许多资本定义的基础,尤其是科摩琴斯基(Komorzynski)的定义(《信贷》,因斯布鲁克,1903 年,第 138 页)。但是这一差别仅仅用于现代的高度差异化的社会。像所有具体事务的分类一样,它仅服务于描述的目的,而对分析本身没有多少帮助。众所周知,在科学界,越是一般性的概念就越有效。吉布斯(Willard Gibbs)教授因其在数学物理学中使用的方法普适、简明而著称。他说:“整体比局部更简单。”

第五章　资本账户

§1

我们将资本定义为某个时点的财富数量，对财富的瞬间一瞥即可了解资本之全貌。除了耐用财富外，也有大量的易耗品。它所表明的并不是这类商品的年度转变进程，而是这一进程中形式上还没有变化或者所处阶段还没有消失的那些片段——无论其变化（或者消失）有多快。我们将看到的是火车运输的肉、蛋、奶，船运的鱼、香料和糖，以及私人食品储藏室里的东西，冰冻的胸脯肉和窖藏的美酒。甚至连某人餐桌上的晚餐也会有一席之地。所以一个人衣柜里或者身上穿的衣服，烟民口袋或者烟斗里的烟，以及罐子或油灯中的油，都将是这张耀眼的资本快照中的元素。然而，这种财富的汇集鱼龙混杂，无法用单独一个总和来表示。我们可以将其编制成单独的条目，却无法把它们加总到一起。不过，深思熟虑之后，可按某种性质将它们归为同类，这性质不是类别和数量，而是价值。这个任意财富存量的价值也被称为“资本”。为了区分资本的这两层含义，我们称现存财富项的存货、贮存及积累为资本项（或资本工具，capital instruments）或资本财富。而且，当每项财富均由一种通用的单位计量时，我们称其为资本价值(capital value)。同样，存在于某一时刻(点)的一定量的产权被称为资本产权(capital property)，而它的价值，被称为资本价值。如果要选择一个通用的术语来概括资本项和资本产权的话，我们可以选用“资本品”(capital goods)一词，这是由克拉克教授首先提出的。

这样，我们在资本品和资本价值之间就确立了明确的对立关系。资本品的计量使用了与各种商品相适的单位，比如几蒲式耳小麦、几加仑原油、几英亩土地、几股股票；而资本价值则使用了统一单位计量，像美元等这样便利的价值单位。“资本”这个简单术语仅仅作为“资本品”或者“资本价值”的缩写词出现。商人口中的“资本”常指资本价值，今后除非特别说明，否则“资本”一词都是这个含义。有了这套术语，我们会发现，自己可以和克拉克、费特、塔特尔及前面章节中提到的诸多经济学家保持一致。

现在我们准备考虑商业中的“资本账户”问题。奇怪的是，经济学教材对这些账户居然只字未提。在政治经济学的所有工作中，似乎也没有对资本账户的系统研究。

资本账户是某人在任一时刻所拥有的产权的价值和数量的报表。它由两栏(列)组成：资产和负债。所有者的负债是指他的债务或者对别人的某种义务，也即是，他对(使用)别人的产权所应承担的责任。一个所有者的资产或资源是他所有的产权，与其负债无关。资产，既包括清偿债务的那部分产权，也包括债务清偿后多出的那部分产权。考虑到所有者一穷二白的情形后，资产还包括他自身。

一个所有者可能是单独的一个人，也可能是由一群人组成的一个集体，比如家庭、协会、股份公司、企业或者政府。关于债务，欠钱的人是债务人，被欠（被偿还）的人是债权人。

资本账户中的每一项都是所有者全部资本的一个组成部分，资产是正的部分，而负债是负的部分。因而，资本各部分的代数和，或者总资产和总债务的价值之差，就是资本账户中标示的净资本，或者资本盈余或余额（capital balance）。

§2

资本账户中的项目及其价值是不断变化的，所以，在一份资产负债表做出后的六个月的某个时点再做另一份同样的报表时，上面的盈余或净资本可能会有显著变化。不过，簿记员习惯于从账户建立起就使资本项目完整无缺，并将该项目的所有增长均命名为“盈余”或“未分配利润”。这么做的原因在于：首先，簿记员登记得越不频繁，簿记工作就越简单；其次，通过单独登记初始资本及其后续的增长，账簿可以直观地显示出一家公司在资本积累方面的历史；最后，对于股份公司而言，股票凭证就代表资本。这里的股票是指不随资本真实价值同步变动的固定“面值”。所以，簿记员习惯于使“资本”账目价值等于其股票的面值。

下面两张余额表将显示出“盈余”的积累情况。

1900 年 1 月 1 日

资产		负债	
工厂	$ 200,000	债务	$ 100,000
		资本	100,000
	$ 200,000		$ 200,000

1901 年 1 月 1 日

工厂等	$ 246,324	债务	$ 100,000
		资本	100,000
		盈余	46,324
	$ 246,324		$ 246,324

但是,不仅是账户项目(资本)尽可能地保持不变,而且盈余通常以整数记,并在连续几期的报告中也始终不变。所有微小的波动仅仅影响第三项“未分配利润”。因此,盈余和未分配利润之间的差别也微乎其微。这三项——资本、盈余以及未分配利润一道构成了当前的净资本。其中,“资本”代表了初始的数量,“盈余”代表了更早、更大的积累量,而“未分配利润”则代表了后来的更小的数量。未分配利润更经常地出现在股息中,也就是变成已分配的利润,但盈余甚至个别情况下的资本也会出现这种情况。

这样,我们可以从两个方面来理解公司、企业或者个人的资本:一,由簿记员记在表头下面的项目,即初始资本;第二,这个总和加上盈余及未分配利润——某一时刻正在考虑的真正的净资本。

鉴于股票是在公司成立之初发行的,且不能无休止地变动,它们通常与初始的而非现有资本相符。不过,资本额(或资本结构)的调整可能受到股票赎回或新股发行的影响,这些方式会令其名义或账面的价值有减有增。有时候资本额或因产权缩水而减少,或因新的认购及资产扩张而增加。比如,若初始资本是 10 万美元,现有资本(包括盈余及未分配利润)是 20 万美元,为了使总的流通股(outstanding certificate)达到 20 万美元且将盈余及未分配利润纳入资本,就可能向每位股东免费发行股票,使其面值等于已持有股票的价值。不过，在实际中，这种行为非常罕见。通常情况下，股票会保持初始的面值，只是股票的价值会增加。因此，如果现有资本为前述 20 万美元，尽管初始资本和已发行的股本总计为 10 万美元，但股票的市场价值会变为面值的两倍；对股东来说，他拥有的 20 万美元是由面值为 10 万美元的股票代表的。

§3

然而，如果试图通过公司账目来证实这一关系，我们可能会在结果中发现一些不符之处。比如，在纽约第二国民银行（Second National Bank of New York）最近的一份报表中，资本、盈余及未分配利润总计为 1,295,952.59 美元，而其初始资本仅有 30 万美元。因此，我们可以预计，总计（总量）为 30 万美元的股票其价值是 1,295,952.59 美元。换句话说，每一份 100 美元的股票值 432 美元。不过，其实际的售价却是 700 美元。无独有偶，纽约市第四国民银行（Fourth National Bank of New York City）拥有资本、盈余及未分配利润总计 570 万美元，而其初始资本仅为 300 万美元。由此可知，一份 100 美元的股票将按$\frac{5,700,000}{3,000,000}\times 100=190$美元出售。不过，其实际售价却为 240 美元。这里有一些需要解释的不符之处。如果由一位商人来解释，他会说，账面价值和市场价值本来就不同，后者和估计的“赚钱能力”（earning power）有关。股票价值是这种“赚钱能力”的“资本化”，价值随着各种原因而每天波动。的确如此！但这并不能解释账面价值和市场价值的

差别，因为账面价值也代表了这种（估计的赚钱）能力。公司的土地、建筑和机器设备等的估价最初就是由该能力决定的，购买之时，其成本价格是赚钱能力的市场估计，也即股票的市场价格。该原则同样适用于负债和资产。负债只不过是费用、利息、租金和其他支出的资本化。

因此，不符之处的意义，并不在于一个估价要和赚钱能力（而非其他因素）有关，而在于有两个估计值：一个来自于簿记员，很少修改且通常保守；另一个来自市场，每天不同。因此，第二国民银行的股东们的股票在簿记员那里入账的价值是 1，295，952.59 美元，而实际上他们资产总值几乎接近 2，100，000 美元。簿记员系统性地低估了银行的资产，甚至把某些有价值的资产（比如企业的信誉）遗漏了。对一位保守的商人来说，记账的目的并不是为了提供数学上的准确性，而是为了使如此保守的估价能更好地适用于市场，即使在有财务压力的时期也是如此。他对安全的兴趣更甚于精确性。哪怕在市场价值严重缩水的时期，他更在乎的也是维持偿还的能力，而非满足合意统计的要求。

因此，对一家公司的资本的估价有两种：账面价值和市场价值。尽管需要谨记，这两个值都不过是估计值，但后一个更接近真实值。所以，我们发现，公司账簿余额的记录虽然计算到最后的一分钱，而且给人一种十分精确的印象，但现实的余额有可能同它相差悬殊。

§ 4

不符之处不仅出现在公司现有资本的市场估价与其账面价值之间，亦发生于公司投入的初始资本本身与其名义的资本总额之间，皆因为股票的售价可能或高或低于其面值。所以，我们发现，个人或公司的“资本”具有四个相互独立的含义：名义的“资本总额”，真实的初始“投入资本”，当前积累的资本或者由簿记员提供的“资本、盈余及未分配利润”，以及资本的市场估值（比如“股票的价值”）。图 5－1 给出了资本的所有含义，也即“资本”一词的不同用法。

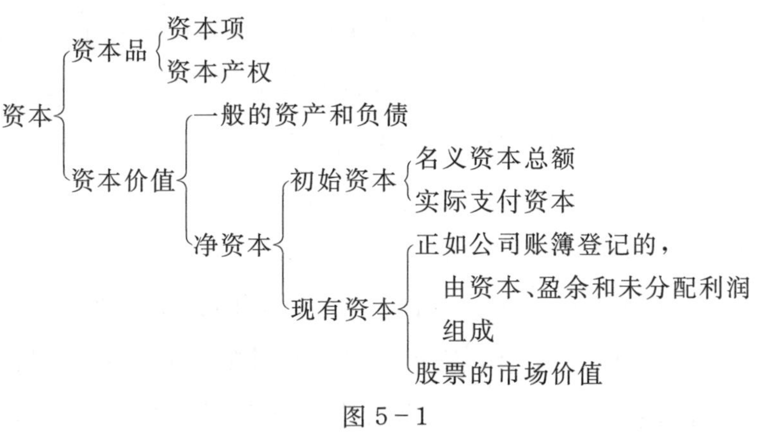

图 5－1

§ 5

我们知道，资产价值增值对资产负债表的影响是增加了盈余或未分配利润；相反，价值的缩水将会使二者减少。比如，一家公司的工厂拥有 100,000 美元资本和 50,000 美元盈余，盈余贬值 40,000 美元对资产负债表的影响是：

初始资产负债表

资产		负债	
工厂	$ 200,000.00	债务	$ 150,000.00
杂项	101,256.42	资本	100,000.00
		盈余	50,000.00
		未分配利润	1,256.42
	$ 301,256.42		$ 301,256.42

当前资产负债表

资产		负债	
工厂	$ 160,000.00	债务	$ 150,000.00
杂项	101,256.42	资本	100,000.00
		盈余	10,000.00
		未分配利润	1,256.42
	$ 261,256.42		$ 261,256.42

正如在资产一栏中登记的那样，工厂价值缩水，其结果就表现在了负债栏的余额项上面。

如果把盈余和未分配利润拿掉，则资本自身的价值会受到削弱。在本例中，簿记员可能通过做低资本总额的办法来说明这个结果。这种情况时常出现在银行和信托公司中，在普通的企业中并不多见。我们一般是通过股东评价或者推迟红利发放来弥补这些不足，从而避免这种情况的发生。在很多时候，像在保险公司里那样，这需要法律的支持。然而，不诚实的公司常常通过夸大资本价值这样一个反向操作，来掩盖事态的真实情况。有时候可以系统地进行这样的操作，就像股票交易公司的情况那样。那些肆无忌惮的发起人常以不明智的或者欺诈的方式取信于股东，用委托给他们的总资本额来投资。比如，我们可以设想有一家加利福尼亚石油公司，它是所谓的“股票生产油井”型的，它借入 50,000 美元并且通过出售股票筹集了另外的 50,000 美元。然后用这100,000 美元高价买下朋友的土地，并相互勾结（合谋），将收入的大部分回报给创业者。在这种情况下，这家不靠谱的公司的表面账簿中的数据如下：

资产		负债	
土地	\$ 100,000	债务	\$ 50,000
		资本	50,000
	\$ 100,000		\$ 100,000

但是，如果土地的价值是 60,000 美元，这些数据就应该变为：

资产		负债	
土地	\$ 60,000	债务	\$ 50,000
		资本	\$ 10,000
	\$ 60,000		\$ 60,000

换句话说，投资者只有价值 10,000 美元的产权，而不是他投入的 50,000 美元，或者说他投入的每一美元变成了 20 美分。盈余就进了发起人以及和他勾结在一起的人的口袋中。

掩饰一家公司真实情况的最好方法，是将其应付的不良债务按其名义的价值一并转入资产中。有时候，基于特殊的目的，无良企业也会将不良债务全部买下，用以投资某家破产公司的票据，虽然所获极少，却可以按票面价值计入账簿。显而易见的是，任何对账簿中资产一栏的夸大，都会在资本、盈余和未分配利润方面造成同样的结果。因此，编制企业账簿的人责任重大。

§6

到目前为止，我们考察了资本账户项目的波动问题，它们与公司和股东间的任何支付都无关。当收益以股息的形式发放给股东时，其影响是账户两边的数值都减小了。资产栏的现金额以及负债栏的未分配利润下降，数额等于所支付的股息。如果申报的股息大于未分配利润，就会减少盈余甚至是资本。对于多数商业公司而言，支付一笔超出资本的股息被认为是一种下策，甚至属于欺诈行为。不过，也没有充分的理由否定这种支付，而且在有些交易中，这么做不仅是合适的，而且是必需的。当股息支付超过资本的情况发生时，已发行股份（或流通的股份）的数量也应该有相应的减少，这是为了使公司的这种处理不至于变成欺诈。以科罗拉多和加利福尼亚的置地公司，如瑞丹多置地公司（Redondo Land Company）为例，它成立的目的非常明确，就是为了投资土地再将其卖出。一旦土地售出，就把收入分配给股东，股票也随之注销，直到公司的全部资本被清除。不过，缩减资本通常采用的是股息支付以外的其他方式。一般说来，超过资本的股息支付是不合法的，否则，公司的债权人很快会发现，他们的贷款不太安全。

当然，股东也可能向公司支付款项。假设一家公司建立时的股本为 100,000 美元，但是第一次募股时，只有其中的 60,000 美元被认购。对于簿记员来说，将那时的 60,000 美元算作资本也可以。但是，根据他管理资本项目的规则，同所有连续的账户一样，他会把 100,000 美元写入负债栏。为了抵销多出的 40,000 美元，他会把这40,000美元以库存股的形式计入资产栏。也就是说，公司持有40,000美元的库存股，它们被视作公司的资产。当然，这种计入库存股的模式是簿记员虚构的，这40,000美元既不为公司所有，也不是公司应付的款项——除非是公司自己欠自己的。不过，发起人经常会向容易上当受骗的投资者灌输这样一种说法，即把一定数量的公司股留作库存能使股东的产权有相应数量的增加。

当全部股本被支付后，通常有必要使其增值。假设资本增长之前，账簿是这样记录的：

资产		负债	
杂项	$ 300,000	债务	$ 100,000
		资本	100,000
		盈余及未分配利润	100,000
	$ 300,000		$ 300,000

接下来资本扩充100,000美元，以面值发行并根据其持有的初始份额按比例分批出售给股东。所以面值100,000美元的新股就以100,000美元出售，那么账簿登记情况将为：

资产		负债	
杂项	$ 400,000	债务	$ 100,000
		资本	200,000
		盈余及未分配利润	100,000
	$ 400,000		$ 400,000

这些新增的资本起初是现金的形式，后来购买厂房和设备等，就表现为不同形式的财富或产权。不过，我们现在假设，无论以什么形式投资，其价值都会等于成本（即100,000美元），所以，资产会由300,000美元变为400,000美元。

§7

让我们假设，账簿准确地反映了真实的价值且对应着市场价格。新股发行后，我们发现，200,000 美元的股票却代表了实际价值为 300,000 美元的资本、盈余及未分配利润，或者说，每股代表了 150 美元。但是我们假设，新股是以每股 100 美元发行的。所以老股东可以用 100 美元买进再以 150 美元卖出而获利；或者也可以简化操作，即以 50 美元出售该股的“认购权”。乍一看，由于新股发行，认购权像是对股东的一份神秘的红利。然而，必须记住的是，面值 100,000 美元的原始股代表了包括盈余在内的属于股东的 200,000 美元的资产，所以原始股每股价值 200 美元。也就是说，在初始的市场价格下发行的新股的作用，是将旧股的价值从每股 200 美元降到每股 150 美元。所以，持有旧股的股东所损失的 50 美元将正好由代表认购权的超过其价值的那 50 美元补偿。拥有 10 股原始股的某位股东会发现，他的股票只值 1,500 美元而不是 2,000 美元，也就是亏损了 500 美元。这将等于他认购 10 股新股所带来的利润，或者等于他得到的新股的认购权。外部的公开市场愿意付给他 500 美元以获得按 1,000 美元买进价值 1,500 美元股票的特权。

因此，我们发现，新股的发行价不会自行影响股东应有的余额。但这不是我们忽视发行价格的理由。发行价越低，对单个股东（或找其他人）认购股票及购买这种“权利”的诱惑也就越大。不重视认购（或出售权）将会造成损失。任何事件的发生都有可能使旧股价格下降，而且这种认购或出售只能通过保障金的方式进行。正是由于这些原因，新股常常以低于市场价的方式出售给原始股股东。

实践中，人们很少注意到这个新权利的价值与旧股的贬值之间具体的补偿问题，因为公司会投资于优质资产，换句话说，它所购买的资产的价值会超过成本。在这种情况下，旧股价值几乎不会有多少损失。不过，我们所强调的观点仍然正确，即发行价本身不会通过"认购权"创造出额外的资本价值。任何价值的增值都源自非同寻常的投资机会——经济原因，而且绝不仅仅只是账目上的变化。

当然，出现下面的情况也是极有可能的：新股发行本身可能会在股票市场上引发不同的观点，并影响市场价格，使其或涨或跌。比如，若发行价低的话，会使小的投资者更容易买到，而且其后市场股票数量的增加可能（至少暂时）使其成为公众投机的目标。这种情况尽管可能会改变结果，但不会有实质性的影响。

§8

即便股票按面值发行，资本、盈余和未分配利润的账面价值也可能将股东产权的真实情况夸大。前面介绍过两种方式：由灾难或意外导致的资产缩水，以及对股东资金的挪用。现在还有第三种方式可用，即以低于面值的价格发行股票，或以高价购进服务和专利等。

为了说明这种夸大资本价值（或者说是"股票掺水"）的方式，

我们假设一家公司资本化后为 200,000 美元，并且这家公司开始时以票面价值发行了 1,000 股，共计 100,000 美元，但每股只卖 60 美元来充入公司库存。这里的 60,000 美元的实收资本，由票面价值为 100,000 美元的股票表示，留下 40,000 美元的“缩水”差额。我们进一步假设，另外 100,000 美元的股票是用来向发明者购买其专利的，而其真实价值只有 10,000 美元。最后，假设公司发行了 300,000 美元的债券，并且波动到票面价值。这样的话，该公司实际获得的现金收入只有 360,000 美元。而这其中，只有 60,000 美元来自于股东。至于专利，对它的投资是为了取得 100,000美元股票的回报，它的真实价值只有投入额的 1/10，这使股东只得到总的余额中的 70,000 美元。但是，公司的资本为 200,000 美元。所以，簿记员必须将资产扩大 130,000 美元。

他可能会这么做：

资产		负债	
工厂（成本为 360,000 美元）	$ 400,000	债券	$ 300,000
专利（价值 10,000 美元）	100,000	资本	200,000
	$ 500,000		$ 500,000

此处对专利的价值夸大了 90,000 美元，剩余部分是对工厂的高估。还有一些别的资本掺水的方式。一种常见的方法是使工厂的价值下降。比如，在保持资产负债表中初始的账面价值不变的情况下，不进行适当的维护。铁路有可能就是以这种方式被“减值”的，即把应计提的股息转入折旧账户。不过，这种操作一般并不是称为资本掺水，而叫处置失当。

有时候把它说成股票掺水也没什么问题，前提是我们知道所有的条款和条件。这好像是在说，说谎没有错，只要每个人都知道你是在说谎，因为错误的资产负债表不过只是一张错误的报表。而且一般来说，错误的报表都是有意去掩饰什么。比如，它们的目的就是刻意地误导有意向的债券持有人，使他们相信，他们所发放的贷款要比其真实的处境更安全。现在我们知道了诚实的人之所以会低估其资产的原因。如果估价有任何差错，他们宁愿这些差错对他们不利而不是使他们受益；换句话说，就是有关财政实力的说法能很好地与事实相符。对资产的低估，和对其高估一样，都不常见，也是服务于欺诈目的，比如“培育”了投机性的市场。

很多尝试旨在阻止股票掺水带来的欺诈。比如，州或者一国政府会要求保险公司、国民银行和州际铁路公司公开其账户。股票交易所会要求“目录”中的证券要做类似的公开。一家公司的证券如果出现在纽约股票交易所，它就必须在特定的时间内公布其资产和负债的情况。但是这个规定太宽泛而作用有限。在有些情况下(就像国民银行的情况那样)，法律要求付给公司的所有名义资本都要采取现金或者等于其市场价值的证券的形式。[①]

§ 9

因此，一家公司的初始资本可能增值也可能贬值。在波动过程中，资本可能缩减至零。如果降至零以下，公司就会破产，因为此时已经资不抵债了。资本余额就是为了防止这种灾难的发生，即它明确的目标是保证其他负债的价值。

---

① 修改后的成文法，5140 节(法案，1864 年 6 月 3 日，第 13 节)。

这些其他负债多半表示为固定数量的由资产形成的产权，而且，商人或企业同意，在任何危险境地都会力保它们不受损害。商业交易中的运气成分自然会导致整个资产价值的变动，但是所有“下滑”都应该由资本、盈余及未分配利润予以恰当地承兑或分发。因此，资本起着缓冲作用，使债务免受资产突然变动的冲击。这个“差额”（或富余，margin）是由企业中最感兴趣的人创造，作为对预先投入资本者的一个保证。资本余额的数量必须确保企业合理安全，它会随着经济状况的变化而变化。在某类企业中（比如抵押公司），资本余额达到负债的5%可能就足够了，但在另一类公司中这一比率或许要达到50%。比率的选择有些是依据资产缩水的可能性以及幅度，还有一些和债务的性质有关。如果资产具有稳定的价值，就会比那些由随机性的证券组成的资产需要的资本数量少一些。

于是，破产的风险等同于资产缩减到负债以下的概率。风险越大，缩减性的资产就越多，同时资产和负债间的资本价值的差额就越小。这是个需要进行数学和统计学处理的问题：计算定量关系远远超出我们的专业范围；这可能需要很多统计资料，并用概率数学来进行分析。

§10

破产或许在相当一段时间内都不为人知，也可能没有合法的破产。只要法律上一经宣布无力偿还债务，就意味着合法破产。这或许并不是真正的破产。比如，资产超过债务，但是现金资产可能在特定时间少于此时应偿还的现金负债，这种情况我们称之为法律上的破产。此时，保持耐心就是债权人为了避免财务危机所能做的全部。

不过，一个精明的商人不但要能避免破产，还要会识别假破产。也就是说，他不仅要使自己的资产超出债务一个安全的额度，而且还要看到资产被正确地投资，使他能够以大家认可的方式偿还彼时所有债务。

从这点来看，资产有三种主要的形式——现金资产、速动资产和呆滞资产。现金资产就是以一定货币（或者其他能被接受的货币替代物）表示的资产；速动资产是一种可以在相对短的时间内用货币来交易的资产，比如短期同业拆借、短期借贷及其他有价证券；呆滞资产是一种只能在较长时间内用现金交易的资产，比如不动产、办公室固定设备及工厂设备。一个优秀商人的技能，就在于他能否恰当地安排其资产的组合。

§ 11

当我们说起资产降到负债以下时，指的仅仅是资产负债表中的资产。可能股东在公司之外还有以个人方式持有的资产，足以补偿公司的债务，只不过无法利用这部分资产。实际上，股份公司的一个条款是“有限责任”，在决定偿债能力时唯一考虑的资产便是公司资产负债表上的资产。然而，在有些情况下，比如在国民银行中，股东有义务使资产翻倍；而在合伙制企业中，合伙人要用几乎全部的私有资产对债务负责，所以企业的单个成员总是对企业的债主承担无限责任。

起初，在商业从私人生活中分离出来之前，债务人的所有资产（甚至包括他本人）都被看作是支付债务的保证。对此，法律的态度和大众的观点现如今已经发生了巨大的变化。仅仅在几代人之前，破产的债务人是要坐牢的，当时的理论认为，破产就是犯罪。如果是有意的，或者存在明显的疏忽，都是犯罪；但若是因为企业正常情况下的某些可能，就不是犯罪。把债务人关进大牢当然于还债无补。当这个切合实际的观点得到承认后，就像在恐慌之后一样，如果特定的破产法令得到了广泛的传播，它就可以缓解破产。此类法令起初只是暂时性的，并只适用于特殊情形。可事到如今，法律之所以存在，就是因为破产行为可能在不需要任何专门立法的情况下，使企业免于承担更多的债务。美国的《雷法案》（Ray Act）于 1898 年通过，我们现行的破产法体系就是根据这一法案颁布的。在有些地方，比如法国，有限责任这种陈旧的观点依然盛行；英国和美国的法律体系不仅在实践中更稳健（正如其鼓励合法企业所取得的成果所表明的那样），而且其理论基础也更牢固，因为它意识到了债权人是风险承担者。无论债务人试图在多大程度上保护其债权人的利益，情况都是如此而且必然如此。正如我们已经看到的，一家公司的资本存在的目的是为了使风险最小化，但不可能将风险完全消除。

§ 12

根据公司的债权人是风险承担者的原则，会得出两个重要的推论。第一，当破产发生时，尽管名义负债超过了资产，但其实际价值却未必。我们可能会说，谈到实际价值的话，因为负债的价值源于其资产，所以一家公司的负债的价值永远不可能超过资产。一家只能向每一美元的债务支付50美分的公司，肯定会背负所谓的“坏账”，公司的价值正好是其名义量的一半。当然，这一事实并不是要说明故意拒绝赔偿债务是合理的。事实上，美国有些州已经尝试以市场价格买下自己的全部债券来减轻其债务负担，因为当这一价格低于其面值时，他们对自己最终能清偿债务已没有信心。这种做法明显就是一种放弃。

另一方面，我们不能因为善意的破产无法全额偿还债务，就把它当作不能原谅的罪过。只要债权人能够预先理解他所承担的风险的本质，就必须接受这个结果。如今，在对大企业的投资中，出现这种情况完全能够理解。许多铁路公司的成本几乎全部是通过发行债券筹集的，债券持有人完全可以意识到，除非铁路运营成功，否则他将一无所获。这种对风险的参与在收入债券的情况下非常明显——收入债券是一种只要铁路收入足够多就会支付利息的债券。

负债的真实价值源于资产并且永远不会超过资产，这个原则可能也会出现例外，比如一个人在没有资本的情况下成功地借到了钱。不过，很显然，如果这里我们使用的“财富”一词是基于其更广的含义，那么从那个程度上讲，一个于债务有利的人其自身就是资产。债权人估计他的现值必定至少等于其偿债能力的贴现值，否则他不会借钱。于是，负债仅仅是偿债能力的贴现，当然不会超过资产。

第二个推论源于所有的证券都隐含着风险这一原则，说的是股东和债权人之间的差别主要是一个程度问题，而且可能由其他中介连接起来。优先股和收入债券基本上就是同一种东西。优先股股东位于普通股股东之上，从他在普通股股东收益增加前就获得了一定量的收益这个角度看，类似于债券持有人；而这些收入债券的持有人位于其他债券持有人之下，从只有在债券持有人获益后才能得到好处这个角度看，有点类似于股东。这两种证券余下的主要差别是：股票被赋予了投票权，而债券却没有；债券会在一定的期限内偿清，而股票则会持续到公司破产。

在没有股本的情况下，企业不同类型的债权人之间的差别便不会存在，正如互相保险公司（mutual insurance company）的情况一样。此时的债券持有人扮演着决策者的角色，他们承担着公司的风险，同样也享有任何能带来利润的机会，而不是从公司获得固定数量的报酬。就像以往一样，他们同时充当着股东和债权人的角色。在互相公司的账户中，几乎没有外部债权人。因此，这类公司几乎不可能破产；但是，因为它们的死亡索赔的债务是一个具体的金额，如果不能通过免除红利或者通过评估来获得这笔钱的话，它们就可能会被迫停止营业。

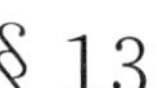

§ 13

当企业破产时，对债权人的索赔有三种方式：通过一份“和解”协议，贷款人同意拿走他能得到的部分并且免除借款人余下的债务；将借款人的资产分配给贷款人；贷款人放弃一些赎回权。

破产的最终结果是，要么被清算，要么被重组。前者是将企业的资产变卖和分配，企业破产；后者是企业继续运营，同时债务的性质完全改变。对于拥有大量固定资本的公司，比如铁路公司，重组是常见的结果，以前的债券持有人会变成新的股东，旧股东则一同放弃他们的股权。当重组进行时，公司事务将由破产法庭委派的接管人打理。他将全部股票和债券集中起来，并且发行临时性的接管人凭证。当这些都准备就绪时，再去交换新的证券。不过，债券持有人大多不愿意承担管理的责任并成为一名股东，因此他们通常会被赋予有关现金的特权，或者同之前持有的债券类似的新的债券，只不过数量要少一些。债权人会容易接受这样的安排，因为他们意识到取回抵押品赎回权并占有部分资产可能会带来更多的麻烦，最终的结果会对他们不利。因此，原企业的损失被"一笔勾销"，重组的企业整装待发，账簿干干净净，焕然一新。这一改变仅仅是财富所有权形式和个体所有人的改变。

§14

企业的破产有连锁效应，这种企业间的相互依存可以在下表中看得一清二楚，表中一个人的负债表示为另一个人的资产，因此：

个人 A

资产		负债	
杂项	$100,000	给 B 的票据	$50,000
		资本	50,000
	$100,000		$100,000

个人 B

资产		负债	
A 的票据	$ 50,000	给 C 的票据	$ 40,000
杂项	20,000	资本	30,000
	$ 70,000		$ 70,000

个人 C

资产		负债	
B 的票据	$ 20,000	给 D 的票据	$ 10,000
杂项	20,000	资本	30,000
	$ 40,000		$ 40,000

个人 D

资产		负债	
C 的欠款	$ 5,000	杂项	$ 9,000
杂项	4,000		
	$ 9,000		$ 9,000

现在假设 A 的生意失败了，其资产意外缩水至 1 万美元，也就是比之前的资产少了 9 万美元。那么负债的价值也缩水 9 万美元。这也就将 A 的 5 万元资本全部消除，并且从他剩余的负债(价值)中取走 4 万美元，这是付给 B 的票据。因此，B 只从 5 万美元的债权中得到 1 万美元，或者说每一美元只取回了 20 美分。在 B 的账户中，这张 5 万美元的票据现在必须作为不良资产缩减到 1 万美元而再不是 5 万美元；也就是说，B 的资产缩减了 4 万美元。因此，A 的损失足以用光 B 的全部 3 万元资本，并且还削减掉其他价值 1 万美元的债务。所以 B 现在只能偿还他所欠 4 万美元债务中的 3 万美元。换句话说，他只能够为每一美元支付 75 美分。接下来看 C。他有 2 万美元用于投资 B 的票据，现在每一美元只得到 75 美分，所以这部分资产的名义价值为 2 万美元，但实

际上只值 1.5 万美元，损失了 0.5 万美元。这些损失不足以抵销他全部的资本，只是让资本从 3 万美元减少到 2.5 万美元，所以 C 仍有偿付能力。最后看 D，他只有 C 的 0.5 万美元的票据，从而毫发无损。这场灾难已经产生了影响。它给 A 和 B 造成了毁灭性的打击，带给 C 一定的损失，而对 D 没有影响。

从这个例子中我们可以看到，破产的统计数据常有误导性。对统计学家而言，通常是将所有破产企业的债务汇总。但在企业间相互联系的情形下（如上例所示），总损失不会和一家独立的企业破产的数额一样大小。前面的例子中，仅有的损失为 9 万美元，全部出现在 A 的资产上面。但最终将会反映为：A 的账户损失 9 万美元，B 的账户损失 4 万美元，C 的账户损失 0.5 万美元；或者，总计 13.5 万美元的损失。结果错误，明显是因为对损失的部分重复计算了两次甚至三次。

生意失败有时源于对灾难的不当担心，从而打击了经营下去的信心。这将会以多种方式使价值缩减。比如，诱使债权人催款并不再延期新的票据。还会引起清算和信贷收缩。物质资本原封不动，但所有权形式会遭到严重的干扰。企业的经营权常会从股东手里转向债权人，也是从胜任者转向不胜任者。总之，对未来的预期不断变化，一片混乱。计划放弃，命令撤回，贸易终止。资产，一直以来都代表对未来预期的价值，也会遭受飞来横祸，损失惨重。

§15

简单总结一下本章的内容。我们说一个拥有负债的人从某种意义上讲是受托人。他控制的资产超过其所拥有的资产。他控制自己的全部资产，而真正拥有的只是这个资产与负债的差额。他对其负债的责任，要求他应确保资本之差额相对安全。但是损失这部分钱的风险始终存在，并使其无力还债。这个风险，无论大小，必然由债权人承担。法律应该像商业管理那样，承认这个风险的存在。在任何时候都存有关于资产、负债和资本差额间的关系的记录，将它们彼此分开，构成了我们一直以来所说的“资本账户”。

第六章　资本总和

§1

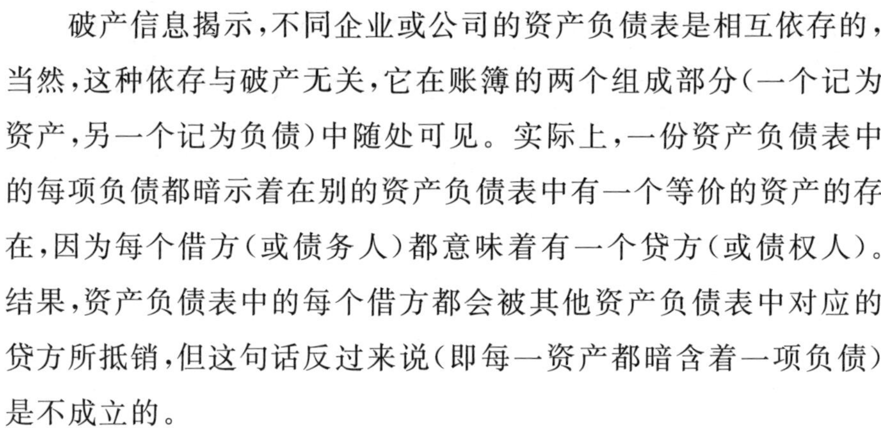

破产信息揭示，不同企业或公司的资产负债表是相互依存的，当然，这种依存与破产无关，它在账簿的两个组成部分（一个记为资产，另一个记为负债）中随处可见。实际上，一份资产负债表中的每项负债都暗示着在别的资产负债表中有一个等价的资产的存在，因为每个借方（或债务人）都意味着有一个贷方（或债权人）。结果，资产负债表中的每个借方都会被其他资产负债表中对应的贷方所抵销，但这句话反过来说（即每一资产都暗含着一项负债）是不成立的。

当我们试图将多个人资产负债表中的项目进行加总时，借方和贷方的项目可以成对抵销。这种抵销的方法可以称作配对法（method of couple ），其中任意两人账户间的债务或负债（对一个人而言是负债，对另一个人而言是资产）都构成了一对相等且相反的项目；我们还提到了另一种负债可以由资产冲抵的方法，即在所有的资本账户中用资产减去负债，这种方法可以称作余额法（method of balance），因为每个账户的负债都可以从资产中扣除，从而得到净余额。当然，两种方法必须得出同样的结果。

这两种方法可以由 X、Y 和 Z 三个人的资产负债表来加以说明：

个人 X

资产		负债	
Z 的票据	$ 30,000A	Y 持有的抵押	$ 50,000b
住宅	70,000	（资本余额	70,000）
铁路股票	20,000		
	$ 120,000		$ 120,000

个人 Y

资产		负债	
X 的抵押	$ 50,000B	欠 Z 的债务	$ 40,000c
个人财物	20,000	（资本余额	40,000）
铁路股票	10,000		
	$ 80,000		$ 80,000

个人 Z

资产		负债	
Y 的债务	$ 40,000C	欠 X 的债务	$ 30,000a
农场	50,000	（资本余额	80,000）
铁路债券	20,000		
	$ 110,000		$ 110,000

出现两次的项目都用同样的字母标了出来，一次是作为某人的负债，一次是作为另一人的资产。因此，X 的资产中的“A”项与 Z 的负债中的“a”项等量且相对。所以，这种配对法仅仅在于忽略这些成对的项目并且登记余下的项目。在眼下的例子中，这些都是资产。

用两种方法对资本账户进行概括的结果见下表：

余额法		配对法	
X 的资本	$ 70,000	住宅	$ 70,000
Y 的资本	40,000	个人财物	20,000
Z 的资本	80,000	农场	50,000
		铁路股票	30,000
		铁路债券	20,000
	$ 190,000		$ 190,000

两种方法得到的总和相同，但余额法给出了总资本中个人所拥有的份额，而配对法则描述了组成这个总资本的各种资本项，即住宅、个人财物、农场及铁路股票和债券。

§ 2

此处有关自然人（real person）和法人（fictitious person）的账户间的区别值得关注。对于自然人，资产可能且一般都会超过负债，差额就是它的资本余额。这个资本不被视为负债，而视作负债与资产之差。另一方面，以公司制或合伙制企业为例，对于一个法人而言，负债总是正好等于资产；所谓的资本余额项和其他负债一样，是法人对真实股东的一种负债。实际上，法人只不过是簿记员虚构的，他持有一定的资产，并且这些资产全都是欠某一个自然人的。簿记员确实在两种情况下都采用这种方法，但是他们这么做是出于簿记的目的，将账户（甚至是自然人的账户）视为与一个法人实体相关。个人的企业同个人自身是分开的。因此，如果 X 的企业中有一笔属于 X 的 1 万美元的余额，他就会把这笔钱计入企业账户中的负债,并认为这笔钱是“企业”欠他的。这一过程没什么异议。但务必谨记的是,当我们说“X 的企业”欠 X 1 万美元,就意味着自然人 X 在他的账户中持有一笔同样数量的“企业”欠款。换句话说,为了保持一致,我们被迫为 X 开设了一个单独的账户,并将 1 万美元的余额放置在账户的另一侧,因此:

X 的企业

资产		负债	
各种资产	$ 50,000	欠他人的	$ 40,000
		欠 X 的	10,000
	$ 50,000		$ 50,000

X 自己

资产	
来自 X 的企业的欠款	$ 10,000

在第二个账户中,没有与资产对冲的负债。于是,对于自然人而言,资产和负债就不相等。倘若相等,资产负债表的和就是零!要避免这个谬误,必须从负债栏中删除资本余额。如果不这么做的话,如前例所述,须将它计入另一账户中的资本栏,这样最终才能计算出相同的结果。

§ 3

有了这个基础性的说明之后,现在就可以将铁路的资本账户引入到我们的求和中了。其中,铁路股票和债券含在 X、Y、Z 三人的资产中。简单来说,我们将假设只有这三个人对铁路感兴趣。铁路公司的资产负债表相应地如下表所示:

铁路公司

资产		负债		
铁路	$ 50,000	债券(Z持有)		$ 20,000
		股本		
		(X持有)	$ 20,000	
		(Y持有)	10,000	30,000
	$ 50,000			$ 50,000

现在如果把这张表与之前的表合起来,会发现所含项目并不影响最后的结果。该结果在讨论铁路之前就由余额法得出,总和就列在下面:

X的资本余额	$ 70,000
Y的资本余额	40,000
Z的资本余额	80,000
铁路公司的资本余额	0
	$ 190,000

然而,当我们运用配对法时会发现,铁路公司资本项目的加入将影响最后总和中的各个项目。作为X、Y和Z的资产的股票和债券,将会和铁路公司的负债相应地结对,它们将由有形的铁路本身代替,如下表:

配对法

住宅	$ 70,000
个人财物	20,000
农场	50,000
铁路	50,000
	$ 190,000

资本清单(或目录)的形式因此而改变。以前,清单中的产权项只包括部分权利,比如股票和债券;现在它们只由完全的产权构成。严格来讲,这些项目仍然只由产权(对住宅和农场等的所有

权)构成。但是,由于任意财富项的完整权利是由其自身而不是诸如“对住宅的权利”这样的长句来诠释的,进而我们仅用“住宅”一词就可以了。产权不再掩盖其下的财富,而我们之前称之为产权资本的清单,现在也叫作财富资本清单。

假如我们合并足够多的资本账户,为每一个负债项提供相应的资产,且为每一个有负债的资产项提供相应的负债,则账户合并肯定会得到这样的结果。没有对应项的资产就是我们所说的财富的完全权利或者“绝对所有权”;而有对应项的资产则是财富的部分权利。原因是,每一项具体的财富都被视为某人拥有的“绝对所有权”——即使我们不得不为了这个目的构造一个法人作为挂名的代表。因此,财富的每一项部分权利都必定以负债的形式出现在他人账户的另一边。所以,如果两兄弟各拥有某家农场一半的股份,那么,可将该农场作为一个整体视为由唤作“史密斯兄弟”的合伙人所有。这位法人的资产负债表中将出现作为资产的农场和作为负债的每个兄弟的“半份未分配收益”,而且这些相同的项目都作为资产计入兄弟二人的个人账户。

于是,为了求出资本总和,就需要加入多位法人,因为通常情况下只有法人才拥有对财富的完全权利。比如,机车和火车站就由企业而非个人所有。实际上,合伙制企业、公司、托拉斯、市政当局、社团等诸如此类组织的形成都是为了持有大量具体的财富,并将其所有权在更大数量的自然人中进行分配。

那么,如果我们假设资产负债表的构建囊括了世上所有的自然人和法人,并且将所有的资产和负债计入其中(甚至是公共的公园和街道、家具、人自身以及实际生活中通常并不计入账户的财物),显然,用余额法就能获取一个在自然人中分配资本价值的完整账户,而用配对法也会得到一个有关真实财物的完整列表。这个表单上将没有股票、债券、抵押物、票据或者其他类型的权利,只有土地、建筑物及土地上的其他设施、商品以及自然人。换句话说,我们再次得到第三章的命题:产权以财富为基础,且与之相对应。

§4

在真实财富的其他部分权利中,我们发现了所谓的"信贷"。有关信贷性质的讨论已有很多,尤其是信贷是否应该被当作"资本的一部分"。据称,从商人的角度来说,信贷也是资本,因为它能让商人扩大生意。从这个意义上说,信贷是资本,尽管是借来的资本。麦克劳德就信贷是资本这个命题有过专门论述。尼克尔森(Shield Nicholson)教授指出,信贷是一种收益资本(revenue capital),[①]但他还说,"严格来讲,谈的是物质(或生产性)资本,这会涉及将同种要素计算两次以上的情形"。根据之前对资本账户的研究,我们知晓如何避免重复计算。一个人所谓的资本中借来的那部分根本就不应该以资本入账,而只是一个事实的表象,即个人部分拥有的团体总资本亦为他人部分所有。确实,信贷现象无非意味着财富所有权分配的一种特殊形式。信贷只能使得一个人暂时控制比其自身所拥有的更多的财富或产权,也就是,暂时控制他

① 帕尔格雷夫,《政治经济学大辞典》,第一卷,第452页。

人的部分财富或产权。理论上一般会说,他用这部分财富所创造的价值要大于这部分财富的实际所有者所能创造的价值。

因此,根据信贷的数量而将其视作增加的资本(increasing capital)是一个根本性的错误。信贷可能会间接地导致资本增加,途径是通过刺激贸易和生产,将资本的管理权交给合适的人,从而使其所有权形式变得最有效率;但是资本数量的任意此类增长会间接地催生与信贷本身的数量没有必然联系的卖空者。如果资本增加,信贷不是原因,它仅仅代表了最终总和的部分所有权,毕竟增值已经被计入。

§5

如果能将两种加总资本的方法区分开来并认清楚它们之间的联系,在立法和记账中的很多混乱就都可以避免。在税收方面,这两者就常被混淆。有效课税的一个主要问题是,如何一次性地对所有产权征税且不会对任何产权重复征税。有两种解决方法:一是对用余额法表示的名单中的每一个自然人所拥有的产权数量课税,这种方法找出了财富的真实所有者或部分所有者;另一种方法是对用配对法表示的列表中的具体财富课税,这种方法找出了所拥有的真实财富。眼下这两种方法非常容易混淆。立法者经常无法理解:在第一种方法(或者所有者法)下,企业是不应该被征税的,因为它们不是真正的所有者;而依据第二种方法(或者财富法),债券、股票及其他对财富的部分权利都不应该被征税,因为在对铁路和其他实际财富征税时,它们就已经缴税了,铁路等财富就是由这些证券代表的。

当然，这并不是说，仅仅通过选择上述两种征税方式中的一种就能制定出一套完整的税制系统来。此处我们只想说明，应该注意这两种方法之间的区别，而且使用一种方法时，要想不重复征税就不能再使用另一种方法。

不能清楚地区分余额法和配对法也证明了资本本身存在错误的统计形式。铁路资本的统计数据已经被编到通过将铁路资产加起来而得到的全部铁路产权价值中，而不管这些资产中的许多都是其他铁路的股票和债券这一现实。

因此我们应该仔细区分这两种加总资本的方法：一个是余额法，它显示出由不同个体拥有的资本；另一个是配对法，它显示出由不同的具体工具构成的资本。一个和所有者相关，另一个同拥有的物品相关。二者并不冲突，只是观察事实的角度不同。

第 二 部 分

收入

第七章　收入

第八章　收入账户

第九章　收入总和

第十章　精神收入

第七章　收入

§1

收入的定义业已给出。与资本不同，它是某时段内的一个流量，而非某时点的存量；它由抽象服务构成，而非具体财富拼成。因此，任何工具的收入都是由它所产生的服务流。个体的收入便是他从他的财产中收获的服务流之和。在详细阐述或评判收入的这一定义之前，有必要先对时下一些错误的概念进行考察，本章的目的就在于此。

毫不夸张地说，时下有关这一主题的经济观点纷繁混乱，相互矛盾。很多学者都未能给出任何定义。可能是因为他们发现这个任务难似登天，也可能是因为他们认为收入的含义一目了然，无须赘述。而那些意图构建一个可操作的收入概念的人又发现，这个目标不太容易实现；还有些学者坦言，他们对自己的结论不太满意。

已有的定义往往含糊不清，[①]其构造者多是一些能力超群且

① 对这些相互矛盾的定义的整理见第七章附录的第1节。

声名显赫的大家，他们敏锐地察觉到其中的困难，并试图用一些含糊不清、模棱两可的话语来逃避问题。[①] 若非直觉上感到确有一个收入定义存在的话，构建定义时接踵而来的失败会让人确信，根本就不存在一个准确且严格的收入定义，努力半天，最大的收获就是所有的尝试均属徒劳，应予放弃。科纳沃茨特专门写过一本书讨论这个主题，并对此有过特别的论述。他说，所有的收入概念都用处不大。[②] 其最初的想法是，商人通过计算货币的收支来记录交易，由此产生出一个"幻觉"，即该记录可以将个人或企业的经济立场完美地呈现出来。他发现，仅仅通过记录货币的收支难以获得上述信息的完整景象，但若将财富所有其他类别类似的收支状况一应记录在内的话，就应该可以。[③] 他认为，一份完整的记录自身就会包括要求的全部内容。所谓的收入统计只不过是此类记录的权宜之计。[④]

不过，因为收入的概念不能反映个人经济状况的全貌，就要拒绝其存在吗？基于同样的原因，我们也可以否认资本概念的存在。

一个好的定义须通过两个检验：必须有益于科学分析，以及必

---

① 例如，F. Y. 埃奇沃思，《帕尔格雷夫政治经济学大词典》，"收入"一词条，第二卷，第 374 页：

"收入可定义为个人或团体一年（或其他时间）内*可支配的*用货币衡量的财富"（斜体字为笔者所加）。这一表述也为皮尔森（N. G. Pierson）的《经济学原理》（伦敦，麦克米伦，1902 年，第 76 页）一书所采用。

② 《收入及其分配》，莱比锡，1896 年，第 11 页。

③ 同上，第 14 页。

④ 笔者曾一度对此表示怀疑（《经济学期刊》，1986 年 12 月，第 553、554 页）。此处的结论是在坎南和埃奇沃思等人的批评帮助下得出的，大体思想最初见诸"资本诸含义"（《经济学期刊》，1987 年 6 月）以及"资本在经济理论中的作用"（《经济学期刊》，1987 年 12 月）两篇文章中。

须与通行的、直觉上的用法一致。我们会看到，惯用的收入定义往往不满足上述一个或全部两个条件。有些因为犯重复计算的错误而无法用于科学分析，还有些将收入和资本混淆，而且，因为这些方法计算出的收入往往与一般情况下的结果有别，进而也同习惯的用法冲突。

与多数类似定义一样，收入的概念似乎不言自明，无须定义。也正因为如此，其背后的一些缺陷极度危险。我们将以评判而非指名道姓的方式指出一些，而读者喜闻乐见的一般收入定义也自然随之出现。

§2

最常见的收入概念是关于“货币收入”的。一个商人的货币收入是交易带给他的货币进项减去获得它们所需的货币支出。用在商业方面，这个概念足矣，而且事实上，（作为一个特例）它也同我们使用的收入概念一致。一个人的商业资本能带来服务和负服务（或损失），前者往往仅由得来的货币构成，而后者便是付出的货币。因此，服务的净值（或服务和负服务的价值之差）只不过是交易给他带来的货币和令他付出的货币之差。

不过，尽管就目前的情况看，货币收入的概念没什么问题，但离尽述全部收入的概念还相差甚远。只要我们把视角放在商业循环之外，就会发现货币收入只是全部收入的一部分，而货币成本也仅是所有成本的一角。在原始社会，甚至在高度组织化的社会，人的收入中都有一部分是由货币以外的商品组成的。牧师的收入除了工资以外，还包括对一套专有居所的使用。公务员的收入除了工资，还有食物和宿舍。同样，构成收入的很多商品也并非仅由交换获得，而是自己生产的。人们都承认，农民的收入除了用粮食换来的货币和商品之外，还包括一些"实物"——自己家消费的农产品。

总账的另一侧是各种非货币形式的成本，这是在获得商品和劳动过程中做出的牺牲。农民的庄稼耗费其劳动和工资。种子和肥料可能不花什么钱，但要以牺牲部分农产品为代价。

非货币形式的收入和成本的存在众所周知，并成为货币收入思想的缺陷的有力证据。哪怕仅仅是出于购买其他商品的目的，只要有任何实体存在，货币收入概念自身的其他不足就会进一步暴露出来。劳动者的工资并非"真实工资"，而只是其手段。他将货币工资转换为衣、食、住、行等用品。这些用品（而不是买它们所花费的货币）构成了他的真实收入。了解了这些，我们的注意力便会从货币收入转向经济文献中经常出现的其他概念，即"真实收入"上去（不过，这也还不够）。

§3

人们用几种不同的方式来定义真实收入，而且，如同一般的收入那样，常常没有定义清楚。就目前所知的含义而言，它常被表示为"令人愉悦的商品和服务"。这个概念肯定比货币收入的概念更恰当一些，因为它包含了一些补充性的要素，而这些恰恰是我们在货币收入名头下所看不到的，比如，牧师的专有居所、公务员的膳食和宿舍、农民自产自用的农产品；它也不像货币收入概念那样肤浅，而是认识到货币只是媒介，并力图发现货币收入所排斥的那些真实要素。

不过，真实收入的定义存在两处错误：首先，这里的收入不是由简单、匀质的要素——服务构成，而是企图用包含此要素在内的完全不协调的要素——商品来组成；其次，它完全没必要地将自身局限于令人愉悦的要素之上。因为，尽管令人愉悦的要素归根到底是社会或个人的最终收入，但事实是，这种要素应构成的是我们分析的终点而非起点。下面我们就依次来考察这两个谬误：

“商品”和“服务”这两个要素，一个是具体的财富，另一个是该财富的抽象运用。这一事实表明，二者构成的是一个异质的组合。为了获得同质性，我们不要同时使用它们，并将“收入”限于具体的商品；或者，我们把所有商品都排除在外，专门地将这个词用于各种用途。本书所提供的方案就是后一种方法，以往有关这一主题的作品中似乎从未用过。第一种方法完全站不住脚，已被本能地抛弃。在两种方法之外，实际上已经找到了一种折中的方案，其中包括某些商品或其他商品的服务和用途，有时候甚至是商品和这些商品的用途。商品的选择往往落在像食品、燃料和衣服这样的不怎么耐用的商品上，而含有用途的对象往往是像居所这样更耐用一些的工具。在充当媒介的情形中，比如马车、家具、乐器，似乎没有什么规则可遵循。有些经济学家倾向于把一架新钢琴视为真实收入的一部分，另外一些人将钢琴奏出的乐曲当作真实收入，还有些学者则明显认为二者都是。显然，这种所选要素的武断混搭不能提供任何一致、可靠且符合逻辑的收入理论。

§ 4

在我们看来，唯一真正的方法，是将收入统一视为某居所给其所有者带来的服务（栖身之处或货币租金）、一架钢琴的服务（乐曲），以及食品的服务（营养）。而且，用类似的同一方式可以将居所、钢琴甚至食品同各类收入分开。这些是资本，不是收入。此刻若将任意此类具体（或有形）财富均置于收入名义之下，彼时就会被资本和收入搞得晕头转向。新买或新建的房子不是收入而是资本的组成要素。收入表现为这所房子后来为其所有者带来的服务——在未来几年提供的栖身之处或是货币租金。基于同样的方式，新得到的钢琴或面包片不是收入，而是资本，收入以随之而来的钢琴曲和营养的形式出现。

为什么要按不同的方式看待短期的面包和耐用的居所，之前没人给出答案。面包的用途和面包的区别就如同居所的用途同居所的区别一样。这两种情形纯粹是程度上的区别。获得面包后，面包的用途也立刻随之而来；而居所的用途是在得到它的许多年以后才完全消失。时间上的差异导致二者在价值上也相应地有所不同 。面包用途的价值实际上同面包的价值并无二致。如果一个人认为一片面包的用途（消费）在明天值 10 分钱，他今天就会愿意付这些钱买它。不过，居所的价值要小于它预期的价值，这是基于这些价值要延伸到遥远的将来这个事实。如果一套居所预期存继 50 年，每年的栖身功能值 1,000 美元，这价值 50,000 美元的栖身功能预先无论如何也不值这个数，大概只有（比如）15,000 美元。居所预期用途的这个“资本化”的价值就是居所的价值。简而言之，面包及其用途的价值实际上是同时、同等的；而居所同它的用途在这两方面都有很大差别。于是，对经济学家来说，尽管他们必须区分居所和它的用途，但区分面包及其用途看起来意义不大。

不过，从科学上看，逻辑上的区别冷酷无情，违背它必遭惩罚。可以这么说，如果经济学家能小心谨慎地对一片面包和它的用途加以区分的话，长久以来困扰收入理论的多数混乱将不复存在。如果将食品而非其用途视作收入的要素的话，经济学家在面对衣服等类似中等耐用商品的情形下也会这么处理，进而无法知晓何时把用途而非具体的工具称作收入。犹豫中，有时候会把二者都包含在内，于是就犯下了重复计算的错误。只有在遇到极其耐用的（比如居所）或非常易腐（比如面包）的商品（或工具）情况下，这个错误才会避免。居所明显不是收入，面包也一样，没人这么看过。两个要素之一（其用途）完全被忽略。不过，充当媒介（或中介）的东西，比如钢琴，一般就会被认为有资格被冠以收入之名；它们的服务也和居所的服务一样，完全有资格被称作收入。这样，二者均被认为是收入。但是，一架值 500 美元的钢琴的估价，是未来预期用途（假设是 600 美元）的资本化价值，而这个价值分布于这件乐器的整个使用期。因此，在首次购买钢琴的时候，它就以 500 美元的价值计入真实收入。后来以乐曲的形式带给所有者的服务也算作收入，大小为 600 美元。这明显是重复（连续）计算。钢琴的服务分别以预期和现实的形式被算作收入。

不过，这种错误（以不同的形式出现）绝非罕见。实际上，坎南等学者正是因为这样才把“储蓄”在积蓄的那一年视为收入，而它

所带来的利息在将来也会算作收入。[①] 只要我们一把货币换成是其他工具,错误的本质就会浮出水面。如果一个人先存钱,然后用它买了辆汽车,把买来的汽车叫作“真实收入”,把次年带来的用途也算作真实收入,那么这明显是重复计算。工具有多耐用不重要,我们总是把工具和它的用途都算在内。储蓄可被投资于土地或糖果店,唯一真正的收入是它们的用途。把土地和糖果店的价值也包含于收入之中,相当于把收入的资本化也算作收入。

§5

经济学家多少还是意识到了重复计算这个错误,但是不了解个中原因。因此,在避免犯错时,他们不是把收入概念中的所有商品排除在外并将其仅限于服务,而只是具体地把某组商品排除掉。代价自然是没有为这种排除构造一条满意的、合乎逻辑的原则。有些学者的建议并不高明,基本类似于:所有“大的”或“不同寻常”的获得物都应排除,只有那些以“规律性”流入的方式进入个人财产的商品才能被当作收入。这种权宜之计在德国学者中大行其道。诚然,这是为了将收入中明显不合适的要素剔除掉,比如遗产和巨额馈赠。当一位有名的亿万富翁最近继承了一笔7,000万美元的遗产时,这笔钱在收到那一年很明显不会成为收入,而是会构成本金或资本,在未来给他带来收入。称这笔意外之财为财富是

① 《政治经济学原理》,伦敦,1888年,第58、59页。把储蓄算作收入的错误在第十四章中将被详细讨论。那些认为应该把储蓄视为收入的读者可以在这一章结束之后再做判断。

不合适的，但原因可不是它数目巨大，或来得太过突然，而是由于它构成了具体财富（比如工厂、轮船、铁路、居所等）的使用权。在任何情况下，财富都不是收入，但将来使用它会带来收入。把收入称作“规律性的”毫无价值，因为我们都知道它毫无规律可言。

另一种试图避免重复计算以及将资本和收入混淆的尝试，是要详细说明收入一定不会削弱获得它的资本，而不是以含糊不清的方式呈现出“规律”。[①] 这个定义的优点是，把收入同作为其来源的资本联系在一起，但它只不过是改变了由收入到（作为收入之母的）资本的虚假的均匀属性。事实上，收入均匀流出同资本处于不变水平都很少出现。为了保证这个均匀性成为收入的必要限制，需要定义的就不是事实存在的实际上无规律的收入，而是我们为参考而设定的一个理想或想象的标准。不可否认，“收入”一词的使用有时确实是取其想象的收入而非实际收入的含义，我们将沿袭这一用法，并把这个想象的收入冠以“标准收入”（standard income）之名。我们的主张是，（一定）不要把这个标准收入同一个人从资本中获得的实际收入混淆。如果一个人使其资本保持不变（不减不增），他将得到的显然是收入。若一个人将资本投资于住房，会获得租金，这个事实上的租金，减去维修和缴税等各种实际支出后，余下的就是收入，哪怕房屋可能贬值。在不贬值的情况下，房屋带来的想象的或标准收入会略低于真实收入，二者之差唤作摊销（amortization）。

---

① 这种表述是赫尔曼（Hermann）、施穆勒（Schmoller）等人的特点，参见科纳沃茨特的《收入及其分布》，第22—23页。

现在还不打算讨论摊销及标准收入和真实收入之间的关系，第十四章会详细介绍这些主题。眼下我们关注的只是实际而非想象的收入。只要习惯用法还在，"收入"的两层含义的使用就都会得到认可，但二者在理解上的差异微乎其微。比如，一家保险公司的年金或者某个政府的退休金都普遍被视为"收入"。不过，这个"收入"不断侵蚀产生它们的资本，年复一年，直至摊销期结束，完全耗光。我们假设年金共 20 年，每年 1,000 美元。估算所使用的年利率是 5%，在精算师所使用的表中，这些年金值 12,462 美元。也就是说，年金领取者在此利率水平上能用这份年金换得 12,462 美元的现金。但是，在回报率只有 5%的情况下，这12,462美元的投资在不伤及本金的情况下，每年会带来 623.1 美元而不是1,000 美元的收入。因此，如果他实际赚得 1,000 美元，第一年就会侵蚀资本 376.9 美元。不过，我们仍将（恰当地）视其为每年有1,000美元真实收入的人。

如果收入从未侵蚀过资本，为了保证劳动者死亡后收入的持续性，不先行扣除一笔足够的费用或者偿债资金的话，我们就不能把劳动者的工资视为收入。如果年金领取人或劳动者应该在实际中把这笔金额留着以使其财产的资本价值不变的话，我们就应有充分理由将净额而不是总额视为收入。对于一位 1,000 美元的养老金年金领取者来说，每年要付 376.9 美元给偿债基金，故年收入只有 623.1 美元而不是 1,000 美元；劳动者因为要付保险费，收入也会减少同样数额。这笔"基金"或"费用"在实际中考虑与否，确实会有很大的差别。估算一个人应该存多少钱以使资本保持不变的过程并不是储蓄，而且，一个建立在想象中的估算而非实际支付基础上的收入概念是不完整的。

§6

我们现在明白了，经济学家将作为收入一部分的抽象服务置于具体财富中，会犯两个错误：其一，是将资本同收入混淆；其二，是重复计算。我们接着考察蕴含于一般真实收入概念中的其他错误，即由“令人愉悦的”一词所做的不必要的限制引发的问题。之前我们曾被告知，真实收入由“令人愉悦的商品和服务组成”，后来我们成功地将“商品”排除在外，接下来会证明，“令人愉悦的”一词也可以拿掉，进而使前面的表述简洁无比：收入由服务组成。

的确如此，当我们把构成社会或个人总收入的所有要素都放在一起，然后扣除所有负面的要素或支出后，会发现剩下的就只有令人愉悦的服务了。但各种要素的组合（来自工厂、矿山、农场等一种或多种途径的收入）并非只由服务构成，大多数是由作为令人愉悦的服务之基础的中介性服务组成，而这些中介性服务在最后的加总中将自己一笔勾掉，它们是下一章的主题。眼下我们只专注于指出，任一合适的收入概念都须为这些中介服务（也就是一家工厂或银行以及一处居所和游艇带来的收入）留有一席之地。有种收入的概念仅限于带来货币收入，之前已经指出其不足。现在我们需要观察的是处于另一极端的概念的不足，它将货币从账户中全部划去。经济学家在研究中发现了“货币收入”的缺陷，开始构想“真实收入”的概念。但为了使后者全由“令人愉悦的”要素组成，他们将货币收入全然排除。有些人主张还是保留这两个概念，却没有说明如何协调两者，也没有将它们置于一个更一般化的收入概念之下。在他们心中，真实收入是货币收入花费的结果，除此之外，二者互不相关。

§7

一般的收入概念违反了一致性原则，其结果是做了一些不必要的区分，将社会收入（social income）和个人收入（individual income）视为不同。

社会收入常被理解为社会的“净产出（或净产品，net product）”——这个净值不是服务和负服务之差意义上的，而是商品意义上的。估计这个净产出时没有一致的方法可用，很明显不能把所有的产出都包含进来。有些明显不过是新的资本，比如新建的铁路、轮船、隧道、桥梁以及建筑物，多数人并不把它们包含在社会收入中。而为了避免重复估算，还有一些产出必须被忽略掉。如果把农民的小麦、磨坊的面粉、面包房的面包都算进来的话，同样的产出就被算了三次之多——三个连续的过程各算一次。某些经济学家试图避免这种重复计算，做法是：要么把原材料的生产和消费排除在外，要么（如果包含的话）把最终产品的全部价值去掉，而只算原材料的价值增值。

“我们必须小心翼翼，以免重复计算。如果计算中已经包含了地毯的全部价值，就已经把加工地毯的羊毛和劳动力的价值也算在内了，不要又算一遍。不过，如果佣人清洗地毯或在轮船上打扫卫生，所费劳动的价值需单独计算，要不然这些劳动的成果会从新生产的商品或设施的清单中一并抹去，而这些新商品或新设施恰好构成一国的真实收入。”[1]

这些考虑完全正确，但是，为了避免重复计算，他们提供的方法非同一般。例如，燃料和劳动力也应该像原材料那样被扣除吗？有些学者就是这么做的，并主张，就像饲养役畜的成本必须从其所做工作的价值中拿掉一样，供养劳动力的成本也要从其产品的价值中剔除。[2] 如果这个观点正确，社会收入的分配中就没有劳动的份，因为所有涉及它的部分都会被删掉！

一份工作比另一份工作更有争议或更令人厌倦乏味的情况时常出现，这时会产生一个类似扣除的问题。比如，为了能把刽子手的净收入同另一份大家更喜欢的工作的净收入匹配一些，要对前者的收入做一些扣减吗？

当社会收入被称为“净产出”的时候，同样的问题也会在个人收入的情形中出现，这就是，这个“产出”说的是具体的财富，还是服务，抑或两者皆是。在我们的理论中，说的是服务；但在一般大众的概念中，指的是财富或者财富和服务。按他们的说法，社会收入的一部分由新财富构成，比如工厂、轮船、居所等；而这些新造物的服务被当作未来的收入。之前说过，把一栋新居所或钢琴算作当年的收入而它们的用途是未来的收入，这是一种重复计算，同把资本和收入相混淆没什么两样。将新增财富和该财富后续带来的收入各计一次，这样的社会收入概念均是犯了上述两种错误。

---

① 马歇尔，《经济学原理》，第 1 卷，第 150 页。

② 例如，《有关直接税价值的一般测度的委员会报告》，英国高级科学协会报告，1878 年，第 220 页。

§8

一旦误入歧途，难免在错误的道路上越走越远。经济学家若想放弃原有概念，就必须做专门的解释和补充，可如果在开始时就秉承一个错误的收入概念，自然会发现它与自己的研究目标不符，也无助于问题的解决，直到后来，他们使用一个各色概念混杂在一起的大杂烩。[①] 学者们要区分的不仅有货币收入和真实收入，还有个人收入和社会收入。一旦了解了任意资本工具可带来的收入流全部和唯一地由它所产生的服务组成，就会发现，收入所有的附带的含义，不过是收入源于特定的工具或工具的组合。如果问题中的工具是私人马车，它所带来的服务（也是所有者希求的事情），便是将他从一处运往另一处的行为。这是基础的或自然的收入。如果工具是一辆公共马车，它所带来的服务（也是所有者希求的事情），就是票款，这是货币收入。[②] 如果一组工具是由一个社会的全部资本构成的所有工具组成，则它们带来的服务和负服务的总的净值就是这个社会的全部收入，这是社会收入。如果组合是一个人的全部财产（其拥有的对工具的部分和全部的权利），则他有权获得的服务和负服务之净值构成其收入，这便是个人收入。

在科学中，对一个定义的主要的检验在于其分析上的适用性。从这一点来判断的话，我们刚刚评论过的当前的收入概念全都不

① 关注这些概念细节的读者将在第七章的附录中找到一个各色概念的大集合。

② 应该记住，收入不是货币本身（具体的商品），而是货币带来的东西（抽象的服务）。

合格，因为它们要么混淆了资本和收入，要么进行了重复计算。第二重检验是，一个有效的定义应该就含糊不清的收入观点给出一个清晰一致的描述——这些观点流行于现实的商业和财务领域。

在我们自己的收入概念（排他性地只包含服务）中，我们会试着证明：这个收入概念也涵盖了商业簿记员的"货币收入"概念；它和流行的收入观点相符，后者包含或排除在外的，它也一样；它将偿债基金计算在内，并解释了"存在于收入之外"这句话，以此为习惯用法留有一席之地；它自动地避免了重复计算，也没有为每种特殊情况下的判断设定必要条件；它使资本和收入密切相关，但永不混淆；最后，同样重要的是，它使自身易于经济分析，并成为利息理论的基础。

接下来要详细阐述的收入概念同前面介绍过的其他学者的概念类似。它几乎与坎南的概念等同，[①]和下列学者所使用的概念也能协调一致：马歇尔教授所谓的财富的"远期汇票"的思想，[②]哈德利（Hadley）主席在其《经济学》一书中使用的收入在心理学意义上的概念，[③]弗卢克斯（Flux）教授在其《经济学原理》一书中使用的概念，[④]以及费特教授在其《经济学原理》中使用的概念。[⑤] 最后，与初见时可能的想法不同，它与收入词源学的和流行的含义更

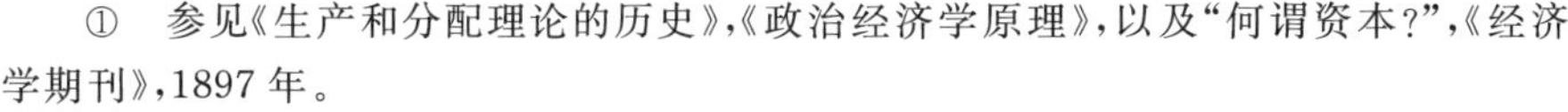

① 参见《生产和分配理论的历史》，《政治经济学原理》，以及"何谓资本？"，《经济学期刊》，1897 年。

② 参见《经济学原理》，第 3 版（麦克米伦），第 1 卷，第 156 页。第七章附录引述了本段的部分内容。亦可参见卡佛（Carver）的《财富的分配》一书（纽约，麦克米伦，1904 年），第 123 页。

③ 第七章。

④ 第 17 页。

⑤ 第 43 页、571 页。

为紧密一致。收入，无论源自何物，均是产自该物的报酬；故而，无论源自何种资本，亦是该资本带给其所有者的回报。若资本的服务为货币形式，收入便为“货币收入”；若服务为农作物等产品，如一家自给自足的农场那般，则收入为另一种形式；如果服务为令人愉悦的舒适，如一处居所那样，则收入又变了一种形式。不过，在所有的情形中，关键的事实是，资本收获服务，带来某种合意的东西。

由于这种用法将各种货币收入也纳入其中，进而与商业上的用法冲突，因此难以为继。无视如下问题，也是其可能招致反对的原因，即一旦将非货币收入的要素也包含在内，收入就囊括了太多的内容。不过，资本带来的很多(往往是全部)非货币收益常被经济学家视为收入，持同样看法的还有醉心于研究这一主题的实务人士。一位买了游艇的商人会说，“这是一笔很划算的投资，当我每周六下午开着它徜徉于大海的时候，回报就来了”。而且，学者们在向商人灌输这种用法的正当性时，没遇到任何阻力。事实上，如果没有理想中的有益的用法，货币收入本身便不会存在，也毫无意义。一间房子若不能给房客居住，也就没法给房东带来货币租金——哪怕从房东的角度看来，货币只不过是作为其自身的房租和其他生活开支(换句话说，就是获得令其愉悦的收入)的中介而存在的。

因此，收入是一个非常一般性的概念，它由资本产生的服务构成。我们已经了解了藏于其后的几个特殊的概念：社会收入、个人收入、货币收入、自然收入，以及令人愉悦的收入。后面会看到，社会或一个个体的净收入将完全由令人愉悦的收入组成，这是因为，其中非令人愉悦的要素（例如货币收入）都恰好被某一等价的支出所抵销。不过，它仍然是总收入的一部分，而且，实际上是很大的一部分。普通簿记员笔下的货币收入成为任一实际收入清单上的主要部分，不过，只有在考虑到了对应的支出，或者一幅有关收入全部要素的完整图景呈现在你跟前时，我们才能充分理解其重要性。而展示这份图景就是接下来三章的任务。

第八章　收入账户

§1

这样说来，资本所产生的收入便可简化为它为我们所做的服务了。至于它带给我们的是钱还是其他回报，都无关紧要；资本产生的“服务”流即为其收入。正如之前已经解释过的那样，财富提供的这些服务不仅包括任何借助于该财富而产生的合意事件，还包括任何得以避免的不合意事件。

服务的形式多种多样、不胜枚举。人类完成的所有工作、工业实施的所有营运、商业发生的所有交易，都是服务，都计入收入账户。放眼来看一看我们这个忙碌的星球吧，尽收眼底的是，以不动产、商品及人类等为存在形式的财富在持续不断地提供着各种各样的服务。土地、人和工具正在将土地、种子和牲畜转化为谷物、牛肉、原木和钢材。加工厂正在把各种原材料转化成面粉、家具、布料和工具。在各个家庭中，我们还可以发现以下这些服务：烹饪、取暖、清洁和栖身。农业、矿业、运输业和商业，不过是我们给农场、矿藏、铁路以及商业资本提供的服务集合所取的不同名字罢了。

“负服务”是一种负面的服务。它借助于某项财富引致了一项不合意的事件或者阻碍了一项合意的事件。负服务流或者负收入流被称为“支出”(outgo)。由财富项引致的支出，不论是表现为剥夺了所有者的金钱，还是其他有害形式，都无关紧要。如果该支出表现为货币的形式，我们就将其称为“费用”(expense)；如果该支出表现为人力的使用，我们就将其称为“劳动”(labor)。它包括经济学家称之为“成本”(cost)的一切的表现形式，如劳动、困苦、费用和各种形式的牺牲。

一项工具在创造服务时大都也会产生负服务。例如，一处居所不仅提供了被称为“栖身”的服务，还因修缮、粉刷、清洁、照管、保险和税收等劳动(或费用)形式的发生而引致了负服务。正如任何一项合意事件都是一项服务一样，由那所房子引致的任何一项不合意事件都是一项负服务。再如，一匹马在为主人提供一日坐骑服务的同时，也在引致厩养、喂食、钉蹄铁等形式的负服务。一位农民在收获庄稼时从自己的土地获取了服务，可为了这些收获，也必须给那片土地施肥、播种、耕作和付出。一条铁路在提供大规模旅客和商品运输服务的同时，也需要耗用惊人数量的煤炭、补给和劳动才能运转。

负服务并非是财富这一概念的核心属性。因为有时一个财富项可以在没有任何负服务的情况下提供服务。即便有负服务存在，也常常因为它们小于所有者预期未来会得到的服务而显得无足轻重。只要某一财富项引致的负服务在其所有者的估算中超过了该财富项提供的服务，该负服务即被视作“不值得付出辛苦”而被搁置一边，不再作为财富而存在了。与此同时，还有这样一类财富，如果它们终究还是被视为有主的话，便构成一类具有负效用的财富，杰文斯将其称作“负商品”（discommodities）。它们无足轻重，不用特别关注。这类财富项主要包括废物、灰烬、腐肉、垃圾和弃物。

人们已经注意到，服务和负服务同财富一样，也可以用两种方式计量：数量和价值，而每项服务的数量以其自身特有的单位来测度。园丁提供服务的数量通常以其工作的小时数来计量，风车提供服务的数量以其泵水的加仑数来计量。因此，同具体的财富一样，服务（或负服务）在数量方面的异质性也是极大的，无法对它们进行简单的加总合并。为了获得一个具有同质性的价值总量，我们必须用各项服务（或负服务）数量乘以其各自的价格。

于是，同资本一样，收入和支出在使用时也具有两层含义：收入—服务（income-services）（以及支出—负服务）和收入—价值（income-value）（以及支出—价值）。自此之后，当“收入”或“支出”两词单独使用时，我们理解的只是其价值意义。

任何一项独立的服务或负服务的价值都构成一项收入或支出的“要素”（element）。在任何时期内，从某一财富项流出的所有服务的价值，即所有收入要素的总和，被称为“总收入”（gross income）。总收入超出总支出的部分，即所有收入的要素和支出的要素的代数值或净和，被称为“净收入”（net income）。如果不是超出，而是存在不足，即被称为“净支出”（net outgo）。无论在实践中，还是在理论上，净收入的重要性都远远大于总收入。根据构成要素是否伴随有抵销项，总收入的计算方法通常不止一种；但是，无论采用哪种计算方法，被称作净收入的那个所有收入要素与支出要素的代数和都是相同的。

§2

收入(或支出)总是意味着:(1)资本为源;(2)资本所有者为受益人。史密斯先生从自己的农场获得的收入,不仅意味着该农场产生收入,还意味着史密斯先生获得这份收入。在本书中,我们需要考虑的收入,主要是与产生它的资本有关的那种,而不是与获得它的所有者有关的那种。[①]通过将农场视为在其所有者"开立的账户"中,收入的这两个方面便可以体现在账户中了。农场主从农场收到的所有收入都被计入分类账的一侧,据说这类收入因为要归功于农场而被计入农场的"贷方";同样,农场的支出由于是农场引致的而被计入农场的"借方"。于是,贷方各项表示某项资本产生的收入,借方各项表示该项资本引致的支出。"贷方"与"借方"这两个术语所指的分别是那项资本的收入账户和支出账户中的各个正项要素与各个负项要素。

现在我们需要将上述关于"贷方"与"借方"的定义应用于收入账户。首先,我们将某"房产和土地"想象成某个财富项或某个资

① "收入"和"支出"这两个术语的使用略显不当,因为从词源学角度来说,二者所指的是它们与所有者史密斯之间的关系,而不是它们与来源地农场之间的关系。史密斯的收入是农场的"收成"(outcome)或"收益"(yield)(德语为 ertrag)。同样,当农民给自己的土地施肥,这项"支出"是农场的一个"进项"(ingo)。不过,尽管我们主要关注的是"收入"和"支出"与作为其来源的资本之间的关系,并因此从逻辑上说应该使用"收成"和"进项"这两个术语,但出于术语惯用法方面的原因,用"收入"和"支出"这两个常用术语似乎更为适宜。

本项，然后第一步要考虑的是该财富项在公元1900年这一期间发生的收入与支出。该项资本为其所有者带来的收入既可以表现为将它出租给他人使用后获得的租金，也可以表现为它为本人和家庭提供的栖身服务。无论哪种情况，这种收入都可以用货币加以“计量”，但在所有者自住的情况下，这种计量需要进行专门的估价。我们可以假设：该房产已建成多年，到1900年已几乎不能再用了。它每年产生价值1,000美元的收入。但在创造该收入的同时，也会发生维修、缴税等形式的支出——这些支出是该房产和土地引致的“不合意事件”。于是，我们便得到以下“收入账户”：

1900年房产与土地的收入

收入		支出	
房产和土地的使用	$1,000	维修	$200
		税款	100
		保险	100
	$1,000		$400

因此，净收入是600美元。

我们可以假设，该房子第二年被发现大梁已经腐烂，因而不再适合居住，必须舍弃或拆除。房产所能提供的服务虽然到此为止，但土地尚好，所有者可以新建一所房子。假设这项工程耗用了1901年前六个月的时间，因此这期间没有收入，只有支出。该年度的下半年，新房投入使用并产生价值600美元的收入。在前六个月里，该“房产和土地”不仅未能产生任何收入，反而引致了支出，即房子的生产成本（cost of production）。它是一项负服务，是由该房产和土地引致的一项“不合意事件”。这项不合意事件之所以被人们承受了下来，是因为人们寄希望于获得它随后会带来的服务。就其本身而论，它并非一项合意事件。那么，当某项事件依然被说成是不合意事件时，我们是将该事件在未来获得的补偿给抽象掉了。其实，所有的负服务都是“必要的坏事”：它们虽然可以导致好事发生，但本身仍是坏事。

这样，我们便得到以下账户：

1901 年房产与土地的收入

收入		支出	
房产和土地的使用（六个月）	$ 600	建房支出	$ 10,000
		税款	100
	$ 600		$ 10,100

因此，这一年该房产产生了 9,500 美元的净支出。收入与支出上产生的这项逆差将在随后若干年里得到弥补并产生盈余。或许 1902 年我们便得到以下账户：

1902 年房产与土地的收入

收入		支出	
房产和土地使用	$ 1,200	维修	$ 50
		税款	150
	$ 1,200		$ 200
净收入：	$ 1,000		

让我们假设，这些数字在以后的 49 年间保持不变，在那段期间共产生 50,000 美元的净收入，这一净收入扣减 1901 年的成本净超出额 9,500 美元后，依然有很大的盈利。在此，我们无须考虑该盈利作为利息的那种性质。之后，该房产再次因破烂不堪无法

使用而不得不进行重建。于是，同样的轮回再次开始，1 年的成本净超出额被 49 年的收入净超出额所抵销。

§3

可以看到，那座房屋重建成本的记账方式与维修成本或其他"现行"成本的记账方式是完全一样的。这种记账方式可能会遭到某些人的反对，因为他们认为房屋重建似乎并不是一项"经常费用"，而是一项"资本成本"，因此不应计入收入账户，应计入资本账户。诚然，"新房的价值"必须计入资产负债表，但是，"建造成本"却应该计入收入账户。这是正确无误的，因为前者代表着"财富"，而后者则代表着"负服务"；前者涉及的是一个时刻或时点（an instant of time）（可以是从房屋存在到不存在这个时段中的任何一个瞬间），而后者涉及的是一个"时期或时段"（a period of time）（可以是建房引致的劳动和其他代价所发生的所有或任何一段时间）。一所房子与这所房子引致的一系列代价是完全不同的。鉴于实践中簿记员经常按资本的"成本价值"（cost value）对资本进行记账，将二者混淆起来也是很自然的事。事实上，有时会有这样的说法："负债代表着公司收到的款项，而资产代表着这些款项是怎样花出去的。"但是，严格说来，这种说法并不正确。既然房屋的市场价值取决于使用后的适宜性，而非建造过程中投入的沉没成本，那么，建造费用为 10,000 美元的房子，其市场价值既可能大于也可能小于这个数。在这种情况下，收入账户在支出一边应该包含一个 10,000 美元的金额，而资本账户则应该包含一个大于

10,000美元或者小于10,000美元的金额。[①]

然而，毋庸置疑的是，我们在直觉上确实反对把房屋的建造成本计入收入—支出账户；我们将这项成本称作一项“资本成本”(capital cost)而不是一项经常性费用(running expenses)便表明了这一点。通过这样的划分，我们想要表明：这项成本不是经常性的往复发生，或者说，至少要隔很长时间才会重复发生。基于此，瓦格纳(Wagner)等人曾经错误地断言，收入和支出应该被局限在“常规”(regular)项目之内。乍看起来，这样做行得通，因为在实际操作中，某年度内发生的一项巨额支出(如房屋建造成本)通常不会使该房屋所有者在该年度内的净收入真的减少那么多。一般说来，他会想方设法从另外某个资金来源(如折旧基金)得到一笔相应数额的收入，将建造房屋的巨额支出抵销掉，这样就可以避免自己净收入的大幅减少。显然，该房屋的主人很有先见之明，他在房屋存续的整个期间每年都往储蓄银行里存上一小笔资金，这样一来，当房屋需要重建时，他便可以从中提取一大笔资金。收到该笔资金正好可以作为一个收入项，而将其支出用作重建则正好是一个支出项。于是，房屋重建这笔庞大的“支出”，便被来自于储蓄银行账户的一笔巨额“收入”抵销掉了，折旧基金与房屋重建费用这两个来源“合并”(combined)后得到的净收入大致为零。因此，

① 众所周知，即使在正常情况下，房子的价值也并不正好等于建造过程中支出的费用，而是等于该费用再“加上利息”。在六个月的建造过程中耗资10,000美元的房子，在竣工时的价值要比10,000美元多出几百美元；否则支出这10,000美元盖房子而在竣工时只得到同样价值的房子的那个人便显然没有得到这笔钱的利息。资本的价值、成本和利息之间的关系将构成一个主题，我们将在之后的一章里专门进行研究，届时，我们还将讨论那个常见的错误，即已经发生但还未支付的利息本身也是一项成本。

个人的总收入净值受到的影响要么微乎其微，要么根本没有。所以，折旧基金并非阻止而只是抵销了收入账户中单纯由房产及土地造成的那笔巨额支出。从那两项来源合并后得到的收入无足轻重，但从“房产和土地”这一项来源得到的收入将发生波动。从数字上看，单单源自“房产和土地”的净收入显然是连续49年的每年+1,000美元和第50年的-9,500美元。有一种说法具有误导性，即说这1,000美元只是“总”收入，我们必须从中减去折旧基金或“摊销”，因为我们应该每年都把折旧基金或“摊销”金额留存下来用以支付重建费用。但是，仅仅“假设”(suppose)存在一项折旧基金并不等于真正存在一项折旧基金。诚然，该房产49年间每年创造的那1,000美元收入要多于每年折旧基金实际支付后剩余的收入；但是，一项只是有可能发生的收入也仅仅是一种“理想的”标准。将实际与理想混为一谈是这一领域最常见的谬误之一。该房产和土地的“实际”净收入是我们当前研究的唯一对象，而在假设的例子中，这项实际收入就是49年间每年产生的1,000美元。尽管这项总和超出了49年每一年的理想标准收入，但是这项盈余每到第50年便被那项突然而至的巨额减扣抵销了。

§4

避免收入上的这种不规律性，不仅可以通过折旧基金，还可以通过其他方式，例如，通过分期付款来支付该房产的方式，通过以贷款来支付成本并抵押该房产的方式，通过变卖其他财产的方式。另有一种稳定收入的方法应该能够打消读者对这种已经采纳的将房屋新建成本计入“支出”项下的做法依然可能怀有的疑虑，这种方法适用于以下情况，即同一房主拥有房产数量众多以致对其进行重建的时间间隔必然很短。比如，考虑这样一个例子，某房屋互助协会拥有 50 套房子，分别建于不同年份，每套房子的使用年限都是 50 年，所以每一年都需要对房子进行重建。该协会的账户中，支出一边应该包括新建成本并将其视为每年都会发生的常规项目，因此：

房屋互助协会

50 套房产(包括土地)，1900 年

收入		支出	
49 套房子每年每套的租金 1,000 美元	$ 49,000	一套新房的建造	$ 10,000
一套房子在被重建的那一年的一部分租金	500	49 套房子的维修	4,900
		税款	5,000
	$ 49,500		$ 19,900
净收入	$ 29,600		

我们在此例中得到的年净收入为 29,600 美元，这项收入年复一年，没有间断。在一间房产的例子中，我们发现收入具有不规律性，而在多套房产的例子中，这种不规律性不复存在了。但是，如果在后一种情况下将房屋重建成本视作支出是正确的，那么在前一种情况(一间房产)下将其视作支出也一定正确，因为该社区总资本的收入账户只不过是构成整体的单个账户的汇总。我们只能前后一致地将所有成本(无论这些成本是否经常性往复发生)都视作支出，而不能固执地坚持采取其他标准。

在实际业务中，某一类的商品通常有多件，因此几乎没有必要计算每一件商品的净收入。我们大可方便地把这些同类商品归拢到一起来计算。在房屋互助协会的例子中，我们对此已经有所了解。这里可以再举一个有关商人存货的例子。这批存货不是像房产那样通过出租而是通过销售为他创造收入。出租和销售的差异仅仅在于：出租由一系列收入项构成，而销售仅由一个收入项构成。同一批房产存货一样，一批炉具存货产生的收入是每件炉具产生的净收入之和。但是，炉具经销商会发现，如果每购进并售出一件炉具便单独设立一个账户来计算其净收入的话，簿记工作就太烦琐了。他完全可以把他这批存货（更确切地说，把他存货中每个特定类别的商品）视作一个整体来核算，用某年度销售炉具获得的总收入减去该年度的补货成本、仓库租金、人员工资和其他杂项支出计算出总收入，通过整体核算得出的结果与通过个体加总得出的结果是相同的。如果他得到的总收入是通过个体加总计算出来的，那么每一件炉具个体的总收入当然会大不相同：一件去年未被卖出而留存下来的炉具（因此游离于本年度账户的任何成本项之外），如果今年被卖了出去，将会贡献出一大笔净收入；相反，一件今年购入的炉具，如果明年才销售出去，那么在今年的账户中便只有借方项了。这些来自于该商人存货中各个个体部分的收入虽然具有不规律性，但它们的总和却为总收入这个整体创造了稳定性。

任何由迅速改变的个体要素构成的商品存货，都可以极其方便地被当作一个整体来看待。我们借用克拉克教授那个绝妙的比喻来说明这个问题：这就像尼亚加拉大瀑布，尽管每天都由完全不

同的水滴构成，却仍不失为一座壮观的大瀑布。肉铺、杂货店或水果商的存货虽然是由迅速变化着的个体要素构成，但仍不失为一个相对不变的整体。如果为每一支羊腿或每一盒无花果都建一个收入支出账户，那真是愚蠢而不切实际的行为——尽管从逻辑上说这样做是完全可以的。不过，现如今有一种明显的趋势，就是簿记过程越来越详细。一些商业企业对自己经营的商品分门别类，借助于现代的卡片索引体系，对每一“类”(variety)商品都设立一个独立的账户详细记账(尽管不是对每一类商品中的每一项商品都进行详细记账)。需要遵守的重要事项是：整体的净收入只是构成整体的各个基本单位的收入总和与支出总和之差。对于基本单位而言构成“资本”费用而且只发生一次的那一项，对于整体来说却构成每年进行补充并重复发生的“经常”费用。从前文已经给出的解释和例子来看，我们显然必须基于一致性和逻辑性的原则，将每一项成本都作为一个支出项，而在收入—支出账户中为其分配一个位置——无论这项成本是高是低，是经常发生还是不经常发生。

§5

无论个体财富在收入上表现出的不规律性是否在整体财富中被排除掉，合并后的收入即便是来自一大组商品，也未必是一个绝对稳定的收入流。我们常力图使收入流保持某种程度上的稳定；但一方面我们并非总能如愿以偿，另一方面我们也并非一直在尽力而为。当收入确实在发生变化，业已给出的计量方法将自动无误地记录那种变化。当然，这种方法不仅适用于同房屋互助协会的50套房产或炉具经销商那批炉具存货类似的那种商品，亦适用于任何不同类的商品存货，甚至是一个社区或者整个世界的全部财富。任何一类群体所产生的净收入都只是计算期内所有时间点上存在的各种财富项的净收入之和。

任何作为资本的产权集合所产生的收入也可以用类似的方式得到。收入—支出账户特别适用于个体的情形。因为之后我们会发现，收入之源主要是由资本—产权（财富的部分权利，如债券、股票和抵押）而非资本—财富构成。不过，引入用以区别于财富理念的产权理念，并不会涉及任何新的难题；因为我们已经看到，产权仅仅是财富的另一方面，它所代表的不过是财富创造的某些服务的权利。故而，在合伙制的情况下，史密斯琼斯公司的每一位合伙人（即两位农民）分别得到该“农场”（farm）收入的一半。同样的原则也适用于股份、债券或其他形式的资产。商人们总习惯说这收入是一张铁路债券产生或赚得的，可实际上是债券背后的铁路在产生收入，收入的一定份额属于债券的持有人。因此，为某产权持有人提供服务的真正源头是具体的某种财富；他的产权只是将该服务中的一部分指定为他所有。例如，股东的收入由他作为股东而获得的所有收益减去所有代价构成。通常说来，对该股东而言，收入与代价都以货币的形式发生。他来自于股票的收入一般就是收到红利。

因此，某人的全部净收入就是他所持有的每项产权在某时间段内所产生的净收入之和。

§ 6

为了说明这一点，让我们来考察这样一个实例：一位律师住在租来的房子里，但里面的家具却是他自己的。简化起见，不妨假设他的财产由以下九项构成：(1)股票和债券；(2)房屋租约(不仅包括占用房屋这项权利，还包括支付租金这项义务)；(3)房屋中的家具；(4)其他生活补给品，尤其是食物；(5)货币和银行存款；(6)对佣人的权利(不仅包括要求他们提供服务的权利，还包括要向他们支付工资的义务)；(7)对办公室职员的类似权利及义务；(8)他本人；(9)"其他"。我们将以一个月为时间段。

在这一个月里，股票和债券带来总计为2,000美元的支票，另外，该律师又买入价值500美元的证券。因此，他本月从这一组产权中获得的全部净收入为1,500美元。由于签署了房屋租赁合约，他享有一个月的房屋使用权，他认为这项使用权的价值恰好等于该房屋的月租金，姑且假设月租金为100美元。既然该租约既为他提供了价值100美元的栖身之所，又耗费了他100美元的月租金，因此这项产权没有产生任何净收入。家具给他带来了价值50美元的舒适感，但必须减去总计为30美元的维修费，最后结余为20美元。他的食物类补给品给他及家人供应了本月价值为150美元的膳食；但是，我们假设添置食物耗费的费用和厨师及女仆提供的备餐与服侍服务，正好抵销了上述150美元的收入，因此本月食品存货也没有产生任何净收入。

下一项收入(或支出)来源是"现金"。"现金"这种表述指的是产权的存货(或存量),其中包括手头的现金和银行的存款。要想知道多少收入或支出来自于“现金”,我们只需奉行那条完善而健全的会计惯例——将现金存货视为一座金矿,因此将所有从中流出的黄金或现金计入“贷方”,将所有流入其中的黄金或现金计入“借方”。这种惯例常常使初学者迷惑不解,但它的正确性毋庸置疑,也同我们对服务和负服务所下的定义一致。由某人现金存货提供的服务或合意事件(实际上也是现金存货为之而存在的那些事件),就是一次次向外供应资金;由某人现金存货引致的负服务或者说不合意的事件,则是一次次向内吸纳资金。换言之,每当我的钱用来支付账单,它就“服务”了我;也可以这么说,每当我支付账单时,它就“花费”了我。就此而论,它与任何其他财富储备并无二致。一箱煤在为主人供应燃料时“服务”了主人;在要被填满时又“花费”了主人。这种花费既可以是资金的支付,也可以是劳动的付出,还可以是从其他煤矿调来的煤炭。在我们面前的这个例子中,我们假设,“现金”的收入或者说该律师通过开支票而向外进行的所有支付共计 3,780 美元,而“现金”的支出——所有支付给它的金额——共计 4,000 美元,余下的 220 美元则是净支出。

同房屋租约一样,对佣人的权利,既包括一项支付工资的义务,也包括一项得到服务的权利。我们不妨假设,佣人们该月提供了价值为 100 美元的服务,而他们的月工资也为 100 美元,没有净结余。同样再假设,办公室职员的月工资为 500 美元,而他们也提供了价值 500 美元的服务来协助律师准备诉讼案件。

律师本人在这个月里从诉讼工作中获得收入 2,000 美元,但由于办公支出和业务支出合计达到 500 美元,因此结余额为1,500

美元。被称为“其他项”的那个部分涵盖了所有未被纳入的收入来源，如服装、手表、珠宝以及未包含在其他类别中的财富项或产权项。为简化起见，我们不妨假设，与“其他项”相联系的收入与支出正好相等，合计均为 2,500 美元。

因此，该律师的总收入如下所示：

收入（贷方）		支出（借方）		净收入 利润和亏损
通过股票和债券（货币）	$ 2,000	给股票和债券（货币）	$ 500	+ $ 1,500
通过租约权利（居所）	100	给租约权利（货币）	100	0
通过家具（使用）	50	给家具（货币）	30	+ 20
食品（使用）	150	给食品（货币）（50）和佣人的服侍（100）	150	0
通过“现金”（货币）	3,780	给“现金”（货币）	4,000	− 220
通过佣人（服务）	100	给佣人（货币）	100	0
通过办公室职员（人员协助）	500	给办公室职员（货币）	500	0
通过自己（现金）	2,000	给自己（协助职员）（货币）	500	+ 1,500
通过“其他项”（直接使用）	2,500	给“其他项”（货币）	2,500	0
		净总收入		+ $ 2,800

这些账目可以通过各种方式简化，而不至于丧失逻辑上的完整性。如果我们感兴趣的只是总的净收入，而非每项产权对总收入的贡献份额，那就可以将上面账户中既计入贷方又计入借方的几项略掉。例如，食品烹饪和服务既被计入食品存量的借方，也被

计入佣人的贷方。乍一看，作为借方的厨师和女佣的工资，既被计入“佣人”项下也被计入“食品”项下，似乎是重复记账。但是，计入食品借方的并不是佣人的工资，而是佣人的“工作”。稍加思考便可看出，如果我们将烹饪服务和服侍服务计入佣人的贷方，将他们的工资作为单独的一项计入佣人的借方，那么我们也必须将他们的烹饪服务和服侍服务计入食品的借方。如果希望这些服务从佣人账户的贷方和食品账户的借方同时退出，也就可以将佣人一项完全省略，而将他们的工资费用计入食品项下。这里阐述的记账过程可以进行修改，可采纳的修改方法不计其数，其中许多在实践上都有优势，但前述方法可以将各种来源创造的全部收入和发生的所有支出全面而详细地记录并呈现出来。

§ 7

完整记账时，一定不能漏掉产权的负项或负债。就如同针对产权的正项或者资产一样，同样的原则也适用于负项。之所以如此，是因为产权的负项产生了负收入或者支出。回想一下前面那位律师，我们对其账目进行了追踪，如果他现在处于负债之中，则他在会计期间对债务做出的支付(无论是“利息”还是“本金”)都构成支出。另一方面，在我们考虑的会计期内，如果一项债务有所缩减，由此获得的收益就构成该会计期总收入的一个增项。

因此，只要将处于考虑中的资本项所引致的所有服务和负服务的价值都记录下来，便可以完整地创建一个收入—支出账户。就个人而言，这些资本项就是他的资产和负债。除了提到的服务和负服务，其他项目都无法在这个账户中找到一个合适的位置。我们已经提醒过读者，不要从收入中减掉任何资本上的消耗，这样做是错误的；还应该提醒的是，也不要将任何资本上的节约计入收入，这样做也不对。此类错误非常普遍，却又不易察觉，对它的讨论放到第十四章，在那里它将得到应有的关注。目前，我们不妨安于现状，只进行初步的解释。有时人们认为储户只有在银行的存款“积累”(accumulation)生息的时候才能从这笔存款中获取收入，但是，这种观点是错误的。当且仅当储户从银行取款时，他便获取了收入；当且仅当他往银行存款时，便发生了支出。如果只是让存款存在银行里积蓄生息，他既没有获得(任何)收入，也没有发生(任何)支出，因而对收入毫无影响，唯一改变的只是资本有所增加。对他来说，鱼和熊掌不可兼得。如果我们假设，这个让自己的存款积累生息的人真的收到了利息，那么，为了保持前后一致，我们也必须假设，他又将那利息重新存了起来。如果出纳将利息递出了柜台，则该储户的账户确实向他产生了“收入”，但如果他将利息又递了回来，基于一致性原则，这也必须被计作“支出”。这样一来，最终收入不会有任何改变，只不过在之前进行了一加一减的冲抵而已。这个过程清楚地揭示出这样一个事实：积累(产生的利息)并非收入。

§8

当然，前文律师的账户中所采用的记账方法既不是唯一的，也不是常规的。可正是用了这种方法，才让我们看清每个收入源对总收入的贡献。在会计实践中,那些微不足道的收入源被忽略掉了。某人的“现金”收入与“现金”支出从长期来看几乎是平衡的,此人的房屋租约、佣人合同和家庭补给品的收入与支出也是如此。家具产生的净收入很可能比我们想的要多,可即便如此,这项净收入通常也只占总收入的一个很小份额。唯有在律师住在自有住房的情形中,我们才需要对这个账户做出认真修改。此时,他的居所不会被任何租金支出抵销,只会作为纯收入计入账户。

因此,在会计实践中,该律师的收入是通过提取上表中仅仅两个主要项目来获得的,这两个项目是:投资收入和从业收入,各为1,500美元。根据这种大致的记账方式,该律师在该月的净收入为3,000美元。另一种对收入进行大致记账的方法更为普遍,这种方法仅对“货币”的收入项和支出项进行记录,换言之,仅记录前述账户中“现金”项下的各个项目。因此,该律师的现金账簿将会如此呈现出来:

收入项		支出项	
来自于股票和债券	$2,000	股票和债券投资	$500
来自于个人劳动	2,000	房屋租金	100
		家具维修	30
		食品成本	50
		仆役	100
		雇用办公室职员	500
		“其他项”	2,500
	$4,000		$3,780

这样就有220美元的现金结余,这项结余会在该月的月末加到期初库存现金中。这里的“结余”与前面更为全面的记账方法中的那项结余不同,它所指的并不是该律师的净收入。在我们现在

考察的这种不全面的临时代用记账方法中，就所表示出来的而言，该律师的净收入都表示在扣减了某些临时性修正项后的“总”现金收入项里。这种记账方法只要存在，即具备其合理性，而其合理性就在于：大多数收入，无论其来源为何，都要经过现金提取人之手。

我们会注意到，上述账户中收入项一边的 4,000 美元，大大超出了之前完整记账时的真实净收入 2,800 美元。任何使用这种只有货币的记账方式的人都会本能地感到，有必要对总资金收入项进行“某些”扣减。他也会本能地感到，不应因此而用所有支出项来进行这种扣减。否则，收入项扣减支出项后的余额要么所剩无几，要么一无所剩。实践中常采取的替代方法是在总收入项中扣减“营业费用”（business expenses）——用于股票和债券投资的 500 美元和用于雇用办公室职员的 500 美元。这样扣减之后的结余将是 3,000 美元，这一金额非常接近 2,800 美元这个真实净收入，因而可以用于会计实践。

因此，在实践中，货币收入（扣减“营业”费用）与证券和劳动创造的净收入之和这二者之中任何一个都能很好地充当衡量真实收入的工具。但是，即便从实践的视角来看，它们也并不总能起到这种作用。从严谨的理论角度看，二者始终都是错的，因为只有在“所有”收入（不论其来源为何）都经过现金支取人之手的条件下，二者才是正确的。如果股票和债券产生的净收入、该律师从业实践创造的净收入及与之相类似的其他每项来源产生的净收入，真的全部流入现金收取人之手，而流出其手的每一项开支真的全部是满意的，那么，流经现金收取人之手的货币流才会真正起到衡量收入的作用，而该现金收取人可以被称为一种收入“测量仪”（meter)。流入他手的是货币收入，从货币收入中获得的最终满足是真实收入。之后，二者会具有经济学家常说的那种关联性。我们可以用一个例子来切身地感受一下这种关系。有一个“靠投资所得过活的人”(rentier)，为了立即获得满足，便把获得的资金完全用于租房上。假设他租下的不只是一处房子，还包括其中的家具，这样一来，他收入的任何一个部分都只有经过货币的阶段才能到达他那里。但很少有人会和他的状况一模一样，因此并不是所有收入都会通过那个测量仪。有些收入绕过了测量仪，因此根本就不会被记录下来。例如，某人从自有房屋获得栖身之所或者从自有家具获得舒适感，就是两种典型的绕过货币测量仪的收入。另一方面，有些收入虽然通过了测量仪，但并没有直接用在获得满足感上，而是用在了某些“营业”费用上，这些费用有可能在日后再次使现金通过货币测量仪，并因此使测量仪记录了过多的收入。这样一来，就有两种情况可能发生：有的时候，货币测量仪未能将某些收入记录下来；有的时候，货币测量仪又对某些收入记录了两次。因此，货币测量仪只是衡量净收入的一种不尽完善的粗略工具。

§9

当我们从自然人回到法人时，会发现，同资本账户一样，收入账户的收支两方也有必要完全平衡。作为不同于股东的实体，公司既不能只有收入，也不能只有支出。所有没用于支付的收入都被用于发放红利。例如，某铁路公司持有如下收入账户：

铁路公司的年度收入账户

收入		支出	
通过客运服务和货运服务	$ 1,246,147	营业费用	$ 800,000
		给债券持有者的利息	100,000
		给股票持有者的红利	200,000
		剩余用于	
		(1)购买土地	140,000
		(2)存入金库的现金	6,147
	$ 1,246,147		$ 1,246,147

从这些账目看,所有收入之源创造的总收入为1,246,147美元,其中800,000美元用于营运支出,100,000美元用于支付债券持有者的利息,200,000 美元用于支付股票所有者的红利,结余为146,147 美元。但是,这项结余同样也要花出去,其中 140,000 美元用于购买新土地,剩下的一点零头 6,147 美元要么放进了公司的保险柜,要么存进了银行。即便那最后的一次操作也是一项真实的支出;正如我们已经看到的那样,现金收取者的账户和银行的账户总是将放入其中的资金计入借方。因此,对于这个被称为"公司"的抽象概念而言,最终是没有任何结余的。在资本账户中,公司的资产超过对其他非股东的负债的部分,构成对股东自身的真实负债;同样,在收入账户中,公司的收入超过用于其他目的而非用于向股东支付红利的支出的部分,则构成用于股东利益的真实支出。

§ 10

因此，我们看到，不论自然人还是法人，构建其收入账户的指导原则十分简单：只需制作一张清单，列出所有资产项和负债项发生的服务和负服务。资本账户和收入账户之间这种简明的关系常常被一个事实所掩盖，即某些资产项和负债项在实践中不便计入“资本账户”，但它们产生的服务和负服务却被计入了“收入账户”。这种情况尤其发生在人自身的情况中，同房屋租约及劳务合同一样，这种对自身的权利也伴有等量的对自身的义务。这些权利与义务都没有计入资本账户，从纯粹实用的角度来看，也不应该计入资本账户；但是，自身创造的许多收入（如工资）和引致的许多支出（如房租），却被计入了收入账户。虽然如此，自有居所的使用，以及自己未获报酬的服务和负服务，并没有计入收入账户。老板通常会一丝不苟地记录雇员的工作，却很少会记录自己个人的工作。如果他的经营场所为自有，那么他通常不会将对其的使用计入自己的收入账户。在个人生活中，他也很少或者从不把对家具的使用计入收入账户。

但是，我们现在的目标并不是要说明实际中的会计记账方法，而是要将经济学原理应用于这种记账过程中。我们的中心任务是找到会计记账的哲学基础。经过仔细研究，我们发现，会计并不只是一种具有临时性、替代性和权宜性的记账方法，它实际上是一套具有全面性、一致性和逻辑性的系统。基于这种构想与理解，会计的重要意义便不只是针对会计师了，对经济学家而言，会计也具有重大价值。经济学家的目的是构建一种哲学基础正确、能够充当经济分析基础的收入和支出账户，唯一的方法就是将每一资本项产生的所有服务和负服务的价值都记录下来。这些服务和负服务的种类繁多，有时由货币支付构成，有时由生产活动构成，有时由令人愉悦的因素构成。它们虽然分属不同种类，却以同等的地位计入收入和支出账户。但是，我们在下一章将会看到，如此入账后，这些项目就合在了一起，最终，除了愉悦的因素以外，其他所有项目都会相互抵销。

第九章　收入总和

§1

现在我们已经了解了自然人和法人的收入测算。在此基础之上，将所有人的净收入相加，便可得到全社会的净收入。正如我们已经看到的那样，法人没有任何净收入，因此对这种加总法也没有影响。另有一种方法也可以测算全社会的净收入，它是将每一具体资本项的净收入相加，而不论其产权归属。在这样的加总过程中，任何诸如股票和债券这类部分产权都是不会出现的。我们只能看到铁路、磨坊、冶炼厂等这类现实而具体的有形资本。我们以南太平洋铁路赚得的净收入为例来说明这个问题。南太平洋铁路是一个集铁路路基、铁路中转站、铁路运输工具及其他现存设施为一身的聚合体。南太平洋铁路的收入并不是南太平洋铁路公司的收入，因为我们已经明确，公司就其本身而论是没有任何净收入的。这个净收入也不是公司股东的收入，因为股东的收入只构成铁路收入的一个部分。它亦不是公司股东和公司债券持有者的收入总和，因为该公司除了从铁路自身获取收入，还可以从其他渠道获取收入，例如，租赁其他公路，持有其他公司的股份。这份收入其实只是铁路提供的运输服务总值和它引致的负服务总值(营业成本、维修成本、更新成本或改良成本等)之差。

测算全社会净收入的两种方法可以概括为:(1)将个人作为“所有者”而获得的净收入相加;(2)将每一财富项作为“收入之源”而产生的净收入相加。我们可以通过一个实例对这两种方法进行解释:假设我们要为某一社会创建两本包含有收入的分类账,这两本分类账在测算收入时分别采用上述两种方法。在“分类账一”中,一页用作个人的收入账户,同之前一样,像记录备忘录那样用两栏详细列明所有的收入项和支出项。与之相类似,在“分类账二”中,一页用作特定财富项的收入账户。因此,第一本分类账体现了收入在社会不同成员间的分配情况。这种根据收入量值安排的分类账总目,将为我们呈现出帕累托(Pareto)教授提出的收入“分配曲线”。[①]

为了进一步说明,我们假设下面的表格便是采用这两种方法对美国这个社会获得的收入的总结:

收入分配分类账一

	1900 年的净收入
15,000 个百万富翁家庭	$ 2,000,000,000
100,000 个收入在 10,000 美元到 50,000 美元区间的家庭	3,000,000,000
1,000,000 个收入在 1,000 美元到 10,000 美元区间的家庭	5,000,000,000
20,000,000 个收入低于 1,000 美元的家庭	10,000,000,000
	20,000,000,000

① 参见其《政治经济学教程》,洛桑,1897 年,第二卷,第 299—345 页。

第二本分类账会显示出同样的总收入，不同的是总收入是根据收入产生的来源来分配的。我们可以假设分类账二对总收入的总结如下所示：

收入分配分类账二

	1900 年的净收入
来自土地	$ 2,000,000,000
来自建筑物	2,000,000,000
来自铁路和轨道交通	1,000,000,000
来自工厂	1,000,000,000
来自个人	13,000,000,000
来自其他	1,000,000,000
	$ 20,000,000,000

§ 2

构建这两本分类账的方法都是将大量各自独立的净收入合并起来，而每一项净收入又都是从所考虑的特定一组资本的总收入中减去支出之后得到的余额。换言之，如果也用我们在资本账户中使用的那个术语的话，这两本分类账都是通过余额法建立起来的。

不过，对收入进行加总核算还有一种方法——配对法。由于视角不同，资本账户中的某些项会出现如下情况：它们既为资产项，又是负债项，因而相互抵销。与之相似，收入账户中的某些项也有类似问题。事实上，读者可能已经有所觉察，在很多引用过的例子中，我们所说的负服务在他们看来则是服务。他们可能会嘀咕，为什么要把房屋重建称为一项负服务呢？当木匠用自己的工具维修这个房屋的时候，我们不是认为木匠及其工具提供了服务而将其计入贷方吗？难道所有生产活动都不是服务而是负服务？那么，维修不是被计入分类账错误的一边了吗？我们可以这样来回答这个问题：当木匠及其刨子、锤子和锯在帮助重建房屋的时候，需要思考的是两组资本。木匠及其工具这一组资本在作用于房屋这一组资本。在此过程中，木匠及其工具确实完成了一项服务，而房屋却没有。但是，当我们把维修理解为是由房屋引致的麻烦（不合意事件）时，维修便是一项负服务了。房屋吸纳了维修成本，并承诺日后会用更好的服务对其进行补偿。从房屋这边说，重新钉牢松动的屋顶板和墙面板，当然不是房屋提供的服务，而是房屋必然会遇到的一件坏事。然而，从锤子这边来说，同样是重新钉牢松动的屋顶板和墙面板，却是锤子提供的服务，并以“钉牢”为名计入锤子的贷方。因此，房屋修缮既是一项服务，也是一项负服务。

对于这种有两面性的事件，需要专门为它们取个名字。我们可以将它们称为两个财富项（或财富工具）或几组财富项之间的交互作用（interactions），亦可以称之为交互服务、中间或准备服务、双重服务，或者干脆就叫它们“一对”好了。它们构成商人所说的“复式记账法”的基础。

因此，交互作用是实施作用的财富项的服务，是接受作用的财富项的负服务。至于何时它被视为正项的服务、何时被视为负项的负服务，绝不会引起丝毫怀疑。无论哪种情况，参考一下提供服务或负服务的主人的意愿，我们利用服务和负服务的定义便可以解决这个问题。当主人“不”希望房子引致维修的时候，维修就是房子的负服务；当他“希望”工具引致维修的时候，维修就是工具的服务。锤子就是为有朝一日钉牢屋顶板和墙面板而存在的，并从中获得价值。房子并不是为了这个目的而存在的，也不能从中获得价值；相反，它自身的价值还会因此而减少。

在描述具有交互作用的财富项之间的一般联系时，上面给出的这个例子十分典型。我们应该构建一幅存在两组不同资本的图景。A 组为了 B 组的利益而作用于 B 组。无论这种交互作用的性质是什么，A 被计入贷方，而 B 被计入借方。借贷双方同时发生且数值相等，故而，该交互作用的唯一结果是：它使 B 得以在日后创造更多的收入。

其实，交互作用与上一代人探讨的“生产性服务”(productive services)是完全相同的。但是，由于“生产性服务”这个术语在名称上就不尽如人意，在使用时又令人费解，因此引起了不少分歧与争论，再次启用这种表述就显得不可取了。“生产性服务”也具有两面性，既包括正项的服务也包括负项的负服务，但这一基本事实却总是被人忽视，而且，一直也没有其他特征能够赋予这个术语一个明确而科学的意义。

在被计入收入和支出账户的要素中，绝大多数都具有交互作用。唯一不具有交互作用正项的服务是心理满足感——感受到的合意体验，这种心理满足感经常被误称为“消费”(consumption)；唯一不具有交互作用负项的负服务是辛苦或者“劳动”(或劳作，labor)。但是，“消费”与“劳动”也只构成经济学这块料子的边际(margin)而已。连接“消费”与“劳动”这些边际的是由生产过程和经济交易交织而成的纤维网络，其中的每一缕纤维都具有两面性——正项的服务和负项的负服务。

§3

当然，两个财富项或两组财富项之间的交互作用，既可以引致某些变化或事件，也可以阻止某些变化或事件。被引致或阻止的变化或事件主要有三类：财富形式的变化、财富位置的变化和财富所有权的变化；或者说，财富的转变、财富的转位和财富的转手。我们将依次对其进行阐述。

这里所谓的"财富的转变"或"财富形式的变化"其实完全同义于人们通常所理解的"生产"或"生产性过程"。[①]我们用"财富的转变"或"财富形式的变化"来表示财富各部分相对位置的改变。例如，编织就是通过重新安排经纱和纬纱的相对位置将纱线转变成布料。同样，纺纱就是通过移动、延展和缠绕将纤维转变成纱线；缝纫就是通过改变纱线的位置将布料连接在一起；纤维梳理、羊毛分拣与修剪等所有构成面料生产过程的操作，也都是如此。

制造业和农业就是由一系列财富的转变构成的，其中的每一次转变又都具有两面性。从"被转变"的财富项（或财富组）一方来看，转变是一项负服务；从"实施转变"的财富项（或财富组）一方来看，转变是一项服务。我们已经看到，当木匠用自己的工具对房屋实施建造或者维修时，他和自己的工具被记入贷方，而房屋则被记入借方。同样，当粉刷工对房屋进行粉饰、看管人对房屋进行清洁

① 参见马歇尔，《经济学原理》，第三版，第132页。

时，也是如此。鞋匠将皮革变为鞋子，他是在提供服务，而鞋子在此过程中的每一个阶段都在引致负服务或者成本；当擦鞋童把脏鞋变为亮鞋时，他也同样是在提供服务，而鞋子则是在引致负服务。同样，对于纺纱成布的织布机而言，这项转变会作为收入而计入其贷方，对于收到织布机产品的布料仓库而言，这项转变则会作为一部分支出或"生产成本"而以完全相同的项目计入其借方。

在农业方面，如土地生产小麦，从土地一方来看，是土地提供的服务，从小麦一方来看，则是小麦引致的负服务。因此，小麦生产既是土地的服务，又是小麦的负服务。再如，农场正在向粮仓中的小麦仓库注入自己的收成，那么，小麦从农场进入小麦仓库，既被视为农场提供的服务而计入其贷方，又被视为小麦仓库引致的负服务而计入其借方。

正如已经阐述过的那样，有时，交互作用不在于引致一项改变，而在于阻止一项改变。仓库作为储存棉花包的一种手段便是在提供这样的服务，即阻止棉花包遭受风吹雨打。但是，从棉花存货一方来看，这种储存则是一个支出项或费用项。

像前文暗示的那样，在具有交互作用的两方资本中，经常会有一方或者两方同时不止包含一个财富项的情况。耕作或将土地转变为耕田的过程，是由犁、马和人共同完成的。一方面，耕作作为一项成本而被计入土地的借方；另一方面，耕作又作为一项服务而被计入由犁、马和人组成的资本组的贷方。这里，我们需要关心的不是合作各项作为贷方项各应计入多少收入这个问题，而是作为贷方项的三方之和要等于作为借方项的土地所引致的成本这一事实。

在转变过程中，即使实施转变的各项中有一项或多项发生了消亡，另有一项首次出现，上述原则也依然适用。烤面包这项转变，要计入面包的借方，计入厨师、烤炉、面粉和燃料的贷方。贷方项中的面粉和燃料一俟履行完各自的使命便告消亡。在转变过程中消亡又在制成品中全部或部分重现的各项被称为“原材料”。纺纱成布的生产过程，不仅要借助于织布机，还要借助于其他许多东西，纱线便是其中之一。织布过程的成本也就包括有对纱线这种原材料的耗费，因此纱线是布料编制过程的一项成本，但从纱线本身来看，对纱线的消耗却不是成本，也不是负服务，而是服务，纱线曾经就是为此而存在的。当布料被转变成服装时，这项转变作为布料提供的服务而被计入布料的贷方，同时作为服装引致的负服务而被计入服装的借方。所有原材料在被转变成制成品的过程中都提供了服务，但从制成品这方来看，它们的转变过程却总是被视为支出。

由此可见，当一个财富项通过生产的不同阶段时，我们是否用不同的名称把这些阶段清楚地标记出来，常常是一件很随意的事。例如，一棵“树苗”长成了一棵“树木”。如果我们愿意，我们可以将树苗视为一个类别，将树木视为另一个类别。正如“树木”在日后成为“木材”时提供了服务一样，在这个例子中，“树苗”在长成“树木”的时候也提供了服务；但社会收入并不会因此而产生任何影响，因为我们如果将树木的价值计入树苗的贷方，我们也必须将树苗的成本计入树木的借方。同样，我们也可以随意地把“小牛”长成“奶牛”或者“新酒”变成“陈酿”的时候作为生产的一个阶段而标记出来，却并不会对社会收入账户产生干扰，因为这类事物一贯具有两面性，会在加总的时候相互抵销掉。实际上，我们可以用一些竖线将生产过程任意划分成不同阶段，并将跨越这些线的过程视为线这一边的资本提供的服务和线另一边的资本引致的负服务。

§4

交互作用的第二类是转位，或者说，财富位置的变化。这类交互作用与上一类的划分界限远非泾渭分明。财富的转变，或者说，财富的生产，是指财富各个部分相对位置的改变；财富的转移，则是指财富整体位置的改变。但是“部分”与“整体”这两个词语本身就是相对而言的，因而对它们的界定也是宽泛的，并没有一个严格的界限。图书装订是财富的转变或财富的生产，它将纸张、皮革、线绳和糨糊组装成图书；将图书送到图书馆则是财富的转位。然而，在某种程度上说，图书馆也是一个整体。将图书装进分门别类、有条不紊的图书馆就是用部分形成整体。因而，财富的转变和财富的转位之间的区别仅仅在于哪个使用起来更方便。许多学者倾向于将两者一同涵盖在“生产”这个范畴之内。我们则倾向于将二者同放在“交互作用”这个不大能引起歧义且包容性更强的范畴中。而且，这里的目的也不是强调二者的差异，而是它们的相似性。具有交互作用的两方财富项或财富组，其中一方提供的是服务，另一方提供的就是负服务，但服务和负服务在价值上是等量的。这一原则也同样适用于二者。当商品从一个仓库转位到另一个仓库，这次转位要计入第一个仓库的贷方，同时计入第二个仓库的借方。转出商品的仓库完成了一项服务，转入商品的仓库完成

了一项负服务。当一位银行家将钱从自己的金库里取出，然后放入自己的钱包里时，如果他要给金库和钱包分别记账的话，就要把钱的这次转位计入金库的贷方，同时计入钱包的借方。当美国从加拿大进口了小麦，进口的价值要计入加拿大的贷方，同时计入美国的借方。我们可以像在连续性生产过程的例子中一样，用一些线来任意划分转位的地区，再将财富项对这些线的跨越视为一项交互作用。

§5

交互作用的第三类是财富所有权或产权的变化。前面我们已将其称为"财富的转手"。财富的转手通常是成对发生的，常涉及两个物件，这两个物件在两个所有者之间以相反方向转手。对于这种双重转手，我们已经将其称为交换。既然一次交换由两次转手组成，而一次转手便是一种类型的交互作用，且交互作用本身的意义就是相互抵销，那么，每次交换就是在进行一次相互抵销，因而交换就其本身而言对社会总收入没有做出任何贡献。[①]例如，书商卖出一本书，由于这本书给他带来了货币收入，于是将这次转手计入自己书库的贷方，但顾客也会将此以同样的金额计入自己藏

① 交换不会使收入翻倍，只会使收入重置。收入重置可以也确实将财富提供的服务置于最需要的地方，进而使收入得到更加有效的利用，正如赊账制度及其他分割财富所有权的形式可以使对资本的占有更加有效一样，在这两个例子中，"总效用"均获得了提高。但是，我们对这种情况的思考需要摆到合适的位置，千万不可因它而妨碍我们抵销掉资产与负债的"价值"、服务与负服务的"价值"。众所周知，与这些价值相联系的不是总效用，而是边际效用。

书室的借方。

上述这两项构成书商图书存货和顾客图书存货之间的转手。剩下的两项构成二人现金存货之间的转手；书商将这次转手计入自己“现金”的借方，而顾客将这次转手计入自己“现金”的贷方。

所以，当一个财富项发生转手时，卖方因此获得了一项收入要素，买方因此发生了一项支出要素，但社会并没有因此而获得任何收入。将卖方的贷方项和买方的借方项抵销后可以产生三个效果：第一，将该财富项的收入账户从与交换相关的所有纠葛中分离出来；第二，将所有货币收入一笔勾销；第三，将我们所谓的该财富项的“自然”收入呈现出来。因此，图书创造自然收入的时间，不是在书商销售图书之时，而是在读者阅读图书之际。销售行为只不过是提供一种准备性服务，它构成书商的一个贷记项、图书购买者的一个借记项。使社会收入有所增加的不是图书的销售行为，而是阅读。同样，在森林的树木还未被砍伐变为原木之前，这座森林不产生任何自然收入。但是，在林木长至可砍伐之前的很长一段时间内，该森林的所有者就能确定无疑地“实现”该森林的价值，方法很简单，就是把它卖掉。对他而言，森林在被卖掉时便已经产生了收入。但是，由于买主要发生一笔等额的支出，因此这座森林没有为社会创造任何收益。

对社会而言，一个资本项除了产生自然收入以外，别无其他。即使在其所有权被分割，其部分所有权被买卖的情况下，这项原则也不会发生改变。亚当·斯密认为：出租的房子会带来租金形式的收入，而被房东居住的房子则不会带来任何收入。但是，事实几乎正好相反。两种房子都产生收入，两种收入也属于同类，即都提供栖身服务。对社会而言，被出租房子的“租金”根本不构成收入，因为它虽是房东的收入，却又是租户的支出——因为得到了栖身服务而愿意承受的支出。当房租交易在有关两方之间抵销之后，留存下来的便只有这个栖身服务了，它是该房子的唯一收入。栖身这项收入是房子本质的、持久的收入，没有这项收入就没有房主的租金收入。

同样，铁路最终产生的收入也只是自然收入，即提供货运和客运服务。铁路的所有者为了获得货币收入而出售运输服务，对他而言，铁路只是一台赚钱的机器；但是，对于货主和乘客而言，铁路所有者获得的货币收入则是他们承受的货币支出，两者正好相抵。在铁路的货币收入、顾客的货币支出、运输服务这三项之中，前两项相互抵销而仅剩下第三项，即运输服务，它是铁路对社会收入总额的真正贡献。

于是，我们可以看到，这种成对抵销法在应用于买方和卖方时，将所谓“货币收入”从资本当中全部剥离出去，而仅仅留下资本所能创造的真正收入——自然收入。我们还可以看到，资本并不是一台赚钱的机器，它为社会创造的收入其实是它提供的生产服务、运输服务和使人获得满足感的服务。农场创造的收入是生产庄稼；矿藏创造的收入是生产矿石；工厂创造的收入是将原材料转变成制成品；商业资本创造的收入是将商品从生产者转移到消费者；消费者手中的商品所创造的收入是他们获得的享受或者所谓的“消费”。

类似的原则也适用于“支出”，对于社会而言，支出的任何部分都不是以货币形式存在的。商人们称之为“生产成本”的大量费用或者支出，虽然由货币成本构成，但货币成本也会相互抵销。对于厂商、店商等商家而言，几乎每项支出都是一笔费用，也就是说，包含一次货币支付，用于支付工资、原材料、租金和利息。但是，商家们所有这些支出都构成其他人的收入：工资成为劳动者的收入，原材料支出成为其他厂商的收入，租金成为房东的收入，利息成为债权人的收入。

§6

在计算总收入时，完全抵销掉的不仅仅有交换性交易，资本提供的绝大多数自然服务也是如此。虽说是资本的自然用途，但也是由交互作用（财富的转变或转位）组成的。这些中间阶段只是在为最终对财富的使用或所谓的"消费"提供准备，当交互作用相互抵销后，它们不会作为收入与支出任何一边的项目而被计入社会资产负债表。

在整个生产过程中，具有交互作用的两方财富项或财富组，一方提供的是服务，另一方提供的是负服务，服务与负服务在价值上相等。为了说明服务与负服务完全抵销后的影响，让我们首先以前文提及的森林为例，来考察一下生产的各个阶段。森林的产品，即其总收入，是一系列被称为"原木生产"的活动。原木生产只是一个准备服务，要计入森林的贷方，也要计入其后将进入的锯木厂原木仓库的借方。当锯木厂将原木转化为木料，木料生产要计入木料堆置场的借方，锯木厂在这项转变过程中做出的贡献要计入锯木厂的贷方。

在整个生产过程中，当然会有中间性服务被创造出来。我们可以以同样的方式，继续跟踪接下来发生的财富的转变、转位和转手，直到生产阶段结束，更确切地说，直到不同生产阶段结束；因为这些生产阶段会发生分裂，然后沿不同方向继续发展。在此，我们仅以其中一个方向为研究重点进行阐述。假设从那个木料堆置场流出的木料正被用于修理一个仓库，该仓库用于储存布料，之后布料会从仓库到达裁缝手里，裁缝将布料制成成衣销售给顾客，顾客收到并穿上成衣。在这个生产系列当中，所有中间服务都会“成对”地相互抵销掉，剩下的唯一没有被抵销掉的要素是顾客对衣服的使用。我们也可以形象地将这唯一没有被抵销掉的要素比喻成“服务的最后边际”(final fringe of services)。

然而，如果我们在这个生产系列的早些时候便停止记账，那么，那个没有被抵销掉的边际就不会是为消费者提供的服务，而是中间服务或交互作用的正项。负项是不会出现的，因为它们属于该生产系列之后的阶段。如果我们一个阶段、一个阶段地以数字的形式来呈现，便可一目了然。以下就是上述伐木营的所有者计入账户的各项：

1900 年伐木营的收入账户

收入		支出
原木的生产	$ 50,000	(省略)

从这个账户可以看出，如果我们只考虑伐木营创造的总收入，而不做任何费用上的扣减，那么该伐木营生产了价值 50,000 美元的原木。然而，如果我们把伐木营与锯木厂结合在一起，我们便会得到以下账户(为了避免使问题复杂化的那些不相关的情况，我们

在该账目中不会掺入任何不是有关资本组之间的交互作用所引致的费用)：

1900 年伐木营和锯木厂的收入账户

资本来源	收入		支出	
伐木营	为锯木厂生产原木	$ 50,000		
锯木厂	为木料堆置场生产木料	$ 60,000	从伐木营收到原木	$ 50,000

在这种情况下,我们将两个原木项相互抵销掉之后,便只剩下木料项;也就是说,伐木营和锯木厂一起创造的总收入仅仅是木料的生产,木料的生产是其最终产品。原木从一个部门到另一个部门的转位不再出现。这种转位就像把钱从一个口袋拿出再装进另一个口袋,这一点在将伐木营和锯木厂放在一起统一管理的情况下尤为明显。

如果将同样原则延伸到整个生产系列,我们便可以得到如下账户：

1900 年各个财富项某特定生产系列的收入账户

资本来源	收入		支出	
伐木营	为锯木厂生产原木	$ 50,000		
锯木厂	为木料堆置场生产木料	60,000	从伐木营收到原木	$ 50,000
木料堆置场	为仓库生产木料	70,000	从锯木厂收到木料	60,000
仓库	为布料提供仓储	80,000	从木料堆置场收到木料	70,000
仓库的布料存货	为裁缝提供布料	90,000	为布料提供仓储	80,000
裁缝的布料存货	为顾客生产服装	100,000	从仓库收到布料	90,000
顾客的服装存货	生产“穿着”	110,000	从裁缝收到服装	100,000

应该注意的是:与这些账目相关的那些事件并不是相继发生的,而是“同时发生的”;账户中的所有账目都以一个既定的时间段为参照系;也就是说,我们不是在跟踪原木从最初到后续各个阶段的转变过程,而是在比较各组财富项同时进行的系列生产活动。

如果我们连续地、成对地将账户中相邻两个资本来源左“上”方的项目和右下方的项目抵销，便会发现以下现象：如果在第一次两相抵销之后就停了下来，那么伐木营、锯木厂和木料堆置场创造的净收入仅包括价值70,000美元的供零售用的木料的生产，而不包括原木的转位，也不包括供批发用木料的转位；同样，如果我们接着往下再进行一次两相抵销，也就是说，如果我们在最初的四次交互作用结束时停止两相抵销，那么供零售用木料的生产便不再表现为一个收入要素了；依此类推，一步一步地进行两相抵销，最后唯一存留下来的那一项是对服装的“穿着”。

当然，在任何实际账户中都确实会存在无数其他的项目，而不仅仅是这些以这种简单的链状形式示人的项目。如果有益，我们也可以把这些额外的收入项和支出项加进来。它们当中的大多数要么会包括一个交互作用的正项，要么会包括一个交互作用的负项，如果我们也将与之配对的那一项（即同一交易的反面）加进来的话，则有必要把其他的账目也加进来。如果把所有这些线索都贯彻到底的话，不久就会得到一个错综复杂、相互关联的账目网。但是，具有交互作用的两方会相互抵销的这一原则依然适用。唯一不属于交互作用负项的支出项是主观劳动和艰难困苦，它们最终将作为抵销不掉的支出项而单独保留下来。

§7

“收入由什么构成？”上述表格使我们对这个问题有了认识。但是，这个问题并不十分明确。如果我们不那样问，而是问“‘某一组特定资本'的收入由什么构成?",这个问题就清楚多了。"原木的生产"是收入吗?这取决于看问题的视角。在我们研究的生产系列中,从第一个资本环节(伐木营)来看,"原木的生产"是收入;但是,当我们将最初的两个资本环节结合在一起看时,"原木的生产"就不是收入了,因为在第二个资本环节中,它是作为支出出现的。同样,就前四个资本环节或者资本组而言,"仓库的使用"也是真实收入;但是,当我们将第五个资本环节纳入进来后,"仓库的使用"便不再是收入了。

因此,我们看到,任何资本组创造的收入根本就不是由发生在其内部的"交互作用"构成的,而仅仅是由该资本组完成的最后服务(或边际服务)构成的。随着更多的资本项纳入资本组中来,原先的边际便会消失,因为它们被织进这块"经济"织物的里面去了,但是新的、离最初起点更远的边际也会随之出现。在这种情况下,我们会自然而然地提出这样一些问题:这块经济织物何时能够织完?它最后还有没有边际呢?对于这些问题,我们暂且搁置一边,留待以后探讨。

还有一个问题也没有探讨,这个问题就是:同一账户的收入与支出这两边存在什么样的关系?比方说,同是锯木厂,它在原木上投入的支出与它从木料中获得的收入,这两者间存在着什么样的关系?在上面用作举例的表格中,后者计入的金额多于前者,而如果锯木厂的资本保持不变的话,事实也通常如此。不过,眼下我们关心的不是收入与支出对资本产生的影响,而是收入总和。

§8

这样看来，在说明某种情况下收入由什么构成时，配对法可以大显身手；在说明每一资本项作为收入的来源对收入的贡献各有多少时，余额法又有了用武之地。如果将这两种方法用于刚才这个例子的话，情况如下：

余额法

资本	收入	支出		净收入
伐木营	$ 50,000	……	=	+ $ 50,000
锯木厂	60,000	$ 50,000	=	+ 10,000
木料堆置场	70,000	60,000	=	+ 10,000
仓库	80,000	70,000	=	+ 10,000
仓库的布料存货	90,000	80,000	=	+ 10,000
裁缝的布料存货	100,000	90,000	=	+ 10,000
顾客的服装存货	110,000	100,000	=	+ 10,000
				$ 110,000

配对法

收入	支出
~~50,000~~	
~~60,000~~	~~50,000~~
~~70,000~~	~~60,000~~
~~80,000~~	~~70,000~~
~~90,000~~	~~80,000~~
~~100,000~~	~~90,000~~
110,000	~~100,000~~

这两种方法（即余额法和配对法）虽然视角不同，但显示的结果却一样。通过余额法，我们能够看到财富组中每一财富项分别

对最后的净收入做出了哪部分贡献。通过配对法，我们能够看到整个财富组的财富项创造的净收入是由什么构成的；我们用斜线将具有交互作用的正负项抵销掉后，便只剩下一项——110，000美元，它代表服装的穿着。这两种方法不得混淆。虽然借助于配对法，我们发现110，000美元的净收入完全是由服装的使用构成，但这并不意味着这一净收入完全是因为服装存货而产生的。要想发现净收入究竟因什么产生，必须求助于余额法。于是，我们看到，在净收入中只有10，000美元归因于服装存货，其余的则归因于表格中其他资本项，其中大多数（50，000美元）要归因于伐木营。我们将两种方法产生的结果结合起来之后，便可以做出如下阐述：特定财富组创造的全部净收入由服装的穿着构成，价值110，000美元；在这110，000美元的净收入中，只有一部分要归因于服装存货，另一部分则要“归因于”其他资本。

这两种方法（即余额法和配对法）大体上相当于资本账户中那两种用于抵销资本与负债的方法。需要记住的是：余额法给出了每一财富项贡献的资本量；配对法表明了全部资本是由什么要素构成的。

§9

到目前为止，我们已经跟踪了交互作用导致的相互抵销——无论这些交互作用是属于交换过程还是属于生产过程。不过，对交换过程中的交互作用还需要做进一步思考。既然每次交换都由两笔交易组成，而每笔交易又由贷方和借方两个项目组成，则一次交换显然是共由四个项目构成的，其中两个是贷方项，另外两个是借方项。这四个项目可以以两种方式进行配对，但到目前为止，我们只提及了其中的一种。如下列账户所示，当价值2美元的商品被出售时，这次交换涉及的借方项和贷方项就好像站在一个正方形的四个角落。卖方将商品存货计入贷方，将“现金”计入借方，而买方则正好相反，将“现金”计入贷方，将商品存货计入借方。

	商品存货	现金存货
卖方	+ $2	− $2
买方	− $2	+ $2

任何交换都可能分解成两次转手，在上表中由两列表示出来。而一次交换又可以分解成两对项目，在上表中由两行表示。同一行的项目记录了交换双方中任何一方参与的交换，其中一对项目构成了交换一方的交易，剩下一对项目构成交换另一方的交易。尽管“交易”一词在平常使用中有些含混不清，但用于表达参与交易的双方中的一方在交易中的份额却似乎非常适宜。

因此，每一次交换是由四个项目组成的，每一次交换可以分解成两次转手（针对每项被交换的产权），也可以分解成两项交易（针对每位交换者）。第一种分解过程我们已经研究过了；现在我们来研究第二种分解过程，并进入“复式记账”这一主题。

“复式记账”指的是对与某人有关的每项具有两面性的事件进行记录，而不论该事件是那人与他人的一笔交易，还是那人所有的不同资本类别间的一次交互作用。我们可以通过一个法人的例子来完美地诠释“复式记账”。以下账户呈现了某干货公司某年的账目情况。在这个账户中，我们可以观察到，收入一边的每个项目与支出一边的项目数值相等，但一边是正项，另一边是负项，因此两边总是平衡的。所有这样配上对的项目都由同样的字母表示出来，大写字母代表正项，小写字母代表负项。

干货公司 1906 年的收入与支出

资本来源	收入		支出	
商品存货	通过商品销售	$ 10,000 A	给购入商品	$ 5,000 c
			给销售工作	1,500 h
			给仓储	1,000 g
现金	通过现金支出		给销售收入	$ 10,000 a
	用于：			
	房租	$ 1,200 B		
	采购	5,000 C		
	工资	1,600 D		
	利息支出	800 E		
	利润	2,000 F		
店面租金	通过仓储服务	$ 1,000 G	给已付租金	$ 1,200 b
员工的权利与义务	通过员工工作	$ 1,500 H	给员工雇用	$ 1,600 d
债务准备			给已付利息	$ 800 e
资本存量			给已付利润	$ 2,000 f

我们来思考这个公司资本来源的第一项——商品存货。商品存货通过商品销售为公司创造了毛收入，合计 10,000 美元(A)。当这笔收入被放入钱箱时，现金存量的借方被计入 10,000 美元(a)。相反，支付房租时，店面租金的借方被计入 1,200 美元(b)，同时现金存量因为提供了这笔资金而创造了收入，所以其贷方被记入 1,200 美元(B)。同样，所有涉及现金支付或现金收取的交易，均被计入现金的某一边，同时也被计入某个其他资本来源相反

的一边。被称为“员工的权利与义务”的这项资本来源提供了一定数量的销售工作及其他服务，这些工作和服务被估价为1,500美元，因此，“员工的权利与义务”这一资本来源的贷方被计入1,500美元(H)，但同时这笔钱(h)也被计入商品存货的借方，因为商品存货要想被销售出去离不开员工的销售工作与服务。员工也可能提供店面清洁服务，于是这一服务要被计入商店的借方；员工还可能对其他某个资本项提供服务，那么这一服务也要被计入那个资本项的借方；无论如何，员工提供的服务都必须被计入某个资本名头或某些资本名头的借方。

我们可以看到：在构成收入或支出来源的资本项中，还包括公司债券和公司股票这两项。公司债券吸纳了现金账户中用于支付利息的800美元，而公司股票(对公司盈余的权利)则吸纳了现金账户中所有已决定被用于发放红利的现金盈余。

这样一个法人账户的收入与支出两边必然是平衡的。不平衡是不可能的，即便该公司将自己实现的利润用于资本积累而不是用于红利发放；这是因为，正如我们已经看到的那样，用于资本积累的这笔资金会被计入现金账户的借方。

在会计实践中，这些项目通常会有所简化。一般来说，我们没有必要将仓库用于仓储的“使用”价值同仓库的仓储“费用”区别开来而对前者进行专门估价，也没有必要将员工完成的“工作”价值同支付给他们的“工资”区别开来而对前者进行专门估价。但是，在上述账户中，我们有意地将它们区别开来了：将仓储收益估价为1,000美元，尽管为此支付的租金是1,200美元；将员工完成的工作估价为1,500美元，尽管他们的工资是1,600美元。假如我们不是如此，而是以仓库租金的数额来估计仓库仓储的收益，以员工工资的数额来估计员工工作的价值，那么我们的账户就会包括四个1,200美元的项目和四个1,600美元的项目。这些项目会发生两两抵销，即“仓储服务”（G和g）和“员工工作”（H和h），在会计实践中通常也是如此。如果我们把这些成对评估的项目省略掉，便只剩下一些现金交易了，而这些现金交易还可以进一步得到简化，方法是：将房租（b）和工资（d）置于“商品存货”这项名头之下，从而抵销掉“仓库租金”和“员工的权利与义务”这两个资本类别。换言之，我们直接向被储存、被照管的商品收取租金和工资，而不是像上表那样，向“仓储服务”和“销售工作”收取租金和工资。容易看到，由此而产生的账户便是日常簿记中所采用的账户。有些时候，记账记得详尽一些也是必要的，例如，当那些非常古老的租契（如同某些在伦敦依然生效的租契），和被赋予的收益相比，只需要交一笔名义上的租金时。

§10

然而，在自然人的账户中，收入与支出两边是无法平衡的，因为自然人的账户不只由复式账目构成。为了说明这一点，让我们回忆一下曾经在第八章里研究过的那位律师的账目。下表再现了那些账目，但对其中某些项目做了进一步细化。

在律师的账目中，我们也像之前干货公司的账目一样，用类似的字母标示出分别被计入收入与支出两边的那些类似的项目，即正项用大写字母标示出来，负项用小写字母标示出来。我们可以观察到，与干货公司的账目相同的是，律师的账目中有许多也是“成对”出现的；而与干货公司的账目不同的是，律师的账目中有一些“配不成对”的剩余项。我们把代表这些项目的字母放在方括号里标示出来：[B]、[C]、[D]、[O]分别代表房屋的遮风避雨、家具的使用、食品的消耗，以及衣服的穿着和珠宝的佩戴，凡此种种，它们构成一种没有在账户的其他地方表现为支出的收入。

律师的收入与支出

资本来源	收入		支出	
股票和债券	从股票和债券获得的款项	$ 2,000 A	用于投资的资金	$ 500 e
租约权利	遮风避雨	$ 100 [B]	用于支付房租的资金	$ 100 f
家具	家具的使用	$ 50 [C]	用于维修费用的资金	$ 30 g
食品	食品的消耗	$ 150 [D]	用于食品费用的资金	$ 50 h
			仆人的服务	100 l
“现金”	用于支付债券	$ 500 E	从股票和债券中获得的资金	$ 2,000 a
	用于支付房租	100 F	从法律从业中获得的资金	2,000 n
	用于支付家具维修	30 G		
	用于支付食品	50 H		
	用于支付仆人工资	100 I		
	用于支付员工的雇用	500 J		
	用于支付“其他项”	2,500 K		
仆人合约	提供食品方面的服务	$ 100 L	用于支付工资的资金	$ 100 i
雇员合约	提供个人服务	$ 500 M	员工的雇用	$ 500 j
自己	从业费用	$ 2,000 N	员工的协助	$ 500 m
其他	衣服的穿着、珠宝的佩戴、剧院的利用及其他直接使用	$ 2,500 [O]	用于支付服装等费用的资金	$ 2,500 k

小结		
小结	房屋的遮风避雨	$ 100
	家具的使用	50
	食品的消耗	150
	“其他项”的使用	2,500
	净收入	$ 2,800

§11

在研究木料堆置场的生产性服务链等“工具”的账目时，我们发现，资本这部机器生产出来的收入中总是有一些抵销不掉的收入边际。现在，在研究“人”（必须是自然人，而不能是法人）的账户时，我们也已经到了要研究这种收入边际的地步了。这种边际就是经济学通常所说的“消费”。其他一切服务在从一类资本传递到另一类资本的过程中不过是在为这种消费做准备。所以，投资创造的收入存进银行后，便成为银行账户的支出；银行账户用于支付股票、债券、食品的开支后，便创造了收入，但在股票、债券、食品这些资本类别或其他某些资本类别之中，银行账户创造的收入则是这些资本类别引致的支出，从而计入它们的支出项下。因此，在这些中间或准备性过程中，某些资本类别的收入同时是其他资本类别的支出。在所有这些情况下，我们所研究那个“人”的收入同时也都是其他资本类别的支出。只有在这个“人”消费食品、穿着衣服或者使用家具时，他才得到了收入。

我们已经涉及的这个收入边际是否就是最后的收入边际呢？或者说，我们是否必须继续往下研究而只将刚刚提到的最后服务视为人的身外之财与自己身体之间发生的交互作用呢？到目前为止，这个问题依然没有得到回答。我们将在下一章对这个问题进行探讨。现在，我们不妨就此止步，姑且满足于把服务链就延伸到获得它们的人的那一阶段。

第十章　精神收入

§1

在前一章中，我们把收入延展到的那个阶段，可称为最终的客观服务阶段。换言之，那是客观世界的财富最后作用于获得收入的人的阶段。这种最终收入就是经济学家孜孜以求在探究的收入，也是统计学通常表示的工人的预算收入。从已经述及的内容来看，很显然，在最终的这笔净收入中，外部财富项之间的所有交互作用都已经退出了。在所有生产性转变（如矿业、农业以及工业的生产活动）、所有运输业务、所有商业交易或交换中，借方项和贷方项必然成对出现，它们数值相等，一个为正，一个为负。两两抵销后仅存下来的那些项目是个人最终对财富的使用，通常被称为"消费"，不过，还是让我们将它们称为"令人愉悦的客观服务"（enjoyable objective services）吧。令人愉悦的客观服务主要有以下几种：营养服务、住房与保暖服务、服装与个人装饰品服务、个人护理服务、娱乐服务、教学服务与消遣服务、满足虚荣心服务。

§2

我们不能就此止步，仅停留在这种客观收入阶段，这一点经济学家也常常是认可的。[①]在整个过程完成之前，还需要经历一个步骤——主观满足感的获得。实际上，除了为获得主观满足感做好准备以外，客观服务毫无重要性可言。

最终的"主观"服务是通过人的身体完成的。身体之外的任何人或事都不能提供这种服务，而只能对人的身体产生刺激作用。即便是娱乐服务或者教育服务，也不能直接娱乐或者教育人的心灵，而只能对人的身体产生影响。例如，富于教育意义的书籍只有将光线反射进读者的眼睛里才能提供服务，也就是说，只有让人的视觉神经先得到刺激，再将其传输到人的神经系统，书籍对人的精神才能发挥教导作用。同样，钢琴本身并不能使人对音调产生任何感觉，它只能先通过外部振动，再借助于人的耳朵和听觉神经，才能使人对音调产生愉悦感。听觉、视觉、味觉、嗅觉、触觉无一例外都是通过人的神经系统对外部刺激做出的反应而引发的。一个洗完蒸汽浴的人已经获得了客观愉悦收入，但是，如果我们把这个洗浴者本人也作为资本来对待的话，那么我们在把水、毛巾、侍者等提供的所有服务计入它们各自的贷方的同时，也必须将其服务计入该浴者的借方。水、毛巾、侍者提供的服务仅仅在于使这个浴者的皮肤得到了清洗与刺激。这些服务是这个浴者的身体从外界

① 参见费特，《经济学原理》，纽约，1904年，第六章。

获得的收入，只有他的身体获得了健康，精神才能在以后体验到愉悦感或者避免不愉悦感。同样，服装和住所的使用使人不再感到寒冷，但是，它们提供的即时客观服务也仅仅在于阻止热量从人体内散发出去。就人的身体而言，它们是负服务，这就像对马匹的照料与保养一样——对马匹来说，照料与保养便是负服务。

从客体的视角来看，服药可以被视为收入的一部分，这同食品、服装以及其他普通物品的使用一样。但是，药品提供的服务显然是（或者说应该是）对身体的修复，因此，尽管被计入药品的贷方，它也应该被计入身体的借方，这就如同木匠提供的服务既被计入他的贷方，也被计入他所修理的房子的借方一样。所以，牙医提供的服务，非但没有创造任何即时满足感，反倒在治疗的当时产生了完全相反的结果，不过这也使得患者的牙齿能够在日后提供更好的服务。牙医的服务被计入自己的贷方，但也被计入患者身体的借方。对食品的“消费”或食用，虽然是食品提供的服务，但也是身体引致的负服务，因为食品与身体的关系同燃料与火炉、维修与房子的关系是一样的。食品创造的最终收入由两部分组成：一是食欲上获得的主观满足感，二是进食后身体能够为精神创造的其他满足感。因此，食品创造的最终收入不仅包括味觉上立即获得的满足感，还包括精神上日后促成的愉悦感或者避免掉的不愉悦感。换言之，食品消费，通过保持健康、维持生命，使身体能够在未来为精神生产更优质、更持久的收入，正如对房屋的维修能够使房屋在此之后提供更持久的遮风避雨作用一样。

§ 3

凡此种种的例子表明，如果我们把身体也当作一个转变工具而纳入生产过程，那么当我们将那些身外之物（如食品、服装、住所、家具、装饰品等，它们就好像对人的感觉系统进行了狂轰滥炸）提供的服务计入它们各自贷方的同时，也必须将这些服务记入身体的借方。在这种情况下，当我们将这些等值的借方项和贷方项抵销后，唯一留存下来的那些贷方项便是在人的精神中产生的最终满足感。换言之，若要使外部世界对人有影响，人的身体必须被视为最后的转变工具。正如服务在经过农场、磨坊和面包房的过程中会逐渐发生一次次转变一样，服务在人自己的身体内部还要发生最后一次转变。人的身体也是一种工厂，这个工厂生产出的产品便是其消费者获得的那唯一没有被抵销掉的最终收入。纵观整个生产过程，人类这部机器和那些在生产前期处理小麦的机器没有什么不同，我们可以一视同仁地对待。

因此，一旦我们把会计记账应用于服务接受者的身体，所有的客观收入便被一笔勾销了。一时间，构成收入的那些服务全部踪迹皆无，就好像把自己对收入的贡献全部注入人的身体里面了，但是，直到它们出现在人的意识流里，人才能获得那最终的满足感。

那么，我们就把主观收入定义为人的意识流好了。人有意识的一生，从出生到死亡，构成了人的主观收入。感觉、思想、情感、意愿以及所有心理活动，其实都是这种收入流的组成部分。所有有意识的合意体验都构成收入的正项或者服务，所有有意识的不合意的体验则构成收入的负项或者负服务。我们还特别而明确地避免了将主观收入表述为由愉悦感构成或者由愉悦感减去痛苦感构成。经济学家对这些词语的使用过于轻率，也常常因此而卷入与心理学家的无益之争中。我们还是不要卷入为妙，姑且安于现状，就简单地表述如下：合意的主观事件都构成服务，不合意的主观事件都构成负服务。这种表述不仅与当初给服务与负服务所下的定义相符合，又不会使我们为关于愉悦与痛苦的心理学理论承担任何责任。某些心理学家坚持认为，对于苦行修道者而言，痛苦几乎可以等同于愉悦。①

在这场关于精神与身体关系的争端中，没有必要偏袒哪一方。我们关心的不是原因与结果，而是工具与目的；无论造成各种精神状态的原因是什么，人的身体都必然在其中充当工具这个角色，只有借助于身体这个工具，从外部财富汲取的利益最终才能够传达到身体所有者的意识里。

§4

这两类最终收入，即物质收入和精神收入（或心理收入，psychic income），或者客观收入和主观收入，在其适当的领域内都是

① 例如，关于圣心修女会的创始人，我们读到过这样对她的描述："她对痛苦和苦难的挚爱如饥似渴……'除了痛苦什么也不能支撑我的生命'，她在信中不停地说。"鲍甘，《玛格丽特·玛丽的祝福》，巴黎，1894 年，第 171 页和 265 页，另见第 386 页和 387 页。引自威廉·詹姆斯，《宗教经验之种种》，1902 年，第 310 页。

合理的。通常说来，物质收入和精神收入在价值上是相等的。我们可以大抵认为，生产了价值 10 美分服务的面包也提供了价值 10 美分的即时满足感。当某个人欣赏了一场价值 1 美元的音乐会时，我们既可以说那些音乐家创造了价值 1 美元的音乐感受，也可以说这些音乐感受在这个人的精神世界中产生了价值 1 美元的共鸣。一般说来，人们为房屋支付的房租可以用来衡量人们从住房中获得的主观舒适感。

尽管如此，主观收入和客观收入在估值上还是存在几点不同的，其中三点十分有必要强调一下。

第一，在身体内进行的转变需要耗费很长时间的情况下，这两类收入的价值不相当。例如，学徒为入行做准备时要接受师傅的指点，这种指点是师傅对徒弟提供的服务，为的是使徒弟在若干年之后能够凭借这个手艺增强赚钱能力。可以说，做学徒是学徒对身体进行的一项投资，这项投资以后会连本带利地收回，正如种果树是对果树进行的一项投资一样，这项投资在若干年以后会收获果实。在种果树的时候并没有创造出任何净收入，因为这项工作在计入种树者贷方的同时，也计入了果树的借方；只有当果树在若干年后结出了果实或生产出其他产品之时，才能从种果树中获得回报。同样，带徒弟这项工作既要计入师傅的贷方，也要计入学徒身体的借方；直到学徒学到的知识产生了预期的结果，学徒才能在精神上获得最终满足感。只有在包括了主观收入的完整会计记账中，所有这一切才能得到如实的记录。

同样的原则也适用于任何以职业为目的的培训或教育。当一位年轻人在学习法律、医学、新闻、音乐或者在为其他职业做准备的时候，这位年轻人就是在对自己进行投资，为的是最终能够连本带利地得到投资回报。锻炼身体也是如此。许多成功人士都和罗斯福总统一样，年轻时就能看出强健体魄是一种具有远见卓识的正确选择，也因此在成年后提高了自己的生产力。

§5

第二，对具有特殊满意度或特殊厌恶感的职业而言，主观收入与客观收入的价值不一致。这类职业在精神收入中提供的回报与在客观收入中提供的回报迥然不同。在劳动条件相差悬殊的职业里，这种情况比比皆是。严格地说，客观收入并没有将劳动者的辛劳考虑在内。每天赚2美元的工人和每天赚1美元的工人相比，前者的客观收入是后者的两倍。然而，如果前者从事的工作难以驾驭，或者令人生厌，或者存在危险，那么很多人可能宁愿减少自己的名义收入，也不愿去忍受那些不利的工作条件。对此，经济学家往往困惑不解，便提出以下这些问题：对于那些令人生厌的行当，如刽子手一行，是否应该给予补贴呢？工人辛苦一年才能赚到500美元的血汗钱，而资本家毫不费力就能从股票与债券中获利500美元，两人付出迥异而收入却相同，这公平吗？现在，这些问题的答案已经十分明了了：就客观收入而言，不应支付任何补贴。也就是说，给予劳动者的回报要按毛收入而非净收入来算，因此没有必要因为所谓的“精神痛苦”或痛苦感受而做出扣减。客观收入止步于劳动者的身体门槛，它没有跨越这一门槛而将身体传递给

精神的东西包括进去。[①]

但是，我们可以通过进一步计算主观收入，来避免常规统计中那些显失公平的比较，即比较资本家的收入和劳工的收入，比较从事困难工作的劳工的收入和从事轻松工作的劳工的收入。要想获得某人的净收入，必须从他的主观满足感中减去他为完成工作而付出的主观努力。每天收入 2 美元的劳工可能为此付出了更多的努力，以至于从中扣减 1.5 美元也是合情合理的；相比而言，每天收入 1 美元的劳工可能就只需扣减 25 美分就可以了。这样，名义工资 2 美元的劳工每天只会得到价值 50 美分的净收入，而名义工资 1 美元的劳工每天会得到价值 75 美分的净收入。再如，在比较资本家和劳工的净收入时，我们认为那个每年收入 500 美元、为工作付出的努力的价值估计在 250 美元的劳工，只得到资本家收入的一半，因为资本家在这一期间获得了价值达 500 美元的红利和利息，却并没有为此付出任何努力。

或许你要问，怎么可能对劳动的价值做出估计呢？从实践或统计的角度来看，对劳动的价值进行估计虽说不是不可能，但也确实困难重重。不过，某些数据还是可以获得的。佣人在找工作的时候不仅会询问薪水情况，也会询问工作的难易程度，而且，他们

① 正如我们用作示例的账户所暗示的那样，人的身体为客观收入做出贡献的唯一途径是通过他对外部物件完成的工作，他希望通过他的工作使这些外部物件反过来为他提供服务。因此，客观收入包括了他通过身体付出的努力而取得的所有结果，甚至包括那些经由外部媒介又回到他身体中的满足感。例如，农民首先播种下小麦，待麦子成熟后将其卖掉，以此换得了收入。这位农民提供的服务启动了一个迂回的过程，这一过程从他自己的身体开始，依次经历农场、农作物、麦子、麦子的销售收入、用销售收入买回的那些令人愉悦的商品，最终又以他自己的身体结束，因为那些商品是为他的身体服务的。

只有在薪水肯定增加的条件下，才愿意承担额外的工作或令人生厌的工作。在这种情况下，我们便可以说，为了让劳工答应承担这种工作而必须增加的薪水，就代表着在他主观上认为工作难度增加了多少。同样，如果一位政府雇员什么时候选择拿半薪退休都可以，那么在他决定退休的那一刻，我们就可以认为他将自己工作的难度估算为等于他工薪的一半。

我们通常可以认为，对工作中那些令人厌恶的成分进行估值的正确方法是：从从业者的毛收入中扣减该从业者为避免那些令人厌恶的成分而愿意放弃的金额（如果他可以这么做的话）。也就是说，他应该在头脑中想象出另一种工作条件，这种工作条件和他的实际工作条件基本相同，仅在两个细节上有所不同：第一，在这种工作条件下工作没有劳苦或者辛苦；第二，在这种工作条件下工作，一定数额的收入或回报被剥夺了。例如，如果这个从业者每天工作 8 小时并获得 2 美元的日薪，如果他认为这份工作同没有劳苦但日薪 1.5 美元的工作基本相当的话，那么，他实际上已经对他工作中令人厌恶的成分做出了每天 50 美分的扣减。

§ 6

研究至此，我们来强调下面这个十分重要却不易理解的要点就容易得多了，即绝大多数所谓的“生产成本”，在最后的分析中并不是成本。在使用配对的过程中，我们已经发现，每个客观成本项同时也是一个客观收入项，因此，最终加总之后，“没有任何客观支出项能够在抵销之后依然留存下来”。无论记账工作是止步于身体门槛之外而只记录客观收入，还是延伸至身体门槛之内而记录下精神收入，这一原则都是成立的。有些学者习惯于以“生产成本”是基本而首要的成本为假设，在此假设的基础上构建政治经济学理论，这些学者最好认真反思一下上述命题。它意味着，“对生产过程进行全面审视之后，客观意义上的生产成本根本就不存在”。通常所谓的成本，对于某些账户来说是成本；对于另一些账户来说却始终是收入。例如，原材料成本便是如此。生产面包需要耗费面粉，对于面包师来说，面粉就是成本；但是，对磨坊主来说，面粉则是收入。工资成本亦是如此。雇主将薪金视为生产成本，而劳工则将其视为收入。

所有客观成本也总是客观收入，因而会在最后加总时相互抵销掉。对这个事实的描述偶见于书端，尤其是关于土地和利息的论著，但是，书中涉及的观点却总是变化不定。对于房租是否应计入生产成本这个问题，学者们争论已久，但依然没有定论。对此做否定回答的不在少数。[①]欧根·冯·庞巴维克也坚持认为，利息不是生产成本的构成要素。从已经论及的内容中明显可以看出，房租和利息的支付，尽管对于支付者来说是成本，但对于接收者来说却是收入。客观社会总收入完全是由“正项”构成的，如食品和家具的使用，房屋提供的遮风避雨作用，以及财富提供的其他直接服务。在社会收入账户中，任何以“生产成本”的形式存留下来的负项都是不存在的。

---

① 参见杰文斯在《政治经济理论》（第三版，1888 年，第 xlvii 页）一书前言中有趣的评论。

但是，当我们转而研究主观收入的时候，会发现情况有些不同。在把人的身体作为既受外部世界作用、又作用于自身内部意识世界的资本项包括进来的时候，我们不仅将那未被抵销的服务边际又向前推进了一步，还从食品、服装、家具、住所等的使用中获得了作为净收入的主观满足感，但我们也发现，有必要把人类为了增加这些满足感而付出的主观努力也包括进来。

现在回到那位律师的收入账户中去看看吧。我们发现，他的净收入由价值 100 美元的房屋使用、价值 50 美元的家具使用、价值 150 美元的食品使用以及价值 2,500 美元的其他财富使用组成，合计 2,800 美元。但是，如果把律师本人也作为资本项而纳入账户中来，则除了要计入之前所有的收入项以外，还必须计入以下各项：

资本来源	收入		支出
自身	从住所中获得的“*满足感*”	$ 100［P］	住所 $ 100 b
	从家具使用中获得的“*满足感*”	50［Q］	家具使用 50 c
	从食物食用中获得的“*满足感*”	150［R］	食品食用 150 d
	从其他物品使用中获得的“*满足感*”	2,500［S］	其他使用 2,500 o
			“*劳动付出*”500［t］

在增加的这些项目中，有些是主观的，有些是客观的；前者以斜体加双引号区别出来。显然，在这里被计入律师借方的那些客观项目，在第九章第 10 节给出的账户里都对应有等值的正项。这些相同的项目在那里被计入贷方，构成最终“客观”收入中“没有抵销掉的边际”，并分别以［B］、［C］、［D］、［O］标示出来。然而，现在，在引入新项目之后，它们便与以 b、c、d、o 标示出来的借方项抵

销掉了;但是,又有一个未被抵销的边际出现了,即以[P]、[Q]、[R]、[S]标示出来的项目,它们都是主观项。为方便起见,我们将这些项目作为客观项时的价值计入其作为主观项时的价值。因此,它们的总额也是2,800美元。但是,除了这些主观收入项,这里还出现了一个主观成本项——价值500美元的劳动付出[t],用以表示该律师在工作中付出的个人劳动和辛苦。因此,该律师的主观净收入只有2,300美元,并不等于他的客观收入2,800美元。

所以,当我们的研究达到最后这个阶段时,我们发现唯一的最终成本项是劳动成本,也许"劳动"一词本身不够宽泛,那么,我们可以采用以下这些表达方法:劳苦、焦虑、麻烦、困扰及其他所有为获得合意主观体验而必须经历的不合意主观体验。[①]因此,从某种意义上说,社会主义者所说的"劳动是唯一真实的生产成本"是非常正确的,尽管他们从这一命题中演绎出来的某些结论是不合理的。

§ 7

第三,主观收入和客观收入之间的差别还可以归因于以下这个事实:某些合意的体验和不合意的体验是直接由身体本身的特性造成的。我们的"主观"收入在很大程度上取决于我们的健康状

---

① 在这里最好强调一下工作与劳动的区别,J. B. 克拉克(J. B. Clark)教授曾经对此做过精辟的诠释:所完成的工作由所提供的服务构成,因此是正值;劳动由提供那些服务而付出的努力构成,因此是负值。工作是客观的,劳动是主观的。严格地说,雇主支付给员工的不是劳动报酬,而是工作报酬。

况。与体质差的人相比，体质好的人拥有更加合意的意识流或者更加合意的主观收入。这时，在完整的收入支出账户中，疾病造成的痛苦和磨难也找到了一席之地。如果一个百万富翁承认自己愿意倾尽所有来换取一个年轻而健壮的身体，那么他所得到的恐怕只是大笔的客观收入，他所享受到的主观收入可能还不如不名一文的沃尔特·惠特曼(Walt Whitman)* 享受到的多。

长久以来，经济学家一直致力于客观收入方面的研究，不过，这种收入只是一种肤浅的经济现象，真正应该受到重视的是主观收入。健康的体魄是获得并享受外部财富提供的收入所必不可少的要件。当我们这样思考问题的时候，主观收入的重要性便显而易见了。一味寻求所谓的财富而失去了健康的目光短浅之人，用不了多久就得倾尽财富来换取健康；我们只需去科罗拉多州和加利福尼亚州的疗养胜地看看，这种商人的数量一定会让我们叹为观止的。经济学家将注意力完全放在物质收入上的结果是把人的生命力这一最基本的要素排除在社会收入账户之外。然而，真正的“国家财富”其实是该国国民拥有的健康体魄。一个由孱弱、多病、短命的国民组成的国家和一个由强壮、健康、长寿的国民组成的国家相比，前者是贫穷的。正因为如此，相比于许多通常含有“财富”之意的奢华却使人衰弱的设施，旨在增强人类的工作能力和享受能力的现代保健设施、公共卫生设施和预防医学才具有更

* 惠特曼(1810－1892年)，美国思想家、文学家、诗人、新闻工作者和随笔作家，生于一个木匠家庭。儿童时代在布鲁克林度过，因家庭生活拮据，12岁时即离开学校。做过许多工作，其中包括撰写和编辑刊物。其诗集《草叶集》是美国文学史上的里程碑。——译者注

加重大的经济意义。

因此，我们看到，主观收入所指的就是人类一切有意识的生活体验，而其中的每一项体验又都要“借助于”体验者的身体才能得来。

§8

供其他可量化指标使用的计量原则同样适用于对计入精神收入的项目进行计量。首先，所有同类的精神收入项目可以通过简单加总来计量；其次，如果可能，可以像对客观收入那样对精神收入进行货币化估值。进行货币化估值时，有关个人只需回答以下这个问题：他愿意为外部财富（如一盒糖果或一支雪茄）提供的精神享受支付多少货币？如果某种精神享受无法同某种可以购买到的商品联系在一起，那就有必要假想一次交换，即便在现实生活中不可能存在这种交换。

到目前为止，我们已经采用配对法为某个资本项或资本组和某个个人乃至全社会的全部资本品编制了收支平衡表。收支相抵后的结果必然使我们将精神收入视为最终收入，于是我们将所有合意的项目计入贷方，将所有不合意的项目计入借方。虽然如此，配对法也使我们能够在任意一个更早一些的地方就停下来。在那些既合乎逻辑又方便我们停下来的地方中，一个是最终客观收入，另一个是我们所熟悉的个人“货币收入”，也就是说，个人从所有资本来源获得的货币收入减去他在这些资本来源上耗费的货币支出，这种“货币收入”只存在于高度发达的文明社会，如西欧和美国。通过这三种方法计算出来的个人收入往往十分相似，尽管它们的理论（甚或实践）意义相去甚远。我们只要理解了收入主要有三大种类、明白了这三大种类收入之间的关系，就可以灵活自如地对号入座，将任何一种收入运用在适当的位置上。但是，如果我们对其中另外两大种类的收入没有最起码的认识的话，我们也不大可能对其中任何一种收入有真正的领会。

§9

考察完收入项的求和问题，我们可以稍事休息，对收入项进行一下分类。收入项可以自然地分成三类。第一类包括那些为正（而不为负）的收入项，即主观收入中的合意精神体验，正如我们已经看到的那样，这些合意的精神体验是最后唯一没有被抵销掉的正项。第二类包括那些为负（不为正）的收入项，即主观收入中的不合意精神体验，这些精神体验又可以进一步分成两类：(1)为了获得收入而通过客观渠道引致的劳苦和麻烦，换言之，生产者付出的辛苦工作；(2)由非正常的身体状态在人的意识中引致的不合意精神体验，如痛苦和疾病，它们不是生产者为了在未来获得收入而自愿付出的辛苦。第三类包括我们称之为交互作用的收入项，根据视角的不同，它们既可为正又可为负。前两类完全是主观收入项，第三类完全是客观收入项。第三类的交互作用，不仅构成了被计入收入账户的项目中的绝大多数，还涵盖了实际簿记中计入的所有项目。第三类收入项也可以进一步分为两类：(1)在人的身体以外发生的交互作用；(2)在外部财富和人的身体之间发生的交互

作用，或称“最终客观服务”。图 10－1 呈现出进一步细化后的分类结果：

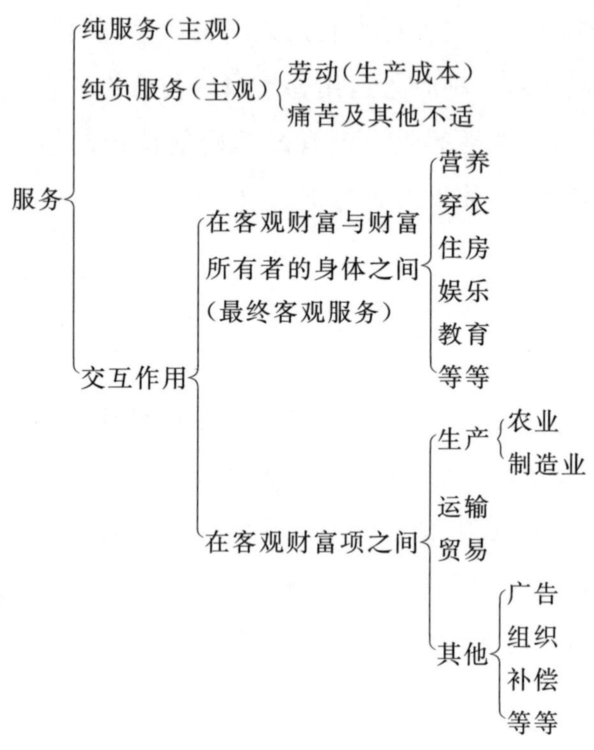

图 10－1

第三部分

资本和收入

第十一章　四种收入—资本比率
第十二章　利率的概念
第十三章　资本价值
第十四章　赚得与收入
第十五章　资本和收入的账户
第十六章　风险因素

第十一章　四种收入—资本比率

§1

到目前为止，我们已经了解了资本和收入是什么，以及如何对二者进行测度或计量。我们看到，资本并不局限于财富的特定部分或种类，它适用于某一时刻存在的任何或所有财富，它要么是那种财富的产权，要么是那种财富的价值或产权的价值。我们也看到，收入并不局限于货币收入，它既不是商品流的组成物，亦不是商品和服务的混合体，我们未必能够定期地收到收入，也未必做到使资本丝毫无损；收入仅由财富提供的服务组成，同资本类似，收入既可以由所提供服务的数量来计量，也可以由所提供服务的价值来计量。在对资本的价值和收入的价值求和的过程中，抵销正项和负项的方法有两种，分别称为余额法和配对法。通过余额法，我们将任何一个账户中的负项从同一账户中的正项中减掉，相减之后的余额表明了那个账户核算出的净资本（或者净收入，具体视情况而定），不论这个净资本（或净收入）是属于某个所有者的，还是属于某个资本项或资本组的。而配对法之所以能够将正负项抵销掉是建立在以下这一事实的基础上的：就资本而言，每项债务关

系既有一个贷方，同时又有一个借方；就收入而言，每项交互作用既是一项服务，同时也是一项负服务。

我们观察到，如果将配对法执行到底，就能够揭示出资本和收入最终的构成。我们看到，将配对法用于资本账户时，对资本求和后，股票和债券等部分产权便一项一项地被抵销掉了，最终留存下来的净资本是某个团体以物质形式存在的资本财富；将配对法用于收入账户时，对收入求和后，所有涉及的交互作用便一项一项地被抵销掉了，最终留存下来的是一个没有抵销掉的服务边际和负服务边际。如果将这一方法尽可能地用在客观服务领域，那留下来的便只是客观财富提供的直接服务或者最终服务，因为它们影响的只是人的身体；但是，如果将这一方法继续向前推进一步，那么留存下来则是人类意识中的合意体验和不合意体验，这种体验即为最终收入。作为研究结果，我们发现所谓的生产成本从来就没有作为客观收入流的一个要素而存在过，唯一的生产成本只是人们在生产过程中付出的主观劳动和承受的艰辛。

我们已经看到，资本和收入在许多方面都很相似，两者密切相关；所有资本都产生收入，所有收入都源于资本——至少当“资本”一词被用于广义（即包括人类在内）时。因此，尽管有人错误地认为这种说法需要加上限制条件并只适用于特定类型的财富，但是经济学家津津乐道的那个古老命题——资本是产生收入的财富——却是正确的。

§2

既然资本和收入的关系如此密切，那么，二者之间到底有什么关系？我们有必要对此进行详细的研究。资本和收入间的主要关系可以由四个比率来代表。正如我们已经看到的那样，资本和收入二者都既可以用数量来计量，也可以用价值来计量。因此，根据具体采用的计量方式，收入与其载体资本间也就自然会表现出四种不同形式的关系，即收入与资本的四个比率：

(1)物质生产率：单位时间内服务"数量"与提供这些服务的资本"数量"的比率，可以被称为资本的"物质生产率"(physical productivity)。因此，如果10英亩土地在某一年度内生产出60蒲式耳小麦，那么收入与资本的比率便可以表示为每年每英亩6蒲式耳。这也是这块土地的物质生产率。同样，如果10台织布机在一天内织出500码布，那么服务与资本的比率或者织布机的物质生产率就是每天每台50码。

(2)价值生产率：资本创造的收入"价值"与资本"数量"的比率，可以被称为资本的"价值生产率"(value productivity)。因此，如果10英亩土地在某一年度内创造的净收益价值为200美元，那么这块土地的价值生产率就是每年每英亩20美元。这也是我们通常所说的"地租"。"房租"或者其他资本项的租金也是这样得出的。再者便是劳动者的"薪金"。

(3)物质收益率：资本提供的服务"数量"与资本"价值"的比率，可以被称为"物质收益率"(physical return)。因此，如果价值

100美元的资本投到农耕器具上会使土地增产1蒲式耳，那么这项资本的物质收益率便是每年每投入1美元增产$\frac{1}{100}$蒲式耳。在古典经济学中，物质收益率涵盖在土地的资本投入“剂量”(doze)主题之下，古典经济学专业的学生对这个概念非常熟悉。

(4)价值收益率：服务“价值”与提供服务的资本“价值”的比率，可以被称作“价值收益率”(value return)。因此，如果一座价值10,000美元的房子在某一年度内产生了1,000美元的净租金，那么，这座房子的价值收益率便是每年10%。显然，“利息率”也是一种价值收益率。

这样，我们就得到了四个比率：

1.单位时间内服务的数量/资本的数量=物质生产率。

2.单位时间内服务的价值/资本的数量=价值生产率。

3.单位时间内服务的数量/资本的价值=物质收益率。

4.单位时间内服务的价值/资本的价值=价值收益率。

必须仔细区分这四个量值。如数学家所言，它们属于四种不同的“量度”。[①]以下四个颇具典型的短语便可以说明这一点：

1.每年每英亩生产的蒲式耳数。

2.每年每英亩创造的美元数。

3.每年每一美元生产的蒲式耳数。

4.每年每一美元创造的美元数。

① 欲知数学表述，参见第十一章的附录。

§3

因未能明确区分这四个量值而导致的混淆在经济学中不胜枚举。一个典型的例子便是用以区分地租和利息的那种站不住脚的方法，将地租视作土地的收入，将利息视作资本的收入。[①]如此区分地租与利息而造成的混乱又引发了以下这些错误观念：土地不同于资本之处在于，前者有耕作边际（margin），后者没有；不同质量的土地产生不同的地租，这代表着一定等级的土地与不产生地租的土地之间的差异，但是，资本的每一部分却都产生相同的利息率。这些错误观念的根源在于，人们会在不知不觉间从数量角度来看待土地，却从价值角度来看待所谓的资本；换言之，人们总是从价值生产率的意义上来思考土地创造的收入，而从价值收益率的意义上来思考资本创造的收入。如果我们能够始终如一地使用四个比率中的一个来进行比较，那么地租和利息之间、土地和资本之间的那种被臆想出来的区别将不复存在。土地的价值生产率会随土地等级的不同而不同，这是完全正确的；但是，机器的价值生产率或者资本任何其他要素的价值生产率也会随资本质量的不同而不同，这同样是完全正确的。新型、高级、高效的机器与过时、低

① 这个错误充分暴露在坎南所写的“何谓资本？”（《经济学期刊》，1897 年 6 月，第 283—284 页）一文，以及费特的“地租与利息的关系”（1903 年 12 月提交给美国经济学会的一篇论文）一文中。另见希克斯（Hicks）所著《经济学演讲录》（辛辛那提，1901 年，第 228 页）以及拙作“资本在经济学理论中的作用”（《经济学期刊》，1897 年 12 月，第 524 页）和“资本定义的先例”（《经济学季刊》，1904 年 5 月）。

级、低效的机器之间的关系同肥沃的土地与贫瘠的土地之间的关系完全一样。同样，不同的人有不同程度的生产率，因此一些人的赚钱能力强，一些人的赚钱能力弱。事实上，正是基于此，弗朗西斯·沃克(Francis Walker)才使用李嘉图的地租理论来解释企业家创造的利润。

另一方面，如果我们将注意力放在价值收益率上，就会发现资本(无论多么狭义)的价值收益率(即所谓的利息率)的确是一成不变的。但我们也会发现土地的价值收益率也同样一成不变，这是因为，地租高的土地创造的价值也多，地租低的土地创造的价值也少，因此，这两种土地的租金与价值比是完全相等的。

有关这种混淆的例子，我们还可以举出许多，其中的一些可见于一些不成熟的利息理论中。例如，“简单的”利息生产率理论[①]便将物质生产率和价值收益率混为一谈，它试图用物质生产率直接扣减利息率，而这是不可能做到的。

§4

在本书中，我们主要研究的是第四个关系——价值收益率，即收入价值与资本价值的比率。

这里适用的一个基本原则是：资本在任何时刻的价值都源自该资本在未来所能创造的预期收入价值。当然，预期的收入价值与实际的收入价值可能并不相等，但是，既然未来都具有不可知

---

① 参见庞巴维克，《资本和利息》，英译本，1888年，第120—141页。

性，我们也只能基于对未来的预期来估定资本的现价。

这种确定现值的原则在价值与价格理论中具有根本重要性。它意味着：任何财富项或任何产权的价值仅仅取决于未来而非既往。关于这项原则，存在一种不尽完美的表述："决定财富项价值的并非是其生产成本，而是对该财富项的使用。"不过，生产成本虽然是负服务，但如果它们在"未来"才发生，便也要以与对财富项的使用或者财富项提供的服务完全相同的方式将它们计入该财富项的价值，也就是说，要像对服务的价值进行贴现一样，也要对在"未来"发生的生产成本进行贴现。例如，巴拿马运河的现值取决于它在未来能提供的预期服务，连同其在竣工时所耗费的预期成本。在这些"未来"因素都不变的情况下，无论"过去"的成本是多是少，还是根本没有，该运河的价值都是一样的。当然，运河在未来竣工时的预期成本会少于在某些工作还没有完成的情况下的预期成本，所以，过去的成本越多，未来的成本越少，运河的现值也就越大。

因此，资本的价值通常会随过去的生产成本的变化而变化。而且，以往的经历也使我们能够对未来的成本做出更加准确的估计。但是，无论怎样来确定现值，进入现值计算过程的唯有估计出来的未来成本。所有这些原则在运河一例中都已阐明得淋漓尽致。开发巴拿马运河的企业先期投入约 3 亿美元的沉没成本后，企业所有者却愿意以区区 4,000 万美元的价格出手。因此，对他们而言，运河的价值是低于运河的成本的。已经完成的工作对运河的影响当然是会减少运河现在的所有者需要投入的劳动力数量，但与此同时，已经完成的工作也使现在的所有者看到摆在他们面前有待完成的那项浩大工程；因此，与价值上的减少相对应的是对未来的新的预期。

对于财富项买家的买入价，无人会提出质疑，买家会对财富项可能带来的预期收入进行价值评估，“在购买的边际”他们将要支付的价格会相当于对预期收入的估值，换言之，他们将要支付的价格是预期收入的“当前价值”、“贴现价值”或“资本化价值”。但是，对于财富项卖家的卖出价，就难以预测了，专业卖家其实就是对可能产生的需求进行推测的投机商，他们会以一个自认为能使最终收益最大化的价格出手，能卖多少钱就卖多少钱。而他们从这种交易中获得的收益，有时会超出收购成本，有时则低于收购成本，但通常只够抵补收购成本及从成本发生到出售这段时间所产生的利息。

同样的原则也适用于前期的生产过程。劳动者或者企业家会对买家愿意支付的价格做出预测，然后根据预测结果决定是否付出劳动。如果他们认为预测的价格没希望抵补劳动和其他成本的价值及其利息，就不会付出劳动和其他成本了。因此，通过反复尝试，劳动和其他成本在通常条件下就会逐渐与价格趋于一致了。

价格之所以达到了正好抵补成本及利息这一通常水平，并不是因为过去的生产成本预先决定了价格，而是因为卖家已经成为优秀的投机者，能够对未来的价格做出合理的预测。如果他们预测到价格不能补偿成本及利息，便压根不会投入生产；即便他们的预测正好与前者相反，超额利润引致的竞争也会将利润降低到一般水平。

如此看来，尽管价格与过去的成本通常存在关联，但这种关联并非总能适用;无论适用与否,成本都不能预先决定价格,除非生产者已经能够驾轻就熟地使现有存货及后续存货满足预期需求。

然而,本书的目的并不是要强调这些原则,因为它们其实是隶属于价格理论的研究范畴的。我们之所以要预设这些原则,仅仅是为了继续研究资本价值和收入价值之间的关系,也就是,研究我们所说的"价值收益率"。

第十二章　利率的概念

§1

我们从前一章得到了价值收益率这个概念。价值收益率可以明确界定为，特定资本在特定时期内所创造收入的价值与该资本在特定时点上的价值之比。因此，如果某一资本项在1900年1月1日这一天的价值为10,000美元，该资本项在1900年这一年创造的收入为500美元，那么在该年度的价值收益率即为每年5%。如果这种收入能够以一种恒定不变的比率形成永久的收入流，则此情形下的价值收益率就被称为该资本项实现的利率。换言之，利率可以简要表述为收入与资本之间的比率。商人们认为，利率就是“货币的价格”或者“资本的价格”。这种用法极为普遍，它的基本逻辑是：任何金额的资本都对应有若干年金。经济学家则认为，“货币的价格”这一用语应该被赋予一个不同的含义，即对一般商品的“购买力”。因此，他们对商人认可的用法提出了批评。但这种指责毫无道理可言，因为反对的理由十分充分，那就是“购买力”显然不仅包括对商品存货的购买力，还包括对“收入流”的购买力。如果100美元每年在日本能够购买到6美元永续年金，而在英国只能购买到3美元永续年金，则资本对“收入”的购买力在日本是6%，在英国则仅为3%。一位百万富翁在日本能够得到60,000美元的收入而不侵占自己的资本，而在英国他就只能得到30,000美元的收入，因此，从实际收入来看，他的富裕程度也就只有在日本的一半了。

§2

利率这个概念包含有多重含义。既然它对于我们的研究至关重要，本章就会对这些含义做详细而具体的说明。上一节已经暗示出一层含义：它以存在一笔永续年金（亦即一笔恒定不变的永久的收入流）为前提。尽管这样一笔年金实际上并不存在，但利用它作为思考工具常常能够带来分析上的便利。假设今天的10,000美元将产生一笔永续年金，这笔年金“每年支付一次”，每次支付400美元，第一次到期支付日为自购买之日起累计“一年”。于是，我们便可以将这种条件下的年利率说成是4%，每年支付一次。也就是说，（按每年支付一次年金时的）利率是永续年金流出率与该永续年金所应的当前资本额的比值。

如果这笔年金是累计半年支付一次的，情况就略有不同了。让今天的10,000美元每年产生一笔400美元的永续年金，每半年支付200美元，第一次到期支付日为自起始日期开始累计六个月。我们将这时的年利率说成是4%，每半年支付一次。

上述这两个4%的年利率彼此并不相当，这一点不仅在实践中得到了广泛认同，还能够通过多种方式清楚地表示出来。按半年期支付的年金持有者要比按一年期支付的年金持有者略占优势，因为前者每年都可以提前六个月收到全年年金的一半。事实上，他可以将自己这笔每年两次每次获得200美元的收入转化为一笔每年一次每次获得404美元的收入；因为六个月后他不仅可以收到第一笔200美元的收入，还可以将自己的年金出售出去而获得10,000美元。然后，他可以将全部10,200美元按原先的条件（即利率为4%，每半年支付一次）进行再投资，这样便可以获得一笔408美元的永续年金，每半年收到204美元。再过六个月或者说距离初始投资一年后，他又可以获得204美元的收入以及10,200美元的“本金”，共计10,404美元。他可以将其中的10,000美元初始投资进行再投资，而保留404美元。此后，他每年都可以如此这般地重复这样的出售和再投资，由此获得每年支付一次的净收入404美元。由于他每年都能多出4美元收入，因此，他的境况好于那个每年支付一次每次获得400美元的年金持有者。换言之，按半年期支付、年利率为4%的年金，就相当于按一年期支付、年利率为4.04%的年金。

同样的推理也适用于分析收入按季度或者按其他时间间隔发生时存在的差异。[①]

通过对支付时间进行无限细分，我们可以从分期获得收入过渡到持续获得收入。在某些情况下，“恒定不变的永久收入流”这种想法几乎是可以实现的，正如以下情形。在西方，用水权的购买

① 参见第十二章附录的第1节。

方式有时采用的是“矿水标”(miner’s inch)*——恒定不变地在六英寸水压下通过一平方英寸孔洞的水流。假设这种水流的价值是每年100美元。如果我们可以按2,000美元购买到这种永不停歇、恒定不变的水流，那么“连续计算”的利率就是5%。

因此，我们可以得出这样一个结论：支付频率上存在不同，利率的意义也不一样，也就是说利率存在以下几种不同形式：

每年支付一次收入的年利率；

每半年支付一次收入的年利率；

每季度支付一次收入的年利率；

按其他时间间隔支付收入的年利率；

持续支付收入的年利率。

尽管最后一种利率在实践中最罕见，但在某些方面却是最自然的，也是最适合于进行数学转换的。而第一种利率则最常用于实际的计算。

§3

我们已经从收入方面考察了作为资本价格的利率。如果我们再从资本方面来考察收入的价格，便会得到所谓的“资本化率”(rate of capitalization)。资本化率按年数来计量，即资本产生与资本额相等的收入所需的年数。因此，如果用25,000美元能够买到每年1,000美元的永续年金，则资本化率为“购买25年”(twen-

---

* “矿水标”是矿井涌水率单位。——译者注

ty-five years' purchase)。在英国,"购买年数"这个概念经常应用于地租。显而易见,资本化率与利率是可以互相转化的。4%的利率表示"购买25年"或者25年的资本化率。2%的利率表示一个50年的资本化率。因此,资本化率同利率一样,也是根据支付收入的时间间隔的不同(按一年、半年、季度……连续)而具有多层含义的。

§4

上述利率的概念都和永续年金的概念有关,但也可以把它们用于有期年金的情况中。因此,10,000美元按4%的利率来计算便可以在十年间每年产生400美元的收入,而在十年期满的时候,这10,000美元或者说这笔"初始贷款"得到了偿还。在本例中,这项贷款显然可以被视作对一笔永续年金的"购买"与"再售"。一笔400美元的永续年金是10,000美元资本的价格,这笔年金转化为资本借出者的福利,又在十年期满时以同样的金额回归到资本借入者的手中。

我们可以用这样的观点来考察期限更短的贷款。如果某人于今天借入100美元并答应以4%的利率在一年后连本带息归还,便可以认为他为了获得100美元而出售了一笔4美元的永续年金,与此同时,他还承诺在一年期满时用100美元将这笔年金赎回。这一连串操作的结果相当于用今年的100美元交换明年的104美元。用今年的钱换明年的钱,这种简单的交换是有可能作为独立于年金思想、重新定义利率的基础的。当今年的100美元换到了明年的 104 美元，两笔金额之间便形成了$\frac{104}{100}$的交换率。当然，这一交换率本身并不是利率；利率是$\frac{104}{100}$的比值超出 1 的部分或溢出部分。换言之，利率就是明年的美元超出今年的美元票面价值的那部分溢价或者差额(agio)。

这样的利率概念可以被称为利率的溢价(premium)概念，而之前使用的概念或者说从年金角度来讲的资本价格则可以称为利率的价格(price)概念。如果说价格意义上的利率是 4%，就意味着 100 美元资本的价格是每年 4 美元的永续收入。如果说溢价意义上的利率是 4%，则意味着商品价格在某一年是 100 美元，而第二年就是 104 美元。

以庞巴维克为代表的很多学者一度强调利率的溢价概念。由于计息的时间间隔不同(按一年、半年、季度还是其他)，溢价意义上的利率也有所不同，因此简要重述一下与此相关的差别是可取的。我们假设：今天的 100 美元六个月后值 102 美元。因此，溢价意义上的利率就这六个月的间隔期而言是 2%，但也可以说成"每年 4%，每半年支付或计算一次"。然而，显而易见的是，这个利率要比"每年 4%，每年计算一次"高。我们再假设：在六个月到期应该偿付 102 美元之时，又按相同的利率续借这笔欠款六个月。显然，这 102 美元的欠款届时将通过"复利计算"(compounding)达到 102 美元×1.02，也就是 104.04 美元。因此，一年期满时的利息不是 4 美元，而是 4.04 美元。换言之，按半年计息的 4% 的利率相当于按一年计息的 4.04% 的利率，这与我们在探讨利率的价格概念时出现的情况不谋而合。我们可以以同样的方式考虑按季度计息或按其他时间间隔计息来计算复利。计算复利的时间间隔甚至可以缩减到一瞬间。[①]

因此，我们有了两种界定利率的方法。在这两种方法中，时间因素都十分重要。在继续阐述之前，应该注意一个问题："时间"因素不仅涉及支付的次数，还涉及合同的时间。一个利率不仅意味着用于交换的商品在此期间内有货的两个时间点，还意味着做出交换决策的那个时间点。例如，我们极有可能在1900年达成这样一纸协议：在1901年用1,000美元去交换可在再后来某个时间归还的一笔款项或一系列款项。在本例中，这次交换"采用的是1900年"的利率，但该合同直到一年以后才开始执行，直到再后来才得以完成。这些情况在处理利率的数据资料时常常遭到漠视。

§5

我们已经从"价格"和"溢价"两层含义上对利率进行了界定。现在的问题是：这两个概念是否可以互换？答案是，在一定条件下可以互换，而在另一些条件下不能互换。下列命题阐明了二者可以互换的情况：

(1)如果明年商品对今年商品的溢价意义上的利率每年都相同，那么，以永续年金为资本价格意义上的利率将与之相等。

这一点可以用具体的数字加以阐明。我们假设溢价意义上的利率是4%，也就是说，在所考虑的时间间隔期内，任何时刻的100

① 对于涉及的数学表述，参见第十二章附录的第2节。

美元都可以买到一年以后支付的104美元。这样的话,我们将要证明的是,100美元必须要买到一笔每年4美元的永续年金。假设某投资人按4%的溢价率投资100美元,以期在一年期满后获得104美元。当这个投资人在一年期满后收到这104美元之时,又将其中的100美元进行了再投资。由于我们假设利率恒定不变,因此这100美元在第二年期满后又将给投资人带来104美元,他再次将其中的100美元进行了再投资;如此这般无休止地反复下去。通过不间断地进行再投资,他因由那100美元的初始投资而无限期地每年获得4美元,同时也无限期地推迟收回100美元。如果这一过程永无止境地持续下去,那么这100美元的初始投资也将永无止境地被递延下去,因而没有任何现值。因此,这100美元的初始投资只不过得到了一笔每年4美元的永续年金,所以价格意义上的利率也为4%,此点得证。[①]

显而易见,我们完全可以将这一具体的推理过程普遍化,并将其应用于按半年、季度甚至是连续计息的情况里。

(2)反过来说,如果"价格"意义上的某个既定的利率不仅适用于今天,也适用于明年、后年……也就是说以后永久保持不变,那么"溢价"意义上的利率将与之相等。

这一点也完全可以用一个例子来说明。如果用100美元可以买到一笔每年4美元的永续年金,第一笔4美元从购买时起一年期满后支付,那么这种年金的购买者可以在一年期满后一俟收到

① 另一种证明方法是,取每一个连续收入项的现值,然后进行加总。这一过程在下一章计算永续年金的资本价值时将通过例子来说明。

第一笔4美元便立即将自己手中持有的年金出售出去。根据假设，出售年金后他将得到100美元。因此，他因由自己一年前的100美元而收到了总共104美元。这样一来，他实际上已经将第一年的100美元换成了第二年的104美元。也就是说，这一年“溢价”意义上的利率也是4%。

于是，我们看到，无论是价格意义上还是溢价意义上的利率，只要其中任何一种保持恒定不变，那么另一种意义上的利率也会保持恒定不变，并且彼此相等。

显然，同样的推理也适用于按任何时间间隔（半年、季度、连续）计息的情况。

§6

但是，如果利率“并非”保持恒定不变，那么价格意义上的利率和溢价意义上的利率便不再可以互换了。假设溢价意义上的利率第一年是4%，而第二年以及后续年份都是3%，这意味着今天的100美元会在明年买到104美元，而明年的100美元会在后年买到103美元。因此，显然今天的100美元所买到的既不是4美元的永续年金，也不是3美元的永续年金，而是一个介于4美元与3美元之间约为3.03美元的年金，因此，价格意义上的利率是3.03%。[①]

我们再假设，价格意义上的利率今年为4%，明年则为3%。

① 参见第十二章附录的第3节。

这意味着，今天的 100 美元能够买到每年 4 美元的永续年金，而明年的 100 美元只能买到每年 3 美元的永续年金。因此，今天的 100 美元所买到的既不是明年的 104 美元，也不是明年的 103 美元，而是明年的 $137\frac{1}{3}$ 美元。也就是说，溢价意义上的利率是 $37\frac{1}{3}\%$。[①]因此，“价格”利率上一个非常“微小”的变化意味着“溢价”利率上一个“巨大”的变化。这便可以解释为什么在现实市场中短期贷款利率的波动幅度要比长期投资利率的波动幅度大得多。我们大可不必用统计数据来说明这一点，尽管比较一下美国或英国的短期贷款利率与长期贷款利率的波动情况轻易就能够得到这些数据。

因此，我们看到，利率的这两层概念虽然存在明确的相关性，[②]但二者并不是总能互换的。

§ 7

不过，除了利率及与之相对应的资本化率以外，还有一个工具也可以表示时间上的交换条件，这个工具就是贴现率。我们已然看到，如果从现在起算，一年后到期支付的 104 美元能够买到 100 美元的现货，那么 $\frac{104}{100}$ 就是两个时间之间的交换率，它比 1 或者票

① 参见第十二章附录的第 4 节。

② 参见第十二章附录的第 5 节。

面价值多$\frac{4}{100}$,即利率。如果将分子分母的位置颠倒一下,那么两个时间之间的交换率便是$\frac{100}{104}$,它比 1 或者票面价值少$\frac{4}{104}$或者 3.9%,这个数值即被称为贴现率。代表贴现率的这个数值总是稍微少于代表相应的利率的数值。[①]在实践中,贴现率仅用于通常不超过一年的短期贷款,在这种情况下,贴现率可以更好地服务于速算目的。

§ 8

本章可以简要概括如下:

第一,利率是"价值—收益"的一种特殊情况,我们可以从永续年金的角度将它视为资本的价格,也可以从用明年商品表示今年商品价格的角度将它视为溢价,总之,从这两个角度中的任何一个入手都可以。当假定两种定义中任何一种利率恒定不变时,二者可以互换;当这一条件无法满足时,二者则不可以互换。

第二,利率不仅有上述两层不同含义,根据支付或计算利息的时间间隔是一年、半年、季度甚或连续,每一层意义还有不同的解释。

第三,除了利率,我们还可以使用贴现率和资本化率。这两个量值也适用于价格意义或溢价意义。而且,同利率一样,根据计算的时间间隔是一年、半年、季度甚或连续,每一层意义也有略微不

① 关于贴现率的进一步探讨,参见第十二章附录的第 6 节和第 7 节。

同的解释。

表 12－1 列出了我们思考过的各个量值：[①]

表 12－1　利率、贴现率和资本化率的对应值

	A 利率	B 贴现率	C A 的对应量， 即资本化率	D B 的对应量
按一年计算	4%	3.85%	25.0 年	26.0 年
按半年计算	3.96%	3.88%	25.3 年	25.8 年
按季度计算	3.94%	3.90%	25.4 年	25.6 年
连续计算	3.92%	3.92%	25.6 年	25.6 年

由于上表中的 16 个量值既可以理解成价格上的意义，也可以理解成溢价上的意义，又由于这两层含义在不能互换的情况下会涉及两个不相等的量值，因此我们在这里体现或暗示出的实际是 32 个可能量值。于是，这些用于表示同种商品之间在不同时间进行交换的方法呈现出一种令人棘手的多样性。但是，既然从其中一种方法很容易就可以转换到另一种方法，那么我们显然大可不必舍简求繁，只要去繁就简地采用一种方法就可以了。在实践中，最简易便捷的方法是采用“每年计息一次的年利率，这种利率被认为是后一年商品对前一年商品的溢价”。正是因为其便捷性，本书在以后的论述中也将采用这种方法。

① 关于它们的数学“量度”，参见第十二章附录的第 8 节。

第十三章　资本价值

§1

知道了利率的构成后，便可研究资本和收入的关系了。我们在第十一章中发现，资本和收入都是既可以用数量来计量，也可以用价值来测度的，因此，根据采用的具体计量方式，二者表现出四种不同的关系。其中第四种关系——“价值收益率”，为我们引出了利率的概念。

利率充当收入价值和资本价值之间的纽带，通过这一纽带，我们有可能根据任何既定的收入价值得到资本价值，也就是对收入进行“资本化”核算。

为此，我们假设预期收入可以确定性地预知，（溢价意义上的）年利率也可以预知，且在接下来数年内保持不变。有了这些限定条件，我们可以很容易地得出任何财富项或产权项所产生的收入的资本价值，也就是得出某笔财富或者产权的价值。这个价值其实就是特定资本产生的未来收入的现值——无论收入的产生是连续的还是非连续的，是恒定不变的还是波动的，其支付次数是寥寥几次还是无限多次。

我们从一个最简单的例子开始。在本例中，未来收入只包括一笔在某确定时间点产生的收入项。例如，如果某人持有的一项资产的产权使他能够在一年期满后获得104美元，如果利率为4%，则这项产权的现值便是100美元。如果某产权使持有者从现在起一年后获得1美元，那么该产权的现值显然是$\frac{1}{1.04}$即0.962美元；如果该产权使其持有者有权获得的金额超过1美元，则该产权的现值就是该金额除以1.04或者该金额乘以0.962。因此，对于一年后到期的432美元，其现值是$\frac{432}{1.04}$或者432×0.962，即416美元。[①]

如果这笔未来的收入是在两年以后到期支付，且利率依然为4%，那么今天的1美元显然就是明年1.04美元的现值，而（通过复利计算）明年的1.04美元则是第二年期满时1.04美元×1.04（即1.04^2或者1.082美元）的现值。这1.082美元被称作1美元在两年期满时的数额，而1.04美元则被称为1美元在一年期满时的数额。

同样，1.04^3是1美元的现值在三年期满时所值的数额或者金额；无论到期的年数是多少年，都可以这么计算。这些计算结果表明了今天的1美元在若干年期满时所值的数额是多少。反之，从这些结果也很容易看出如果若干年期满时的数额是1美元，那么这1美元的现值分别是多少。我们已经看到，如果一年期满时的数额是1美元，那这1美元的现值是$\frac{1}{1.04}$即0.962美元。同理，如

① 关于一般性数学处理，参见第十三章附录的第1节。

果两年、三年……期满时的数额是 1 美元，那么这 1 美元的现值分别是$\frac{1}{1.04^2}$、$\frac{1}{1.04^3}$……[①]知道了 1 美元的现值，我们显然可以通过简单的比例关系，计算出任何其他金额的现值。

为了说明这些呈几何级数的结果，让我们用几条水平线来表示时间，用几条垂线来表示资本的价值；那么，如图 13－1 所示，曲线 $AA'A''A'''$表示出的便是任意两个时间点上基于某既定利率（年复利）而可以相互换算的相对价值。

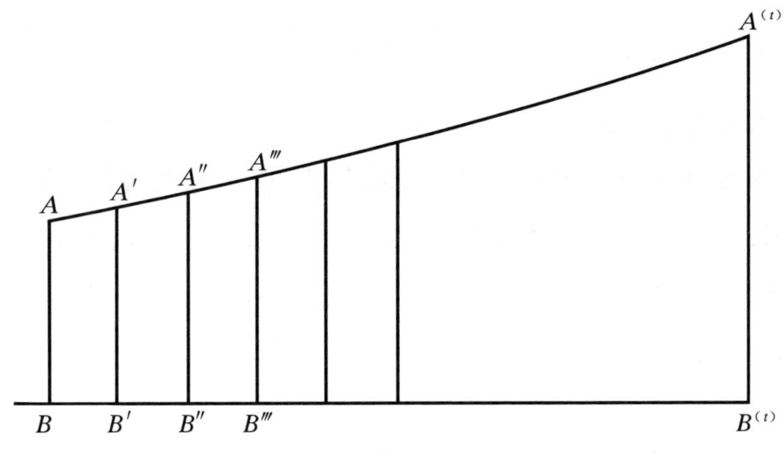

图 13－1

点 B 代表现在的某时间点；B'代表此后一年的时间点；B''代表此后两年的时间点；B'''代表此后三年的时间点；$B^{(t)}$代表此后 t 年的时间点。AB 代表任意现值，$A'B'$代表一年期满后这一现值对应的"数额"，$A''B''$代表两年期满后这一现值对应的"数额"，以此类推。因此，AB 也代表着一年期满时数额 $A'B'$ 的现值，或者

① 关于数学表述，参见第十三章附录的第 2 节。

两年期满时数额 $A''B''$ 的现值,或者 t 年期满时数额 $A^{(t)}B^{(t)}$ 的现值。曲线 $AA^{(t)}$ 为一条指数曲线,指数曲线是为呈几何级数上升的曲线所命的名字,呈几何级数上升,也就是说,这一连串间距相等的垂线 AB、$A'B'$、$A''B''$ 和 $A'''B'''$(纵坐标)是以恒定不变的比率在长度上增加的。然而,为了经济学研究的目的,我们将这条曲线命名为贴现曲线。

§ 2

为了获得未来一笔钱的现值而使用的原则,我们已经做过说明。这些原则适用于许多商业交易,尤其是银行资产的估价,因为银行资产主要以贴现票据(discount paper)或其他短期贷款的形式存在。这些原则与风险原则和外汇原则结合后,也适用于被称为汇票(bills of exchange)的资产形式。此外,这些原则还适用于处于交易过程中从而对所有者提供的服务仅在于将其销售出去的财富。正是基于这些原则,商人通过对商品售出前那段时间的售价进行贴现从而计算出存货的价值——当然,还要减去用同样方法计算出的预期销售支出的现值。同理,在计算处于生产过程中的任何财富项的现值时,我们都是用其完成生产后产生的收入的现值减去完成生产所耗费成本的现值。例如,汽车制造商会将处于生产过程任意阶段的汽车估价为:生产完成并出售后可能产生的收益的贴现值,减去生产与销售所需耗用的成本的贴现值。当然,在这些例子中,风险因素都不可忽略,对风险的考察是下一章要研究的内容。

这些资本化原则还适用于在途商品。例如，有一批船货处于从悉尼运往利物浦的途中，这批船货的现值是其在利物浦销售收入的贴现值减去运输成本的贴现值。另外一些经典的例子涉及葡萄酒和森林。葡萄酒的现值是其酿好待饮时价值的贴现值，而幼林的现值是其终成可用之材时价值的贴现值。在德国等一些国家，这种对森林的估价现已相当精确。

§3

然而，只产生一次收入或支出的财富毕竟是少数，多数财富产生收入或引致支出都远不止一次。永续年金便是其中一个重要的类别，在这类年金中，收入项是以相同的金额在相等的时间间隔期内永久性地重复发生。我们在上一章已经看到，如果某人持有一笔每年支付一次、每次获得1美元的永续年金，那么，按4%的利率计算，这笔年金的资本现值是$\frac{1}{0.04}$即25美元。如果他的年金是每年2美元，则其资本现值显然就要乘以二，即50美元了；而如果他的年金是任意其他金额，以同样的方式进行乘法运算便可以得到其资本现值了。于是，17美元年金的资本现值是$\frac{17}{0.04}$美元。换言之，永续年金的资本现值既可以用每年产生的收入除以利率而得到，[①]也可以用每年产生的收入乘以资本化率而得到，资本化率也被称作购买年数。然而，这个命题仅可用来确定某一年金在初始时（即首次支付前一年）或在其他提前于每次支付一年时所持

① 关于数学表述，参见第十三章附录的第3节。

有的资本现值。在每次收入支付到期“之前紧邻的时点上”的资本现值，显然要比上述金额多出那次支付的收入那么多金额。因此，如果利率是 4%，一笔每年支付一次、每次支付 4 美元的永续年金在今天的资本现值是 100 美元，在每次支付“之后紧邻的时点上”的资本现值也是 100 美元。但是，这笔年金在首次到期支付“之前紧邻的时点上”的资本现值则是 104 美元。该年金在资本现值为 100 美元的现在和资本现值为 104 美元的此后一年之间的任何居间时点上的资本现值，都是由贴现曲线决定的一个居间金额；因为该年金在那个居间时点上的资本现值总是下次利息支付时获得实现的 104 美元的贴现值。一俟这次支付完成，该年金的资本现值将再次回落到 100 美元，而此后又将像以前一样逐渐上升，如此往复，呈现出一系列曲线，仿佛锯齿一般，如图 13－2 所示。在图 13－2中，该年金每年支付的收入价值由一连串垂线表示，这些垂线的高度均为 4 个单位，代表 4 美元，并由单位时间分隔。[①]

如果该年金出现了延期支付，即直到未来某一时间才开始支付，则其资本现值就是确实开始支付时所持有价值的贴现值。因此，在利率为 4%时，尽管 100 美元是始于今天的 4 美元年金的资本现值（正如我们已经看到的那样，这意味着从今天起一年后到期支付第一笔年金），但是，对于延期一年支付的年金，其资本现值便只有 $\frac{100}{1.04}$ 即 96.15 美元，而延期五年支付的年金，其资本现值只有 $\frac{100}{1.04^5}$ 即 92.46 美元。该年金在初始点 A 之前的任何时点上的资本现值由穿过 A 点的贴现曲线上相对应点的高度表示。

① 关于不同时间间隔期计息的影响之讨论，参见第十三章附录的第 4 节。

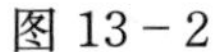

图 13-2

在之前的讨论中，收入被假设为是分期支付的，因此由一连串相互分离的垂“线”表示。但是，当收入被假设为是连续支付的时候，就有必要用一个“面积”来表示了。在这种面积法中，水平线仍然表示时间，垂线或者纵坐标所表示的却不是收入，而是收入“率”。因此，在图 13-3 中，*AC* 是经过时点 *A* 的收入率，*BD* 是经过时点 *B* 的收入率。

因此，经过任意时段 *AB* 的收入，由面积 *ABDC* 代表，因而就是时间 *AB* 乘以“平均收入率”。在收入流恒定不变的情况下，*CD* 简化为一条水平直线。以后我们只要研究连续收入，便采用这种面积法。[①]

---

① 关于面积法与垂线法之间关系的更全面表述，参见第十三章附录的第 5 节。

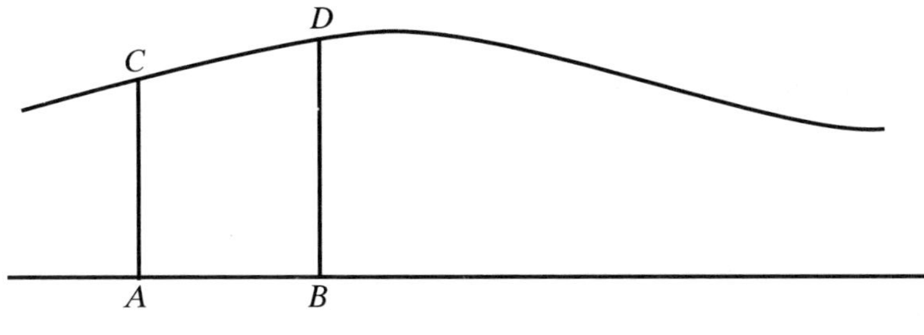

图 13－3

§4

可以说，真正意义上的永续年金在现实世界里是不存在的。但实际上，政府的某些“租金”和 999 年期铁路租约都可以视作是现实世界的永续年金。尽管按 4%的利率进行资本化核算后，每年 4 美元永续年金的资本现值是 100 美元，不过，每年 4 美元、50 年期年金的资本现值为 85 美元，75 年期年金的资本现值为 94 美元，100 年期年金的资本现值为 98 美元，200 年期年金的资本现值为 99.96 美元。因此，我们可以看出，按任意普通利率计算，期限延展到一个世纪或者更长的有期年金的资本现值就几乎等于永续年金的资本现值。

在非货币性永续年金的实例中，我们可以引用之前提到的西部水权。这种水权常常按“矿水标”出售，即理论上每分钟 $1\frac{1}{5}$ 立方英尺的永续流量，这种流量被认为是水流以六英寸“水头”通过一平方英寸孔洞的流速。“第一个”六英寸水头一定会持续流下去的，从而这种水流的永续性可以得到保证。如果将风险因素忽略，那么联合股份公司的股份也常常可以视作永续年金的一个典型实例。

当我们从资本产权转到资本财富上，就会在土地这种资本财富上发现一个资本产生永续年金的近似例子。对土地进行资本化核算时，常常以一笔以庄稼为主要形式的恒定不变的永续收入为基础，然后根据一定购买年数进行资本化核算。然而，这种核算所假设的所谓“土地原有的、不可摧毁的力量”并非总能存在，即使确实存在，也并非总能产生永续年金，因为矿藏和石场会逐渐枯竭，土地产生的许多收入流也会或增或减，没有规律可循。

§5

现在，我们从永续年金转到有期年金上来。假设某人拥有一笔每年 100 美元的十年期年金。这意味着他有权连续十年每年收取 100 美元年金，第一笔年金从现在起一年期满时支付。显然，这种年金不同于永续年金之处，在于十年之后它便不再无限期地向持有人连续支付年金了。简言之，这种有期年金其实就是一笔从今天起算的永续年金减去一笔延期十年支付的永续年金。因此，有期年金的资本现值只不过是两个永续年金的资本现值之差。如果利率是 4%，那么，在两个永续年金中，立即开始执行的那笔年金的资本现值是 2,500 美元，延期十年支付的那笔年金的资本现值是 $\frac{2,500}{1.04^{10}}$，即 1,689 美元。二者之差为 2,500 美元 - 1,689 美元，即 811 美元。现在，我们将任意某个特定金额（如 2,500 美元）与其在任意时间点上的贴现值之差称作该金额的“总贴现”（total discount）。因此，上述分析结果便可以表述为：有期年金的资本现值是于该有期年金结束时开始、与该有期年金每年支付的金额相同的永续年金的总贴现。[①]

如果该有期年金本身被延期支付了，则其资本现值就是其一开始被计算出的资本现值的贴现值。

§ 6

有些时候，保险公司和政府会用到有期年金，而除此以外，有期年金很少作为一种具体的产权形式而存在。尽管如此，近似于有期年金的收入形式却存在于许多（虽然不是大部分）耐用财富项中。例如，机器可以在相当固定的年期内产生一系列价值相当恒定的服务，房屋等建筑物、轮船、车辆及其他铁路设施等也是如此。这种有期收入还存在于许多类型的土地中。例如，在矿藏和石场里，泥炭层等地带的产出会逐渐枯竭。再如，内华达州曾经物产丰富，而今却濒于不毛。然而，在所有这些例子当中，确定资本现值的一个重要因素显然是风险，但目前我们姑且不考虑这个因素。

随着有期年金终止日的临近，其总贴现在递减；因此，其资本现值也在递减。资本现值的减少有时被称为损耗（wear and tear）；换言之，就是因由财富项提供的服务的递减而发生了贬值。

① 关于这一命题的数学表述，参见第十三章附录的第 6、7 节。

但是，服务趋于终止的原因可能是也可能不是物理损耗，因此“损耗”这种表述有失妥当。我们可以想象这样一个财富项，它没有发生物理变化，但它提供的服务依然只能持续有限时间。大西洋海岸的渔民有时会建造一些临时平台，这些平台确定会在九月的风暴中倾覆消失。显然，这种资产的现值会随捕鱼季节的结束而迅速减少。位于圣路易斯的“世界博览会”建筑群在博览会召开的短暂期间，便从造价 1,500 万美元贬值到物尽其用后的出售价 38.6 万美元。同样，一座即将被附近更大、更好的桥梁所取代的小木桥，虽然本身并没有发生物理损坏，却会随大桥交付使用时间的临近而迅速贬值。生产工具发生贬值的情况更是司空见惯，因为众所周知，更好的工具不久便会将旧的工具取而代之。因此，对于“损耗”一词，我们只能用其比喻义。即使损耗是由于物理损害而发生，这种损害对资本现值的影响也仅在于减少或者终止了收入流，而并不是因为它使创造这一收入流的资本发生了物理改变。[①]资本的现值只由它产生的收入决定，而并不直接由它的物理状况决定。

§7

考察了有期年金之后，我们再来看一下债券的情况。债券不仅使持有者享有一笔有期年金，还使其享有一笔被称为本金的延迟支付的金额。因此，所谓“5%、十年期、100 美元债券”意味着债

① 参见庞巴维克，《资本实证论》，英译本，1891 年，第 347 页。

券持有人不仅可以在十年里每年收到 5 美元的年金，还可以在十年期满时收到 100 美元的本金。

如果利率是 5%，某人购入的债券使他在十年里每年享有 5 美元的收入，并在十年期满时收回 100 美元，那么，该债券的买入价显然必须是 100 美元。在本例中，每年收入的 5 美元是买入价的利息，期满收回的 100 美元等于初始投入的资本或者本金。基于此，这种债券被称为 5% 债券，每年支付的收入被称为利息，最后支付的 100 美元被称为本金。

但是，债券往往并不按票面价值出售；因此，上述三个术语都有失妥当。如果债券按高于票面价值的价格出售，利率就不是 5%，而是低于 5%，因此，这种债券只是名义 5% 债券，每年收到的 5 美元只是名义利息，期满收回的 100 美元只是名义本金。

为了得出一个所谓 5% 债券在市场利率是 4% 时（即当该债券按 4% 的利率出售时）的资本现值，我们只需将分十次支付的 5 美元的贴现值与最后支付的 100 美元的贴现值（按 4% 的利率计算）加在一起。我们可以将上述各项视为由以下几个部分组成：(1)一笔十年期每年 5 美元的年金；(2)一笔延期十年支付的 100 美元的金额。从上面给出的解释中，我们可以很容易地发现这二者。

我们已经解释过，[①] 十年期年金的资本现值就是于该有期年金结束时开始的永续年金的资本化价值的“总贴现”。现在，如果利率是 4%，则一笔 5 美元永续年金的资本现值是 $\frac{5}{0.04}$ 即 125 美

① 参见前面第 5 节。

元。[①]因此，十年之后开始的永续年金的资本现值将是 125 美元——十年之后。因此，按 4%进行贴现计算后，它的资本现值是 $\frac{125}{1.04^{10}}$ 即 84.45 美元。在此之上，我们还需加上债券的另一要素，即十年后到期的 100 美元所谓本金的现值。按 4%进行贴现计算，该本金的现值为 $\frac{100}{1.04^{10}}$ 即 67.56 美元。将我们得到的两个数字加在一起便可以得到该债券的资本现值：40.55美元 + 67.56 美元，即 108.11 美元。

因此，我们发现，如果按 108.11 美元购入，则所谓 5%债券会使投资人实现 4%的利率。同理，如果按 92.50 美元购入，则所谓 5%债券会使投资人实现 6%的利率。[②]

一般来说，当年收入（或名义利息）等于本金的真实利息时，债券按面值销售；当年收入（或名义利息）大于本金的利息时，债券高于面值销售；当年收入（或名义利息）小于本金的利息时，债券低于面值销售。

我们可以以同样的方式计算出债券在以下三种情况下的资本现值：第一，当半年期支付且利率按半年计算时，债券的资本现值。第二，当收入或名义利息按更短的时间间隔支付时，债券的资本现值。第三，当收入或名义利息为连续支付时，债券的资本现值。[③]

按照前面的原则计算出来并被称为“债券价值簿”的详尽一览

① 参见前面第 3 节。

② 关于数学表述，参见第十三章附录的第 8 节；关于另一种计算债券价值并另外给出溢价的方法，参见第十三章附录的第 9 节。

③ 关于数学表述，参见第十三章附录的第 10 节。

表已经创建出来,可供经纪人查询债券在不同情况下的资本现值。不过,这种一览表通常是用于进行反向查询的,也就是说,用于查询债券以某一价格买入时可以实现的利率。下面是节选的一部分一览表(表 13 - 1、表 13 - 2、表 13 - 3),列出了(所谓)3%债券、4%债券和 5%债券的资本现值。这几种债券的价格均为每次收入支付"之后紧邻的时点上"的价格,也就是商人们所称的"除息"价(ex-interest prices),即价格里面没有应计利息。为了在我们已经给出两次收入支付之间的任何时点的价格时使用该表,首先必须从这一价格中"剥离"自上一次收入支付起累积产生的利息。

表 13 - 1　(按半年期计算的)(每半年支付一次的)债券实现的利率,这种债券被称为 3%债券

价格	到期年数							
	1	2	3	5	10	20	30	50
120						1.8	2.1	2.3
110					1.9	2.4	2.5	2.6
105			1.3	2.0	2.4	2.7	2.8	2.8
103		1.5	2.0	2.4	2.7	2.8	2.9	2.9
102		2.0	2.3	2.6	2.8	2.9	2.9	2.9
101	2.0	2.5	2.7	2.8	2.9	2.9	2.9	3.0
100	3.0	3.0	3.0	3.0	3.0	3.0	3.0	3.0
99	4.0	3.5	3.4	3.2	3.1	3.1	3.1	3.0
98	5.1	4.1	3.7	3.4	3.2	3.1	3.1	3.1
97	6.1	4.6	4.1	3.7	3.4	3.2	3.2	3.1
95	8.3	5.7	4.8	4.1	3.6	3.3	3.3	3.2
90		8.6	6.7	5.3	4.2	3.7	3.6	3.4
80				7.9	5.7	4.5	4.2	3.9
70					7.3	5.5	4.9	4.5

表 13-2　4%债券(条件同上)

价格	到期年数							
	1	2	3	5	10	20	30	50
130						2.2	2.6	2.9
120					1.8	2.7	3.0	3.2
110				1.9	2.8	3.3	3.5	3.6
105		1.5	2.3	2.9	3.4	3.7	3.7	3.8
103		2.5	3.0	3.3	3.6	3.8	3.8	3.9
102	2.0	3.0	3.3	3.6	3.8	3.9	3.9	3.9
101	3.0	3.5	3.6	3.8	3.9	3.9	3.9	4.0
100	4.0	4.0	4.0	4.0	4.0	4.0	4.0	4.0
99	5.0	4.5	4.4	4.2	4.1	4.1	4.1	4.1
98	6.1	5.1	4.7	4.5	4.3	4.2	4.1	4.1
97	7.2	5.6	5.1	4.7	4.4	4.2	4.2	4.1
95	9.4	6.7	5.8	5.2	4.6	4.4	4.3	4.2
90		9.6	7.8	6.4	5.3	4.8	4.6	4.5
80				9.1	6.8	5.7	5.6	5.1

表 13-3　5%债券(条件同上)

价格	到期年数							
	1	2	3	5	10	20	30	50
140						2.5	3.0	3.4
130					1.7	3.0	3.4	3.7
120					2.7	3.6	3.9	4.1
110			1.6	2.8	3.8	4.3	4.4	4.5
105		2.4	3.2	3.9	4.4	4.6	4.7	4.7
103	2.0	3.4	3.9	4.3	4.6	4.8	4.8	4.8
102	3.0	4.0	4.3	4.6	4.8	4.8	4.9	4.9
101	4.0	4.5	4.6	4.8	4.9	4.9	4.9	5.0
100	5.0	5.0	5.0	5.0	5.0	5.0	5.0	5.0
99	6.1	5.5	5.4	5.2	5.1	5.1	5.1	5.1
98	7.1	6.1	5.7	5.5	5.3	5.2	5.1	5.1
97	8.2	6.6	6.1	5.7	5.4	5.2	5.2	5.2
95		7.7	6.9	6.2	5.7	5.4	5.3	5.3
90			8.9	7.4	6.4	5.9	5.7	5.6
80					7.9	6.9	6.5	6.3

人们或许会问，名义本金和名义利息二者之间的界限在哪里？我们的回答是，这个问题毫无逻辑上的重要性可言。我们的计算对可从债券中收到的所有项目，包括期满时支付的本金，都一视同仁。它们都是与债券有关的真实收入。所谓的本金通常被视为对原始投资的偿还款项。原始投资和终期本金大体相等。但是，无论相等与否，二者都是截然不同的。原始投资是各项预期收入的贴现值；最后收回的本金则只是各项预期收入中的一项（最大的一项）。这最大的收入项与其他较小的收入项之间的唯一差别在于：两种收入在收到后的用途常有所不同。最大这笔收入项（即所谓的本金）通常用于再投资而投入到其他长期证券上，而较小的那些收入项（即所谓的利息）则通常用于支出而花费在短期项目上并因此很快转变成真正的最终收入。因此，当我们单独考虑债券的时候，本金和利息并没有什么实质差异，二者都是与债券有关的收入；但是，当二者接下来发生了之前阐述过的借贷双方相互抵销而进入最后的购买与销售转换阶段时，本金和利息则有所不同了，二者往往导致不同的结果。如果我们假设5%债券总是按照5%的利率销售，而本金也总是再投资到同类证券上，那么，显而易见的是，本金尽管是债券的收入，但在包括再投资在内的整个系列操作中，它马上又因为再投资而作为支出被抵销掉了。换言之，只要本金作为债券的收入而出现，便马上会因为再投资又作为支出而消失；因此，该债券持有者实际持有的是一笔每年5美元的永续年金。债券最后支付的那100美元是着眼于再投资操作的，这与其他多次支付的所谓利息不同，正是因为如此，人们便本能地将其另眼相待了。一种理论认为，本金就是要用于再投资的，这样才能持

续获得5美元的年金。基于这种理论，最后支付的那100美元被称为本金。因此，在理论上，它代表的是资本，而其他多次支付代表的只是收入。尽管二者中任何一者都有可能通过再投资而归入资本一类，但是，就目前而言，我们所看到的是二者都是从作为收入来源的债券中得到收入。至于二者之一通常又被归入资本而另一个没有，则是后来才发生的事情，因此并不影响我们当前对债券本身进行的研究。

即使将债券期满后收到的本金进行了再投资，本金可能也不等于原始投资，因而也不等于该债券在期满前任何时间点上的资本现值。只有在债券总是保持在票面价值上的情况下，本金和资本现值才相等。当债券的价值高于或者低于票面价值时，资本现值也会高于或者低于本金。如果没有其他原因，则正是因为如此，我们不应该把资本现值与本金混为一谈。

若要确定名义上的5%债券是否真的产生了5%的利率，我们必须参考它的销售价格。而且，在谈及债券时，尽管我们没有必要放弃使用“本金”和“利息”这样的术语，但这些术语在命名上无疑存在不当之处，因此，它们的存在可以说明为什么会造成如此混乱不堪的局面。例如，近来众多保险公司向保单持有者提供了一项选择：在被保险人死亡时，保单持有者既可以收到确定金额的保险金1,300美元，也可以收到价值1,000美元的“5%黄金债券”。对于许多保险单持有者而言，这个黄金债券看似一种诱人的投资形式，因为它的“利率很高”——达到5%；虽然这种债券被认为与3,000美元现金相当，但它显然是低于5%这个基础的。

§8

关于对收入进行资本化核算，我们到目前为止仅仅考虑了四种特殊的情况：(1)单独一笔收入项的资本现值；(2)永续年金的资本现值；(3)有期年金的资本现值；(4)债券的资本现值。但是，显而易见的是：任何财富创造的收入项都可以以许多其他形式产生，可以持续任何时间长度，可以以任何时间间隔支付。因此，让我们来思考以下这种一般的情况：如图13－4所示，AB、$A'B'$、$A''B''$、$A'''B'''$是随机收到的一系列收入项。这一系列收入项在时点O的资本现值可以通过累加各个收入项的贴现值而得到。最佳表示法是从“最后”那次支付的收入$A'''B'''$开始。当然，在这最后一次支付之后，这项资产便没有了价值；也就是说，其资本现值为零。在这次支付“之前”的瞬间，资本现值等于这次支付的金额本身，由$A'''B'''$表示。在这次收入支付和前一次收入支付之间的任何时点，资本现值显然可以由贴现曲线$B'''C''$得出，C''点位于A''点的垂直上方。因此，高度$A''C''$就是该资产在收入$A''B''$刚刚完成支付之后的现值。在这次收入支付“之前”的瞬间，资本现值可以通过添加垂线$C''D''$得出，$C''D''$等于支付的收入$A''B''$。接下来，我们从D''点沿贴现曲线$D''C'$向前移动至C'点。在C'点处，$A'C'$代表资本在收入$A'B'$刚刚完成支付之后的现值。如果我们后退一个瞬间，则要在此基础上再加上一个等于支付的收入$A'B'$的金额$C'D'$，计算结果$A'D'$是资本在上述收入支付刚刚完成之前的现值。接下来，资本现值将从D'点沿贴现曲线下降到C点，在C

点处要加上与 AB 相等的 CD。我们最后从 D 点沿贴现曲线来到 P 点，P 点在 O 点的垂直上方。因此，OP 是资本在当前的现值。资本在任何连续时点的现值由折线 $PDCD'C'D''C''B'''A'''$ 表示。①这条曲线最终必须下降到 0，那时收入已经没有了。这条曲线在到达最后那次收入支付之前，通常呈现出一个下降的趋势。

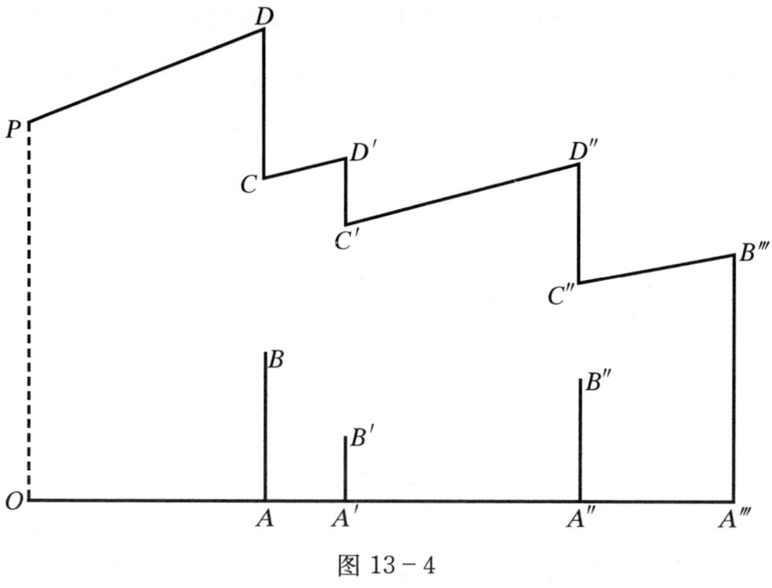

图 13－4

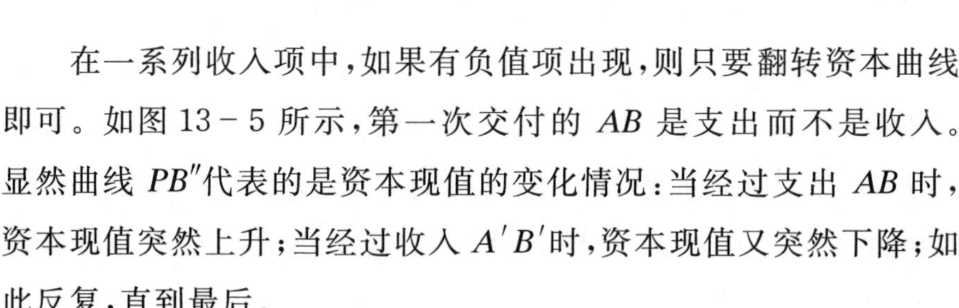

在一系列收入项中，如果有负值项出现，则只要翻转资本曲线即可。如图 13－5 所示，第一次交付的 AB 是支出而不是收入。显然曲线 PB''代表的是资本现值的变化情况：当经过支出 AB 时，资本现值突然上升；当经过收入 $A'B'$时，资本现值又突然下降；如此反复，直到最后。

① 关于任意收入支付系列的资本价值的数学公式，参见第十三章附录的第 11 节。

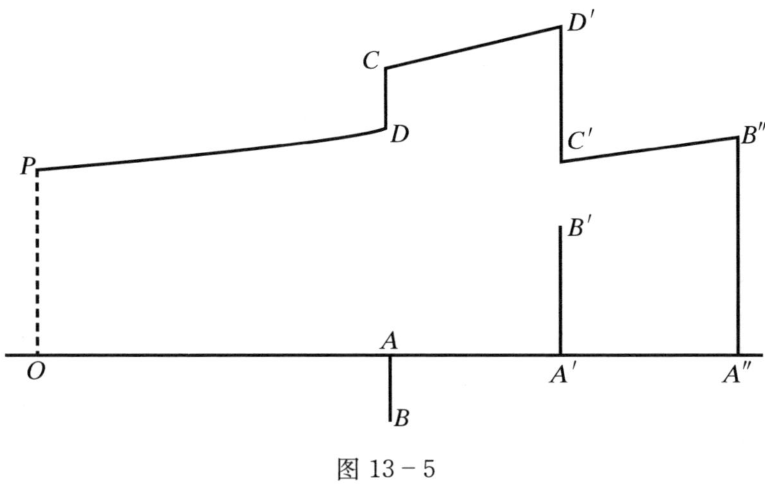

图 13－5

如果愿意，我们可以在某一证券购买之前的瞬间就开始跟踪它将在现值上发生的变化，并将购买价格本身视为一项支出。如果这个购买价格正好等于连续收入的贴现值，那么该证券在购买之前瞬间的资本现值一定为0。于是，在图13－6中，*OM*为购买价格并等于*OA*，*OA*为证券购买之后瞬间的资本现值。因此，该证券在购买之前瞬间的资本现值为0，而整条资本折线为*OABCDEFH*，它从0开始，以0结束，但在此之间则均大于0。这条折线代表着任何资本项在按“公平价格”购买的情况下所经历的正常变化过程。

如果收入流是连续不断的，那么我们可以将收入流任意分割成若干支付次数，再对每次支付分别进行贴现计算，便可得出大致的资本现值。①

① 关于更加全面的表述，参见第十三章附录的第12节。

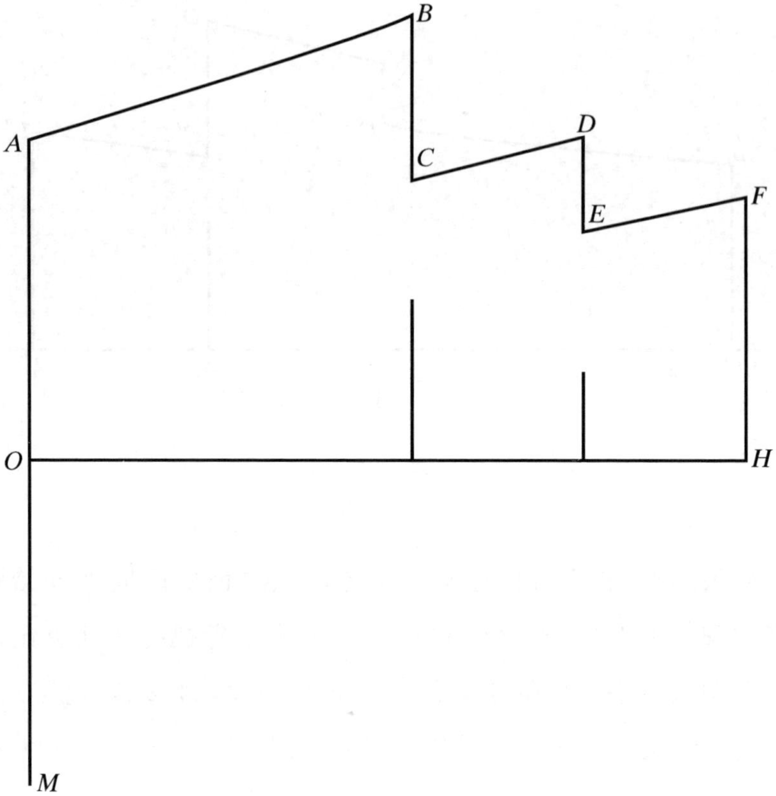

图 13－6

到目前为止，对收入流现值的计算总是先于收入的发生；也就是说，我们是用打了折的收入来得出其现值的。然而，我们可以认为各笔收入是在各自支付期的期末得到支付的，这时我们就必须通过“累积”价值或者其“数额”去计算其现值了。[①]

① 关于收入（不论连续与否）资本价值的讨论和公式，参见第十三章附录的第 13 节。

§9

到目前为止，我们所考虑的都是特定资本财富只带来一种收入流的可能性。但是，一个资本项常常可以带来各种收入流，我们可以在其中进行选择。土地既可以用作放牧、耕种、建楼，也可以用作娱乐。工具也可以用作各种不同的用途，无数财富项都是如此，尤其是当它们结合在一起使用之时。那么，面对特定资本项可以提供的一系列用途，我们应该做何选择？决定因素是什么呢？显然，哪种系列用途或者收入流能够产生最大的现值，哪种就会被我们选择。因此，如果一块土地用于放牧的时候每年会产生1,000美元的净服务而且永无止境，那么按4%的利率来计算，这块土地的资本现值显然是25,000美元。同理，如果这块土地用于其他目的（比方说，用于耕种小麦）的时候其资本现值是20,000美元，那么显然这块土地将被用于放牧而非耕种小麦。

有时，土地等财富可以被投入到的两个系列用途，不仅在数量上会有所不同，在起始或结束的时间上也会有所不同。例如，一座城市中的一片土地既可以在现在用作居住用地，也可以在未来用作商业用地，因此，哪一种用途更有价值常常成为人们探讨的问题。如果该城市正处于迅速成长期，那么，尽管特定地块现在用作居住用地更为重要，但在几年后该地块便有可能不再用作居住用地而转作商业用地了。在这类情况下，“划算”的做法是：完全不让该土地用于现在的用途，空置它直到该城市成长起来后将其建成商业地块并从中获利。如果现在在该土地上盖起住宅，那么，要么其日后用作商业用地的可能性会被断送，要么转为商业用地后获得的利润会因之前对住宅用地的拆除和弃用而削减。在这类情况下，投机者通常会买断并持有该土地。他们只是认为，城市成长起来了，土地便有可能增值，而他们便有可能从自己持有的土地中获益；因此，他们购置那块土地是为了日后以更高的价格将其出售。人们通常认为这种投机者是在让土地空置不用，但他们其实只是在让土地"推迟"使用。他们如果真的有远见卓识，便与精明的小麦交易投机者并无二致。众所周知，小麦交易投机者的操作保证了小麦的供应，因此二者都不应该受到谴责。土地可以被用来产生几种不同的收入流，土地投机者从中选取了那个现值最大的收入流，因此，从这个意义上说，土地投机者往往可以使土地得到最佳利用。推而广之，我们也很有可能用这种方式找到土地对公众的最佳用途。然而，既然最佳用途未必就是具有最大市场价值的用途，那么，后面这个结论也未必是从前面那个结论得出的。但是，那些企图全面阻止土地投机的人在证实自己的主张之前，除了指责投机使得土地空置不用以外，至少还需要援引一些其他的论据；因为高明的土地投机仅仅意味着选择了那个有别于其他多种用途、能够在今天提供最大现值的用途或系列用途。

值得注意的是，如果利率提高了，上述例子中的两种用途的相对优势便会大不相同。在利率提高的情况下，划算的做法恐怕就是在土地上建设住宅，而不是空置不用以待未来建成商业用地；因为正如土地持有者所说的那样，在利率如此高企的时候可"损失不起自己的利息"。

§10

到目前为止，我们思考的都是单个财富项的资本现值，可以将同样的推理过程应用于一组财富项的资本现值。这方面一个重要的实例来自于商人的存货。我们往往将存货作为一个整体来进行资本化核算，而不是对单个资本项进行资本化核算后再加总。存货创造的净收入等于存货创造的总收入减去总支出，总支出除了包括补货成本以外，还包括其他经营成本——员工雇用成本、租金，甚至还包括该商人因本人付出的劳动而获得的津贴，除非这位商人只是一个“沉默的合伙人”。如果净收入被认为将永久保持恒定不变，那么这批存货的资本现值当然可以用净收入除以利率来得到。在这种情况下，所采用的利率必须符合适当的收入支付间隔期。如果商品被认为是持续被买卖的，那么需要采用的利率就是“连续支付收入时的年利率”。[①]

§11

于是，我们得出结论：假设资本品产生的全部未来收入可以预知，则任意资本品（无论是财富还是产权）的现值都是其全部未来收入的贴现值，因此，该资本品的现值会随时间的推移而波动，在收入支付的间隔期内会随着未来收入支付的临近而沿“贴现曲线”

---

① 有关数学表述，参见第十三章附录的第14节。

逐渐增加，在每次收入支付完成时突然下降，在支出前后又突然上升。资本现值的这种波动最终以 0 结束，此时该资本项或资本组的使命或者服务就此结束。资本现值也常以 0 开始，此时该资本项或资本组刚刚被获得或者刚刚被生产出来。可以说，这些变化构成了资本现值的一种生命史。[①]

在某些读者看来，资本现值是其预期收入的贴现值这条规则存在一个例外，即如果有可能从某资本项中收到的收入被无限期推迟了，上述规则便不再成立。当本金按复利累积而不将利息提走的时候，便属于这种情况。如果某人的储蓄账户中有一笔 1,000美元的存款，他将这笔存款留在账户里按 4%的利率累积生息，直到大约 18 年之后那 1,000 美元翻为两倍，在这种情况下，那 1,000 美元在他看来便不是任何收入的贴现值了。如果他还是将那 1,000 美元视为任何收入的贴现值，那么那 1,000 美元便是他预期在 18 年期满时将会拥有的 2,000 美元资本的贴现值。1,000 美元资本现值是未来 2,000 美元资本现值的贴现值，这完全正确；但是，这未来 2,000 美元的资本现值本身，要么是随后某些收入的贴现值，要么是延期更久甚至无限延期的一项资本的贴现值。人们还是希望有朝一日自己能够真正收到那笔最终收入。不论那笔最终收入多么遥遥无期，现在这 1,000 美元都是那笔收入的贴现值。根据经验，永远累积下去是不可能的。但是，如果我们姑且将这种永远的累积视为可能，那么，我们还是要将那笔可能的收入解释为将被永久地延期支付，以至于即使在本例中，这1,000美元也

① 关于利率发生变化且变化可以预知的情况，参见第十三章附录的第 15 节。

仍旧要被视为一笔被无限延期支付的收入的贴现值。当然，这种有限的情况只具有纯粹的理论意义。那个通过复利计算出的大得惊人的金额总是让从未进行如此计算的人吃惊不已。1 美元如果按 4%的复利存起来，一个世纪以后会达到 50 美元，两个世纪以后会达到 2,500 美元，三个世纪以后会达到 125,000 美元，四个世纪以后会达到 6,500,000 美元，五个世纪以后会达到 325,000,000 美元，六个世纪以后会达到 16,000,000,000 美元。再往下那些数字的数量级几乎是不可想象的。①

然而，我们几乎找不到有人为了得到六个世纪后那笔巨大的金额而将区区 1 美元存起来！即便未来可以得到的金额非常巨大，人们也太不情愿为遥不可及的未来而付出任何努力。本杰明·富兰克林在 1790 年去世时分别留给波士顿和费城 1,000 英镑，附带条件是要将其积攒一百年，他按 5%的利率计算，这笔钱在一百年期满时将达到 131,000 英镑。波士顿在一个世纪期满时实际积攒到 400,000 美元，之后又继续积攒到约 600,000 美元。费城收到的款项却没有增长得这么快。

关于积攒，另一个有趣的例子涉及波士顿洛威尔学院(Lowell Institute)，该学院于 1838 年由 200,000 美元遗赠款创建而成，附带条件是将从中获得的 10%的收入进行再投资并追加到本金中。这项条件的特殊性在于其永久性。因此，从理论上说，这样进行的积攒在未来是没有尽头的。67 年之后，这笔基金已经积攒到 1,100,000美元了。

① 关于几何图形表示，参见第十三章附录的第 16 节。

然而，我们必须记住的是，实际上，即使允许诸如 1,000 美元这样一小笔金额也按 4%的利率去积攒一千年，我们也绝不可能真正获得理论上的那个金额。届时，理论上的那个金额会超过 100,000,000,000,000,000 美元，大大超出我们这个星球上全部资本的价值，因此根本就不可能实现。这笔金额之所以未能如理论要求的那样积累得那么快，除了因为偶然发生的损失以外，还在于这一积攒过程本身会导致利率的下降。随着几个世纪的过去，这种基金的管理者会发现，可用该基金进行投资的领域越来越难觅得，而他们的投资努力也会减少在投资上可以实现的利率，现在那些迫于压力购买政府债券的国家银行对此也感同身受。

第十四章　赚得与收入

§1

上一章的内容表明，如果资本品在未来创造的收入完全可以预测，那么任何资本品的价值都可以通过对该未来收入的价值进行贴现而得出。我们接下来要做的是，对由此得出的资本价值和资本价值赖以存在的预期收入的价值进行比较。

显然，资本价值从一开始就少于总的预期收入，这是因为任何未来金额的贴现值都必然少于该金额本身。表 14－1 列举了五种典型资本项的资本与收入，而上述事实可以由该表的第三、第四列加以说明。

从该表中我们可以看到，按 5% 的利率计算，土地的现值为 20,000 美元，而从土地中预期获得的总收入是无限多的；按同样的利率计算，房屋的现值是 18,300 美元，从房屋中预期获得的总收入大约是其现值的三倍多，即 50,000 美元；马匹的现值稍高于 500 美元，而从马匹中预期获得的总收入大约比马匹的现值多出 100 美元，即 600 美元；服装的现值是 28 美元，而从服装中预期获得的总收入是 30 美元，其中第一年累积的收入为 20 美元，第二年累积的收入为10美元；最后一项面包的现值是10美分，而从面包中预期获得的总收入也是10美分。在最后这种有限的情况下，资本的现值实际上并没有少于其预期总收入，这是因为从对财富项进行估值至收到该财富项提供的服务之间的时间间隔过于短暂。

表14-1

资本	年净收入	总收入	资本价值（利率5%）	资本价值（利率2.5%）
土地	每年1,000美元，持续永远	无限	$20,000.00	$40,000.00
房屋	每年1,000美元，持续50年	$50,000.00	18,300.00	28,400.00
马匹	每年100美元，持续六年	600.00	508.00	551.00
服装	第一年20美元；第二年10美元	30.00	28.00	29.00
面包	每年36.50美元，持续一天	0.10	0.10	0.10

对某些财富项来说，资本价值同收入价值相等，而另一些则不然，其中一个原因能从此表中清楚地看到。面包的资本价值和收入价值在事实上是相等的，这很可能会使那些不习惯于区分事物之间细微差别的人认为，没有必要去区分面包10美分的使用价值（即收入）和面包10美分的自身价值（即资本）。就服装而言，也存在几乎同样的混淆危险；因为服装30美元的使用价值（即收入）与服装28美元的自身价值（即资本）之间的差别微乎其微。但是，随

着我们过渡到更加耐用的资本项，它们在使用价值和自身价值上便出现了巨大的差异，我们可以毫不费力就将两者区分开来。因此，我们常会在经济学论文中发现房屋在使用价值（在表14－1中是50,000美元）和自身价值（在表14－1中是18,300美元）上是存在某些差异的。但是，如果这种差异在一种情况下是合乎逻辑的，那么在其他情况下它也同样应该合乎逻辑。无视这一点所产生的后果，我们在第七章已经看到。

§2

如果利率不是5%而是2.5%，资本价值会出现很大的变化，如表14－1最后一栏所示。但利率减半对资本价值的影响会因财富项的不同而不同。财富越耐用，受到的影响越大。当利率减半时，土地的资本价值会翻一番，即从20,000美元增加到40,000美元；而房屋的资本价值仅增加约60%，即从18,300美元增加到28,400美元；马匹的资本价值仅增加10%，即从508美元增加到551美元；服装的资本价值仅从28美元增加到29美元；最后一项，面包的资本价值根本就不会增加，仍然维持在10美分。在这五类资本项中，我们看到，资本价值对利率的敏感度表现为：资本带来的收入所持续的时间越长，其价值对利率的敏感度越高。

一般说来，收入集中支付的时段越远，资本价值对利率的敏感度也越高。例如，若总收入是100美元，并全部集中在50年之后的一个时点支付，那么，当利率为5%时，其资本价值是8.72美元，而当利率降低到2.5%时，其资本价值则变成29.09美元。也就是说，利率减少一半，资本价值翻了三倍还多。如果总收入同样是100美元，但只需一年就期满支付，那么当利率从5%降低到2.5%时，其资本价值只会从95美元增加到97.50美元。

§3

到目前为止，我们关注的只是与资本价值有关的总收入；现在我们来思考与资本价值有关的年收入率。这种收入率在前文中被称为价值收益率。

与之前的解释一致，计算价值收益率的顺序如下：某特定资产要使其所有者在未来获得一系列被认为是可准确预知的收入项。我们要将所有这些收入项按特定的利率进行贴现计算，再将贴现结果加在一起，其总和即构成该资产的资本价值。然后，我们以任意时点的资本价值为除数，以年收入为被除数，进行除法运算，其商数即为价值收益率。

务必牢记，构成除数的资本价值，既不是一个虚构的票面价值，也不是由初始投资额标示的那个价值，而只是某特定时点之后产生的预期收入在该时点上的贴现值。我们应该在一开始就从思想中摈弃那笔一成不变、永存于债务或其他产权之中的本金，唯一需要处理的价值实体是所考虑的产权的价值，它是该资产产生的预期收入的贴现值，因而也处于不断变化之中。尽管诸如空地这样的资本暂时还没有产生任何收入，但有朝一日它一定会，正是这笔遥远收入的贴现值唯一地构成了该片空地的资本价值。诚然，投机者可以仅仅因为自认为日后能够将土地出售给他人而给土地定价，在他看来土地的现值是独立于未来收入的，而只取决于土地在未来的资本价值，他期望根据该价值将土地出售出去。但是，显而易见，这个未来的资本价值本身也是届时购买土地的那位买家所预期的收入的贴现值。如果这位买家也是一个投机者，那么他也会同之前那位投机者一样，依靠再售对土地估值，进而，依托未来收入来计算资本价值这一过程就只能再推迟下去了，直至某个买家是为了获得土地产生的收入而购买时。这笔最终的预期收入为前面所有的资本估值提供了基础。如果对未来的收入没有任何预期，那么资本价值就根本不会存在了。资本价值不可能独立于预期收入而存在。

§ 4

关于价值收益率，我们首先需要强调的是，它未必等于利率，同后者相比，它可大可小，大或小的程度也不一样。

下面以前文中那座假设仅可使用 50 年的房屋为例来说明这一点。在这 50 年间，扣除实际费用之后，该房屋提供的栖身服务价值为每年 1,000 美元。我们看到，如果按 5%的利率对这笔 50 年期的年金进行贴现，则其现值是 18,300 美元。因此，第一年该房屋实现的价值收益率是 $\frac{1,000}{18,300}$，即 5.4%。通过对剩余收入进行贴现，该房屋在 10 年期满时的现值将是 17,200 美元。因此，该房屋之后实现的价值收益率是$\frac{1,000}{17,200}$，即5.8%。同理，该房屋在30年期满时的现值将是12,500美元，实现的价值收益率是$\frac{1,000}{12,500}$，即8%。再如前文中那件能穿两年、第一年提供的服务价值为20美元、第二年提供的服务价值为10美元的服装。该服装一开始时的资本价值约为28美元，在第一年期满时的资本价值约为9.50美元。因此，它在第一年实现的价值收益率是$\frac{20}{28}$，即71.4%，在第二年实现的价值收益率是$\frac{10}{9.50}$，即超过100%。前文中那块面包的价值是10美分。它在一天内创造了价值为10美分的收入，换算成按年计算的比率就是每年创造36.50美元的收入；因此，其价值收益率是$\frac{36.50}{0.10}$，即每年36,500%（按日或"连续时间"计算利息）。

在上述例子中，资本的价值收益率都超过了利率。但是，它也有可能低于利率。例如，如果买下一片种着小树的林地，那么这片林地有可能在10年之内都产不出一棵大树。我们可以假设，在随后的（第二个）10年里，这片林地每年的产出价值为1,000美元，再之后每年的产出价值为2,000美元，直到永远。可见，如果按5%的利率计算，这片林地的现值约为20,000美元，也就是相当于一笔从投资之日起算被延期支付10年、在接下来的10年里每年支付1,000美元的年金的贴现值，再加上一笔从未来20年起算每年支付2,000美元的永续年金的贴现值。按5%的利率计算，这片林地从现在起算10年后的价值约为32,000美元（即一笔立即起算的 10 年期每年 1,000 美元的年金的贴现值，再加上一笔紧接着上述 10 年期期满之时起算的每年 2,000 美元的永续年金的贴现值)，从现在起算 20 年后的价值约为 40,000 美元(即一笔每年 2,000 美元的永续年金的贴现值)。因此，该片林地的价值首先从 20,000 美元逐渐增值到第一个 10 年的 32,000 美元，但这期间没有实现任何收入；在第二个 10 年，这片林地增值的速度尽管不如之前那么快，但依然会继续增加到 40,000 美元，这期间每年实现的收入(realized income)相对较少，达到 1,000 美元。因此，在开始时，价值收益率为所实现的收入除以资本的商，即$\frac{0}{2,000}$。在第一个 10 年，价值收益率显然依然为 0。在第二个 10 年开始时，价值收益率显然是$\frac{1,000}{32,000}$，即 3.1%；在第三个 10 年开始时，价值收益率是$\frac{2,000}{40,000}$，即 5%。由此可见，在这种情况下，价值收益率会从 0 逐渐增加到与利率相等的水平。

价值收益率甚至可以为负。比如，在第一年，小马驹引致的麻烦恐怕要比它创造的价值多，因而产生 20 美元的净支出或者负服务。在此后的第二年里，小马驹可能创造 10 美元的净收入，从第三年到第十年(包括第十年)可能每年创造 20 美元的净收入，再之后的五年可能每年创造 10 美元的净收入，之后它会死掉。正如我们的预先假设所要求的那样，假设所有这些收入在一开始时都可以准确预知，那么这匹小马驹的现值将是所有这些收入的贴现值(按 5%的利率计算)，即约为 135 美元。因此，它在第一年创造的价值收益率为$\frac{-20}{135}$，即－15%；第二年创造的价值收益率（按该年开始时的资本价值计算）为$\frac{10}{161}$，即6%；第三年创造的价值收益率为$\frac{20}{159}$，即13%；第十五年创造的价值收益率约为$\frac{10}{10}$，即100%。全部数值系列如表14－2所示：

表14－2

	该年度创造的收入	该年度开始时的资本价值	价值收益率
第一年	－$20	$134	－15%
第二年	10	161	6
第三年	20	159	13
第四年	20	146	14
第五年	20	134	15
第六年	20	121	17
第七年	20	107	19
第八年	20	92	22
第九年	20	76	26
第十年	20	60	34
第十一年	10	43	23
第十二年	10	35	28
第十三年	10	27	37
第十四年	10	19	54
第十五年	10	10－	100＋

从上述各例明显可以看出，对投资者而言，提供5%利率的产

权，在一些年度的价值收益率可能超过5%，而在另一些年度的价值收益率可能低于5%。住宅用房在50年间每年创造的价值收益率都超过了5%，然后便不再创造收入。林地在20年间每年创造的价值收益率都少于5%，但之后则等于5%。小马驹创造的价值收益率从第一年的－15%增加到第十五年的100%，然后永远为0。

不过，有些商界人士此时可能很想表达一下反对意见。他们会指出，上文提到的那座房屋在第一年创造的价值收益率是因为忽略了折旧才能表现为5.4%而不是5%；相反，上文中提到的那片林地在第十一年创造的价值收益率是因为忽略了增值才表现为3.1%而不是5%。在既定条件下，那座在该年度开始时价值18,300美元的房屋在该年度内确实必须折旧85美元；于是，持反对意见者便坚持认为，应该将这85美元的折旧从房屋收到的1,000美元收入中减掉，只有如此才能得到房屋创造的真实"净收入"。从1,000美元减掉85美元之后，差为915美元，正好是18,300美元资本的5%。因此，根据这种计算，该房屋的真实价值收益率不是5.4%而是5%。同理，就那片林地而言，持反对意见的人会坚持认为，该片林地在资本上的增值恰好弥合了第二个10年开始时3.1%的价值收益率与看似获得的5%的价值收益率之间的差额。

这些计算都是正确的，但它们并不妨碍我们已经给出的计算价值收益率的方法，它们只是弥合了投资者"实现的"(realized)收入与资本"赚得的"(earned)收入二者间的差异。实现的收入是资本获得的实际服务的价值；赚得的收入是在实现的收入中加上资

本的增值或者从实现的收入中减去资本的贬值而得出的。我们可以将二者简称为收入(income)和赚得(earnings),以示区分。

为了阐明二者之间的区别,也为了说明这种区别的重要性,我们来思考一个利息按年支付的面值为1,000美元的4%债券。根据前一章所述,该债券的价值(如果按4%的利率计算)显然会在1,000美元和1,040美元之间波动,在两次利息支付之间的时点上,债券现值会从1,000美元逐渐升高到1,040美元,在每次利息支付完毕之时又突然回落到1,000美元。收入就是每年期满之时支付给债券持有人的40美元,对此即便我们的反对者也不会否认。债券持有人在每年利息支付期满之前的期间没有收到任何收入;然而,这个债券却在每个季度都赚得以债券增值为形式的大约10美元。我们可以简单地认为,债券赚得的这些所得等于这项资本的利息。所以,一般而言,当我们假设收入可以准确预知的时候,资本的赚得等于资本的利息。因此,会计本能地将注意力放在了赚得之上。但是,当他们试图抹杀"实现的收入"并用"赚得的收入"取而代之的时候,就大错特错了。在二者之中,实现的收入起着更加重要的作用,因为所有其他要素——资本价值、价值收益率、折旧,甚至赚得本身,都取决于实现的收入。我们还以那座房屋为例来说明这一点。有关该房屋的首要基本事实是:它有望在50年间每年产生1,000美元的收入。有了这一系列收入,我们便有可能对其进行贴现计算,从而得出该房屋的资本价值;我们再用收入除以资本价值,便可以得出其价值收益率;我们可以比较其在依次连续的日期上的资本价值,从而了解其折旧情况;我们可以从其实现的收入中减掉折旧,从而得出其赚得。如果没有在一开始

就给出实现的收入，我们便不可能进行所有这些计算。赚得不能作为我们的出发点，因为不借助于折旧，便无法计算出赚得；不借助于资本价值，便无法计算出折旧；不借助于预期可实现的收入，便无法计算出资本价值。

而且，如果我们将收入和赚得混为一谈，那么前一章的基本命题——资本价值是预期收入的贴现值——将不再成立。因此，该房屋的资本价值是18,300美元，18,300美元是房屋在20年间每年实现的收入1,000美元按5%的利率进行贴现计算后的贴现值。但是，18,300美元却不是该房屋赚得的贴现值，因为所有赚得都少于1,000美元，一开始时是每年918美元，然后逐年减少，直到50年期满；显然，50年间50个少于1,000美元的收入项的贴现值一定小于50个等于1,000美元的收入项的贴现值。

既然不假设存在一笔实现的收入便不能得出赚得的收入，既然资本价值已经被表示为实现的收入的现值而非赚得的收入的现值，那么，显然，在这两个概念中，实现的收入更为基本。

§ 5

但是，会计们会自然而然地漠视实现的收入而重视赚得，他们的这种本能实在太过顽固了。因此，除非收入和赚得已经得到严格区分，否则还是要将已经形成的那些混淆详细地指认出来。首先，我们观察到，在未来收入可以准确预知的条件下，赚得和利息是相等的。现在，如果利率为5%，将1,000美元资本投到土地、房屋、马匹、证券等任何一种形式上去，那么，尽管说赚得5%的收入，但事实上未必每年都能真正收入50美元。这1,000美元意味着某项预期收入流按5%贴现后的现值。但是，该收入流的表现形式可以是多种多样的：例如，它可以表现为一笔每年50美元的永续年金，如前文中那块土地；它也可以表现为一笔14年期每年100美元的有期年金；它还可以表现为一笔10年期每年25美元的有期年金，之后再跟一笔10年期每年167.50美元的有期年金。所有这些表现形式彼此之间是等效的，当我们按5%的利率对它们进行贴现计算时，它们中的每一种都表现为一笔现值为1,000美元的资本。

在所有这些可能的收入形式中，我们通常采用永续年金作为"标准"(standard)收入(即赚得)，并用它来与其他收入进行比较。例如，某人持有一项14年期每年产生100美元的产权。如果他按5%对这笔收入进行贴现计算，便将这项产权的现值估计为1,000美元。他可以认为自己拥有1,000美元并将其"投资于"该项产权，因此在14年间他每年都可以从中得到100美元的收入。但是，他知道自己也可以按1,000美元将该项产权出售并将得到的1,000美元再投资于一项能够永远每年产生50美元标准收入的产权。每年50美元是他永远"可能"收到的标准收入，每年100美元是他"确实"能在14年间收到的实际收入，两相比较之后我们可以观察到：起初他的收入是赚得的收入或者标准收入的两倍，即100美元而非50美元。然而，在收入上超出的50美元却与在产权资本价值上减少的50美元相互抵销掉了，因为其产权的资本价值在第一年期满时将是13年里(而非14年里)每年100美元的贴现值，如果利率依然按5%来算，那么贴现后的结果为950美元。

因此，通常说来，按 5%的利率投资 1,000 美元的资产所有者，只有以资本价值损失 50 美元为代价，才能获得一笔高于标准收入 50 美元的收入。

相反，假设这 1,000 美元也按 5%来投资，但是要采取这样一种形式：起初只能产生不到 50 美元的收入，例如，投入到与上述要求相符的一笔 10 年期每年产生 25 美元收入的投资形式中去，但之后 10 年里每年产生 167.50 美元的收入。那样，该资本所有者在第一年只能收到 25 美元而非赚得的“标准收入”50 美元，但是，其收入上减少的 25 美元会与其在资本价值上增加的 25 美元相互抵销掉。

这个原则十分具有普遍性，人们对它的熟悉程度或许已经达到了无须严格证明便认同的地步，尽管进行这个证明毫不费力。因此，我们可以做如下表述：

(1)当一项资产产生一定预知收入并且按一定利率对该收入进行贴现而得到资本价值的时候，如果实现的收入等于赚得的收入(因此也等于利息)，则资本价值将保持在一个恒定不变的水平上。

(2)如果实现的收入多于赚得的收入，则资本价值将减少超出的部分。

(3)如果实现的收入少于赚得的收入，则资本价值将增加不足的部分。

无论利息或复利的计算以年、半年、季度等计算还是连续计算，上述原则都成立。但是，当利率连续出现变化而不是年复一年保持一致时，上述原则在表述时便有必要稍做修改或限制了。[①]

一言以蔽之，实现的收入和赚得的收入之间的联系在于：二者之间相差资本增值或贬值的部分。于是，我们可以这样表述：赚得的收入或者等于实现的收入减去资本贬值，或者等于实现的收入加上资本增值。因此，我们可以把对实现的收入和赚得的收入的混淆表述为：这种混淆错在，要么将资本贬值计算为支出的一部分，要么将资本增值计算为收入的一部分。这种错误的做法在现实中很难防范，因为人们对此已经习以为常。将这个错误彻底戳穿是本章接下来的目标。

§6

首先，我们要强调一项在第七章提及的事实，即这种常见的错误做法并没有自始至终地得到坚持。养老金是一笔资本价值不断递减的收入。然而，即便常规做法也很少或从未将这个贬值从养老金中减去以便获得“真实的”收入；我们之所以本能地将这样一份养老金不做任何减除而全部计入收入中（正如我们应该的那样），是因为它发生的贬值实际上并没有被抵销掉。相反，在一般性的业务中，我们却习惯于对所发生的贬值做减除处理，因为这种贬值通常被实际支付到折旧基金中的款项抵销掉了。但即便在这种情况下，贬值本身也不是一项支出；不过，有一项同时发生的支

① 这种情况在第十四章附录的第 1 节中进行了讨论。但实际上，这是一种我们很少进行的细微修正或限制。

出与它大致相等，这项支出就是支付到折旧基金中的款项。因此，这项折旧基金是真的存在，还是只是假想出来的，这个问题会在实践中带来完全不同的结果。如果真的存在一项折旧基金，那么，维持这项基金运作的支出可以将实现的收入减少到正好等于赚得的收入。因此，在这种情况下，假想出来的赚得的收入便在事实上成为现实了。

为了将资本价值维持在一个固定的水平，就必须将一部分收入回笼到资本中去。假设利率固定不变，折旧基金可以定义为一项由回笼的那部分收入累积而成的基金。因此，折旧基金是每年由实现的收入超出赚得的收入的那个超出部分贡献而成的。如果不是存在一个超出的部分，而是存在一个不足的部分，那么这个不足部分对折旧基金的贡献就为负值了，也就是说，不是一定数额的收入要转化为资本，而是一定数额的资本必须转化为收入了。

折旧基金可以用几何的方式简要地表示出来。如图 14－1 所示，a、a'、a''、a'''、a^{iv}……代表一系列收入项。AB 代表这个收入流的资本化价值。高度 AC 代表 AB 的利息，于是，高度为虚线 CD 的一系列年度收入项代表标准收入。因此，直线 a、a'、a''等在虚线 CD 之上的超出部分便代表各收入项对折旧基金的贡献。在诸如 a'''等实现的收入不足标准收入之处，实现的收入对折旧基金的贡献为负值；也就是说，在该时点，不是一些收入被进行了再投资，而是一些资本被用作了收入，以防止收入减少到规定的标准水平以下。同样的原则也适用于连续收入流的情况，如图 14－2 所示，直线 CD 的高度代表赚得的收入，曲线 EF 的高度代表实现的收入；代表两种高度的曲线相差的部分便形成了折旧基金。因

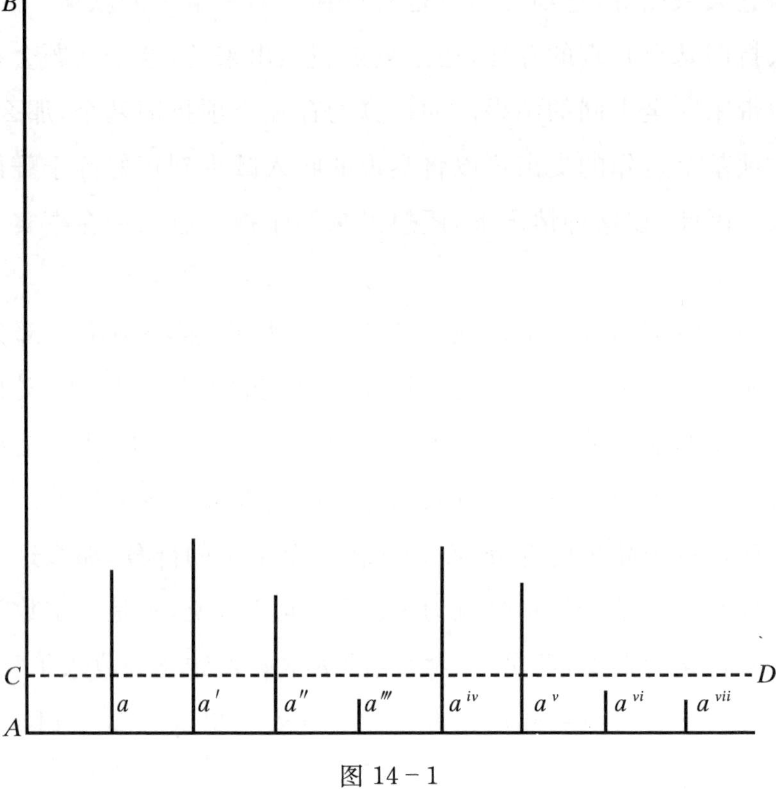

图 14－1

此，如果按 4%的利率投资 1,000 美元资本，而投资的收益不是 22 年里每年收入 40 美元而是 22 年里每年收入 70 美元，那么每年收入对折旧基金的贡献显然是 30 美元。在第一年期末收到收入之前，资本价值在假定条件下并没有成为 1,070 美元，而是只有 1,040美元。然后，第一笔收入项 70 美元被收到。从 1,040 美元中减去这一项收入后，剩余 970 美元，这比资本的初始价值少了 30 美元。因此，为了使资本的价值重新回到 1,000 美元的初始水平，就必须将 30 美元放回到资本中去。

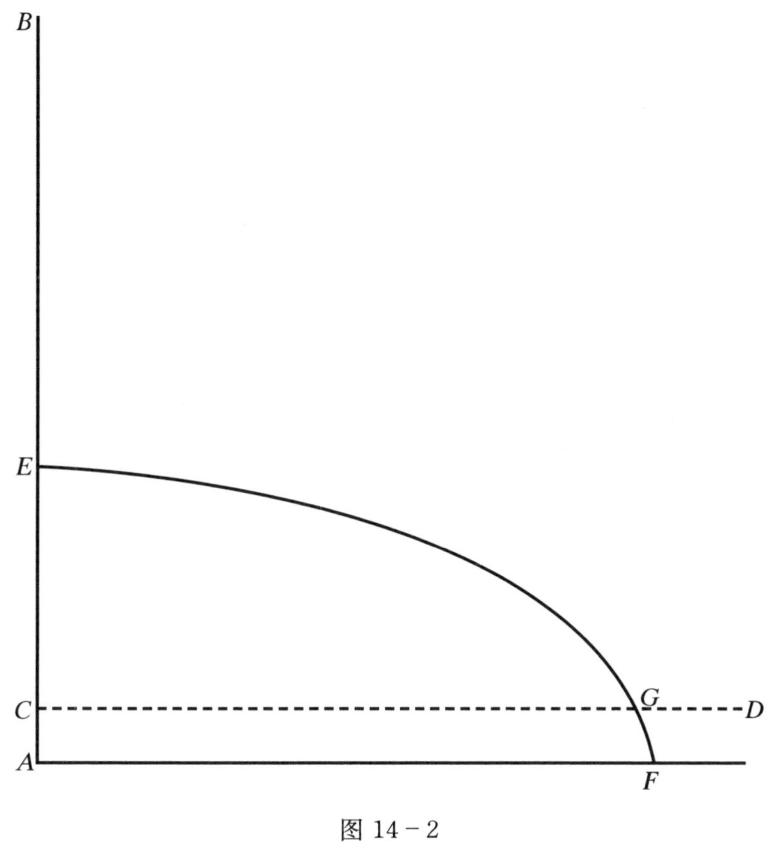

图 14－2

显然，各个收入项是仅仅作为追加而再投资到初始资本中去了，还是按照同样的利率投资到其他形式的资本中去了，都无关紧要。机器的所有者既可以通过每年投资于几台新机器，也可以通过每年购买投资型证券，来抵销机器发生的折旧。当“折旧基金”一词被使用时，人们通常会想到后面这种投资类型。如果机器的所有者采用这种投资类型，那么，原始资本会持续减少而不是维持在一个固定的水平上，而折旧基金则会持续增加使得机器和折旧基金二者的价值之和保持不变。因此，在收入期末，当原始资本(即机器)的价值完全耗尽，证券中折旧基金的价值会完全取而代之。有时，这项事实会被用于折旧基金的定义。于是，折旧基金便被描述为：由一连串来自于收入的款项支付而成，如果每次支付的款项都按复利累积，那么在整个收入期期末折旧基金总值将等于原始资本。

折旧基金最常适用于不以票面价值出售的债券。例如，当利率是4%时，一个100美元20年期的5%债券会以115美元出售。按4%的利率计算，这项资本的利息是4.60美元。既然折旧基金是收入与利息之差，那么本例中的折旧基金就是5美元减去4.60美元即40美分。这40美分每年都应该从收入中拿出来并按4%的利率进行再投资，如此才能在收入期末依然会有一项115美元的资本存在。如果债券最后一次支付的收入，即105美元，被视为一个无异于之前的收入项，那么最后一年的折旧基金就是105美元减去4.60美元，即100.40美元；也就是说，除了每年的40美分，在债券存续期的期末，还应该有一笔所谓本金的100美元的再投资。因此，我们再次证明了为什么最后支付的100美元被视为本金或者资本而不是收入。简言之，这100美元总是被认为应该进入折旧基金，也就是说，要进行再投资而不是作为收入保留下来。如果该债券按票面价值出售(即如果它产生的收入等于市场利率)，那么，最终除了本金本身以外便没有折旧基金了，那时最后的那项实现的收入(105美元)会超出赚得的收入(5美元)100美元。这一超出部分如果以同样的利率(即5%)进行再投资，便能使收入保持在相同的水平上。

折旧基金的运作意味着,每年投资的小笔余额款项是有可能按原始资本获得的利率以利滚利的方式进行累积的。但是,对于土地、机械等财富项而言,情况并非总是如此。如果涉及两个不同的利率,一个用以计算既定收入的资本价值,一个用以计算每年存入折旧基金的款项,那么,折旧基金的计算当然会变得更加复杂。①

§7

与折旧基金密切相关的是偿债基金(sinking fund),偿债基金是政府用以偿还巨额债务的手段,尤其是用以偿还公债的本金。围绕着偿债基金,向来有许多不必要的困惑,尤其自错综复杂却又错误百出的普赖斯(Price) 和皮特(Pitt)的理论提出以来。

每年向折旧基金投入的金额是实现的收入与一笔假想的与之有相同现值的永续年金的差额。然而,每年向偿债基金投入的金额却是实现的收入(或更加常见的支出)与一笔假想的与之有相同现值的有期年金之间的差额。政府必须偿付一系列与公债相关的支出。这些支出构成了一笔持续多年的支出流,比方说,一笔持续10年的支出流,其中包括九次等额支付(即名义利息)和一次大额支付(比其他九次支付多出所谓本金那么多金额)。偿债基金只不过是一个使所有这十次支付均等化的工具。如果这十次实际支付包括9年间每年支付5,000美元和第10年支付105,000美元(就

① 请读者参考《精算师学会教材》第一部分,伦敦(莱顿),1901年。那里对这个问题及年金方面的其他问题进行了全面阐述。

如同那个10年期的“5%”债券)，那么，按4%的利率计算，与这一系列支付相当的那个假想的10年期年金便是13,329美元。因此，政府若要还清债务，更确切地说，以十次等额支付来还清债务的话，就必须在前9年不仅每年支付给债权人5,000美元，还要向偿债基金支付8,329美元。这个过程在第10年反了过来，之前累积在偿债基金中的100,000美元被全部取出，用以支付100,000美元的本金。因此，和债券一样，偿债基金可以被定义为：在指定时段内由每年投入其中的金额累积而成的总额正好能够在该时段结束时清偿某项金额的基金。

§8

折旧基金和偿债基金不是唯一可以在某种程度上均等化不均等收入流的工具，还有很多其他工具可以利用。例如，某人有一笔大额支出，如盖房，但他不想让这笔支出严重影响其平稳的收入流，因此会为其准备好一笔金额相当的大额收入。他可以变卖自己的其他资产，如铁路股，进而收到的收入会抵销用于盖房的支出；他也可以给自己的房产及房产占地办理抵押贷款，然后逐期还清贷款——出售住所的产权本身而不是与住所完全不同的某项产权；他还可以在一开始就做出安排，以分期付款的方式支付盖房用款。

所有这些方法都能或多或少地维持收入的规律性，但也只不过是将承受一笔大额支出的负担转嫁到另一个人身上。第一种方法使房屋购买者通过变卖其他资产筹集到必要的资金，从而将一项他本人寻求暂时规避的支出转嫁给该资产的购买者。第二种方法，即抵押法，预先假设了一个随时准备提供必要资金的贷款人，本例中那笔大额支出的负担便暂时转嫁给了这个贷款人。第三种方法，即分期付款法，意味着该盖房人（或者其他方）预先借入了盖房成本。换言之，此人为了均等化自己的收入，而将不均等化转嫁给他人——通常为银行家或者经纪人。

对整个社会而言，这种纯粹的转嫁工具无法应用，因为找不到一个置身于社会之外的可以转嫁收入波动性的局外人。不过，有一种方法可以使社会收入或多或少地实现标准化。这就是通过对不同资本项进行搭配与联合，使不同收入流得以相互补偿。例如，如果一个社区拥有铁矿，那么该社区便拥有一种可在一段时间内产生超过标准收入的资产。就本例的性质而言，每打出一桶铁矿石便会减少该铁矿未来所能生产的铁矿石的数量。该铁矿实际上就是一种有期年金，它枯竭之后将不会再产生任何收益，因此该铁矿的资本价值会逐渐减少。而生长着幼苗的林地起初会多年创造不出什么可观的收入。因此，从这项资本获得的收入会暂时低于标准水平。同时拥有铁矿和林地的社区会发现这一增一减正好可以相互抵销，因而其收入会比仅仅拥有其中一种资产时更加接近于标准水平。

§9

有些资本在生产或消费的不同阶段会有大量工具（或资本项）参与其中，上述最后一种方法便可应用于这种情况。如果一家织布厂配备有20台磨损度相同的织布机，工厂的资本价值显然会贬值，因而有必要设立一项折旧基金。但是，如果这20台织布机的磨损度正好均匀地分布在不同阶段（为方便起见，我们姑且假设每年损耗一台织布机），那么织布厂就没有必要设立折旧基金，因为每年更换一台织布机便相当于设立一项折旧基金，资本也可以因此而维持在一个恒定不变的水平上。

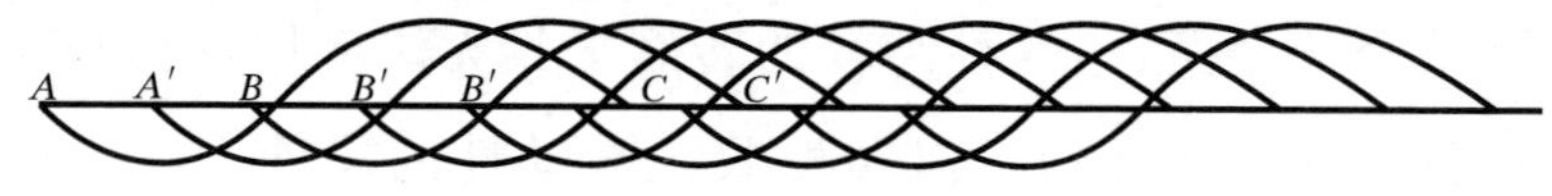

图14－3

无论什么样的收入流，即便其组成部分极其不规律，如果这些部分按一定间隔错开不断更新，就必然会产生一个恒定不变或整齐划一的总收入。如图14－3所示，ABC代表一个初始为负、后来为正的收入流。例如，初始的负收入流由建造机器引致，后来的正收入流由使用机器引致。$A'B'C'$代表一个与ABC极其相似但起始于稍后时点A'并以相等的间隔期无限延续下去的收入流。显然，当我们到达第一笔收入流的终点C之后，我们还有一笔相当恒定不变的收入和支出，任何时点的收入由基准线AC'以上的纵坐标总和组成，任何时点的支出由基准线以下的纵坐标总和组成。

这种情况可以用来对比学界思考资本利息的两种不同观点。J. B. 克拉克教授认为，利息是任何时点上总收入（率）与总支出（率）的净差，并对这一净收益和该时点上资本的价值进行了比较。这个概念将生产的支出或成本视作与收入同时发生，也就是说，他将图 14－3 中曲线上包含在相隔很短的任意两条垂线间的任意小部分都考虑进来。而庞巴维克教授则一直认为生产成本是先于收入而发生的。他将注意力放在基本收入流 ABC 上，并对 A、B 两点之间的支出或成本和 B、C 两点之间的收入进行了对比。显然，这两种观点是完全可以调和的，但持有这两种观点的学者似乎并没有意识到这个事实，因此，双方在对待资本与利息的看法上一直各持己见、各执一词。庞巴维克教授通过对比 B、C 两点之间的收入和 A、B 两点之间的投资或支出而将利息视为一种贴水或溢价，而克拉克教授则将利息视为一笔恒定不变的永久收入流与全部资产的资本价值的比率。简言之，庞巴维克教授想到的是我们在之前的一章里述及的利息的溢价概念，而克拉克教授想到的则是利息的价格概念。

§ 10

我们已经看到，赚得的收入常常只是一个假想的标准，我们不可将其与实际实现的收入混为一谈。不过，现实中将二者混为一谈却是司空见惯的事情，就连埃德温·坎南这位我们通常认为比较可靠的导师在这一问题上也出过错。在其所著的《初级政治经济学》[①]一书中，他做出过以下论述：

“如果某人拥有一窖波尔图葡萄酒或一林地树木，那么这

① 第 59 页。

> 些财产每年价值增加的部分显然就是此人年收入的一部分。如果他想花掉它们，他可以这样做而不减少自己的资产。如果他不想花掉，可以进行某种形式的储蓄，并因此增加自己的产权。”

在“何谓资本？”[①]一文中，他又论述道：“收入可以分为两个部分：资本增值的部分和享用的东西。”

资本的储蓄或增值部分从未被贴现进而构成资本价值的一部分，这一事实明确说明这些储蓄或增值部分与通常所说的收入不可相提并论。正如我们已经看到的那样，收入的一个基本特征在于：它是通过财富而产生的合意事件，正是为了它才要对财富进行估值。这个定义意味着：一方面，为了得出各收入项对资本价值的贡献，要对每一个收入项进行贴现计算。另一方面，资本价值的增加部分或减少部分绝不能因此进行贴现计算。例如，假设利率为4%，某人购买了一笔延迟一年开始支付、每年支付 4 美元的年金。既然该年金一年之后的价值为 100 美元，那么，其现值约为 96 美元，而在接下来的一年里，这 96 美元便会逐渐增加到 100 美元。如果我们将年金价值的增加部分（约）4 美元本身称作收入，那么我们也应该一视同仁地像对待其他收入项那样对它进行贴现计算。但是，这样做是荒谬的。4 美元的贴现值是 3.85 美元，如果加到 96 美元上，便要求该资产在今天的全部现值为99.85美元，或者说，实际上是要求该资产在今天的价值等同于一年以后的价值

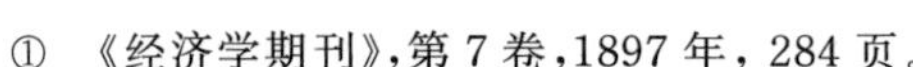

① 《经济学期刊》，第 7 卷，1897 年，284 页。

而不是实际上的少 4 美元。换言之,这种将资本的增值部分算作收入的假说可不攻自破;因为增值部分如果是收入,那么我们就必须对其进行贴现计算,但是如果进行了贴现计算,我们便可以在事实上将其加以否定了。显然,从资本的增值部分不能和其他收入项一起进行贴现计算这层意义上说,资本的增值部分不是收入。即使资本的增值部分是收入,也是一种极特殊意义上的收入,因为它不能像其他收入一样可以通过贴现计算而得出资本价值。所以,当我们同时需要考虑这样两种相差甚远的收入时,结果只会导致混乱。

我们已经看到,资本的增值是以收入的减少为代价的。具体说来,这是由于实现的收入与标准收入相比存在不足所引致的,它在金额上也等于该不足部分。鉴于此,坎南给收入下的定义可以表述为:实现的收入加上实现的收入少于赚得的收入的不足部分。但是,这种收入其实就是赚得收入,而不是实现收入。

§ 11

为了使这个问题更加贴近现实,我们来想象这样一个例子。兄弟三人分别继承了一笔金额相同的产权,比方说 10,000 美元。假设利率为 5%,老大将自己的 10,000 美元投资于一份每年 500 美元的永续年金;老二用 10,000 美元购买了一笔 14 年期按 5%计息的信托基金,届时该基金在价值上会翻两番,然后他将连本带利投资于一笔每年 1,000 美元的永续年金;老三是那种挥金如土的人,他购买了一笔(接近)六年期每年 2,000 美元的年金。

基于我们提出的理论(即资本增值部分不被视作收入),老大将拥有一笔每年 500 美元的永续收入;老二在前 14 年里“没有”任何收入,但之后将拥有一笔每年 1,000 美元的永续收入;老三在六年里将拥有一笔每年 2,000 美元的收入,但之后将一无所有。这种看问题的方式也与通常的商业计算相一致。

另一方面,根据资本增值部分被视为收入的理论,尽管老大获得的收入与我们之前计算的相同,但老二和老三的收入情况就大不一样了:老二第一年的收入是 500 美元,因为这一年里他的资本从 10,000 美元增加到 10,500 美元;他第二年的收入会是 525 美元,因为这期间他的资本又从 10,500 美元增加到 11,025 美元,如此这般,他第十五年的收入会是 1,000 美元。老三在第一年使用了 2,000 美元;但是,由于他获得的利息只有 500 美元,他不得已只能从资本中拿出 1,500 美元。在我们看来,这 2,000 美元就是老三真正实现的收入。但是,根据我们正在批评的理论,要计算挥金如土的老三的净收入,就必须从他真正享有的 2,000 美元中减掉这 1,500 美元的贬值。因此,老三的净收入只有 500 美元,或者说,只是他的原始资本获得的利息。在第二年的开始,这位挥金如土的兄弟所拥有的资本为 8,500 美元,按照同样的理论,这些资本的收入是 8,500 美元的 5%,即只有 425 美元。依此类推,最后我们发现老三这所谓的收入会逐渐减少,到第六年将只有 90 美元。而那时资本已经被消耗一空,不再能产生任何收入。由此看来,这位挥金如土的老三在原始资本 10,000 美元存续的六年间从中获得的收入非常少,总额只有 1,695 美元,并从第一笔 500 美元逐渐

减少到最后的0美元。难道他投资了10,000美元就为了得到这样一笔收入吗？

§12

如果要对上述三人征收所得税，我们就会发现，对“收入”一词的不同解释会造成征税结果大相径庭。如果用那种对收入的正确解释，即本例中兄弟三人初始时各自继承到的资本价值为10,000美元的收入项，那么，征收10%的所得税后，老大每年要缴纳50美元，老二在前14年里不需缴纳任何金额，但之后每年要缴纳100美元，老三在6年里每年要缴纳200美元，[①]但之后便无须缴纳任何金额了。当我们通过三笔税款的现值进行比较时，这兄弟三人承担的税负在这些条件下是完全相同的。每个兄弟都可以缴纳相同金额的税款，即1,000美元（也就是说，他们每人都可以提前缴纳一笔固定金额的税款，而不是每年各自缴纳不同金额的税款）；因为1,000美元既是永久性的每年50美元的现值，也是14年后每年100美元的现值，还是6年里每年200美元的现值。但是，如果我们现在采用那种对收入的错误解释，即将收入视作使用价值加上资本增值或者使用价值减去资本贬值，那么我们就会发现这兄弟三人的税负将大不相同。老大同以前一样会无限期地每年纳税50美元。老二因为在14年里每年都有储蓄，所以将不得

① 更确切地说，有5年每年缴纳200美元，最后一年缴纳180美元，因为该资本将在“将近”6年后耗竭。

不在这14年里为自己陆续获得的储蓄承担每年递增的税负，然后他因为又将这些储蓄投资购买了年金，所以还要为自己从年金中获得的收入缴税。他在第一年里获得的储蓄将是500美元，并要为此上缴50美元税款。在第二年，他的资本从10,500美元增加到11,025美元，增加了525美元，为此他要缴纳52.50美元的所得税，如此这般，如表14－3所示。

表14－3　老二的情况

	资本	所谓收入	对所谓收入征收的所得税	真实收入	对真实收入征收的所得税
初始	$ 10,000				
第一年	10,500	$ 500	$ 50.00	0	0
第二年	11,025	525	52.50	0	0
第三年	11,576	551	55.10	0	0
第四年	12,155	579	57.90	0	0
第五年	12,763	608	60.80	0	0
第六年	13,401	638	63.80	0	0
第七年	14,071	670	67.00	0	0
第八年	14,775	704	70.40	0	0
第九年	15,513	738	73.80	0	0
第十年	16,289	776	77.60	0	0
第十一年	17,103	816	81.60	0	0
第十二年	17,959	856	85.60	0	0
第十三年	18,856	897	89.70	0	0
第十四年	19,799	943	94.30	0	0
第十四年半	20,000			0	0
之后	20,000	1,000	100.00	$ 1,000	$ 100

老三的税负会如表 14－4 所示：

表 14－4　老三的情况

	资本	所谓收入	对所谓收入征收的所得税	真实收入	对真实收入征收的所得税
初始	$ 10,000				
第一年	8,500	$ 500	$ 50.00	$ 2,000	$ 200
第二年	6,930	425	42.50	2,000	200
第三年	5,270	340	34.00	2,000	200
第四年	3,530	260	26.00	2,000	200
第五年	1,710	180	18.00	2,000	200
第六年	0	90	9.00	1,800	180
之后	0	0	0	0	0

我们在比较对所谓收入征收的各种税负时会发现，老大能够与之前一样通过支付 1,000 美元现金了结自己的纳税义务。然而，老二则需要支付 1,714 美元才能了结自己的纳税义务，因为其中的 1,000 美元是 14 年期每年 100 美元税款在 14 年期开始时的现值，其中的 714 美元是对每年的储蓄所缴纳的一系列税款（即 50 美元、52.50 美元……）的现值。老三虽然是三兄弟中最没有远见的一个，但他只需支付 157.73 美元便可了结自己的纳税义务，这 157.73 美元是他必须支付的六笔小额税款（即 50 美元、42.50 美元、34 美元、26 美元、18 美元和 9 美元）的现值。①

因此，我们发现，对兄弟三人各自所征收的税款并不都是

① 在前面的计算中，我们已经假设税收本身不会影响被征税收入的价值。但是，这并不适用于包括资本增值的收入。对此进行的论述，参见第十四章附录的第 2 节。

1,000美元这一等额的所得税现值，而分别是 1,000 美元、1,714 美元和 157.73 美元这种非等额的所得税现值。这样的税收体制是显失公正的，它打击了储蓄者的热情，助长了挥霍者的气焰。实际上，挥霍者使自己的部分应纳税款得以豁免，而节约者则成为常与错误经济理论相伴生的双重征税的牺牲品；因为他们首先被要求就其资本积累（共计 10,000 美元）而纳税 15 年，之后又被要求就来自于同一资本积累的收入而再次纳税。

虽然如此，这种双重征税的过程在现实生活中却司空见惯。它相当于对资本的赚得或者利息征税，而不是对资本实际流出的收入征税。这在美国的一般财产税（general property tax）中很常见。在这种税收过程之下，诸如暂时没有收益的土地等财富也被要求纳税，尽管这类财富除了每年存在增值这种纯粹的结构性收入以外并没有产生任何实现的收入。从某种程度上说，英国的所得税也属这种错误之一例。

§ 13

在上例中，我们已经假设兄弟三人每人都拥有一笔金额确定的年金。我们也已经根据对收入的错误解释考察了所得税对这些资产的影响。然而，资产所有者常常可以从许多方式中选择一种来使用其资产并因此从许多收入流中获得一种收入流。我们在前一章已经看到，在资产的众多不同使用方法中选择哪一种取决于哪种使用方法创造的收入现值最大。根据正确的收入理念，对这些不同的收入流征收所得税并不会扰乱它们之间的比较优势；但是，如果将储蓄解释为收入的一部分，则征收所得税会对它们之间的比较优势产生巨大的扰乱作用。正如三兄弟的例子所表明的那样，这种税制会阻碍人们对暂时不产生收益的资本的使用。事实上，由于这种阻碍作用很容易被识别出来，因而一些学者主张建立单一税制*，但是他们并没有看到这种税制会造成不公平。他们认为，对不产生收益的财产或资本课税是正当合理的，不应该允许前一章所描述的那种对不动产的投机。他们会以刚刚描述的方式对土地的所有增值部分征税。这种税制对林地造成的损害恐怕最为严重。林业倡导者早已意识到这种税制对处于生长期的林地会造成有害影响，还未成林便提前砍伐而造成的浪费已成事实，因此他们试图争取减免此种税负。但是，在美国，认为林地每年获得的增值也属于收入并应该纳税的观念至今依然根深蒂固、甚嚣尘上，其结果自然会导致林地所有者在本该让林木休养生息的时候过早将其砍伐。在欧洲，从个案来看，由于林地管理的历史更加悠久，因此其税收体制也更加理性。“（德国）巴登州对新建林地实施免税已有 20 年（自 1886 年立法规定起算）。奥地利对新建林地实施免税已有 25 年（自 1869 年立法规定起算）。法国对土地税的$\frac{3}{4}$实施免税已有 30 年。”[①]对于 50 年时间都无法成材的林地，即便对其征收少量税款，从长远来看，也会使本该成材的林地付之东流，

* 单一财产税最早由法国学者季拉丹所提出。他认为，对不产生收益的财产或资本课税，不但不会影响资本形成，还可刺激资本投入生产。同时，征收单一财产税，可以课及所得税不能课及的税源。——译者注

① 阿尔弗雷德·盖斯柯尔：“应该怎样对森林征税？”，《林业与灌溉》，1906 年 4 月，第 173 页。

后果极其严重。[①]

§14

我们已经揭露出来的错误不仅体现在人们对实现的收入和赚得的收入的混淆上，也体现在人们对收入和资本的混淆上。将储蓄视为收入其实就是将资本增值视为收入。但是，从已述内容来看，某人若要增加自己的收入就必须相应减少自己的资本，这是显而易见的。因此，资本和收入是相互排斥的。人们不可能既获得全部标准收入，同时又获得资本增值。这项事实早已自然而然地被体现在“鱼和熊掌不可兼得”这句古训之中了。

然后，我们了解了如何区分标准收入和实现的收入。二者一个是假想的，一个是实际的。一个是如果收到会使资本价值保持不变的收入；一个是实际收到会脱离于资本的收入，不论该资本会因此而增加还是会因此而减少。简言之，一个是赚得的收入，一个是实现的收入。

当然，二者也会有相一致的时候，在这种情况下，资本价值会保持不变。当二者不一致时，它们的差额就衡量了资本增值或者资本贬值的额度。通过折旧基金或其他可以使原本没有规律的实现的收入变得有规律的工具，这一差额可以部分或全部消除。但是，只是去计算折旧并不意味着就万事大吉了，计算折旧仅仅是将

① 应用理论上正确的所得税也存在某些局限性，这些局限性在第十四章附录的第3节中述及。

部分实现的收入认定为来自于资本，并不能补偿资本的损失，也不能阻止其成为一部分实现的收入。仅仅在名称上将储蓄称作收入并不能使其真正成为实现的收入。这两个过程都试图在思维中将事实上无法标准化的收入标准化。我们已经看到，它们既体现了人们对资本和收入的混淆，也体现了人们对赚得的收入和实现的收入的混淆，它们还导致了不公平的课税——对节俭者的双重征税，对挥霍者的税收减免。

第十五章　资本和收入的账户

§1

前两章阐述的内容在会计中都有相对应的账户。(记账)正确的账户会向我们呈现出这样一个事实,收入的异常增加总是由资本来负担的。在公司中,将派发给股东的大额股息称为"从资本中支付股息"也未尝不可,加利福尼亚一家地产公司在派发股息时的实情便可证明这种说法的合理性。反之,在另一个极端,如果一家公司将因进行资本积累而在股东间派发小额股息称为"从资本中支付股息",那就大错特错了,纽约一家公司就从未宣布过要向股东派发股息,多年来,这家公司一直像滚雪球一样对大笔盈余进行资本积累,因此该公司的股票(价格)大大超过了其票面价值。

我们在第八章已经看到,收入账户中的各项分别代表资本账户中各项的收入或支出。也就是说,收入账户不过是一份与每一资产项或者负债项(包括那类权利与义务相同的资产和负债,如租契和员工合同)有关的收入和支出的报表。如果每一资产项的收入都能保持稳定或者维持在标准水平,那么资本账户和收入账户之间的关系便非常简单了。若利率为5%,在这种情况下,资本账户中的每一项在金额上都总是收入账户中对应项的20倍。假设一家公司旗下的一间工厂价值为300,000美元，其中100,000美元是通过发行企业债券筹集的，那么，其余的200,000美元便是该公司的资本和盈余。如果这些估值代表的是一个真实而非虚构的票面价值，而利率按5%来计算的话，则该工厂价值300,000美元这项事实只能表明其赢利能力是每年15,000美元，其中的5,000美元是支付给债券持有者的利息，10,000美元是支付给股票持有者的股息。如果这家企业生意兴隆、业务不断，那么它的资本账户和收入账户便会年复一年不变而有序地重复下去。

§2

现在假设，这间工厂不是每年都进行规模相等的维修与更新，而是每隔很长一段时间进行一次规模特殊或超常的维修与更新；在两次超常维修与更新间的这段时期，工厂的资本价值会出现逐年“贬值”，而当维修与更新发生的时候，工厂的资本价值又会突然恢复原样。假设这间工厂在1900年发生的贬值是10,000美元，那么，该年期初和期末的资本账户以及该年度的收入账户可以表示如下：

1900年期初的资本账户

资产		负债	
工厂	$ 300,000	债券	$ 100,000
		资本与盈余	200,000
	$ 300,000		$ 300,000

1900 年期末的资本账户

资产		负债	
工厂	$ 290,000	债券	$ 100,000
		资本与盈余	190,000
	$ 290,000		$ 290,000

1900 年度的收入账户

资本来源		收入	支出		净值
工厂	产品	$ 40,000	经常费用	$ 15,000	+ $ 25,000
债券			利息	5,000	− 5,000
资本和盈余			股息	20,000	− 20,000
		$ 40,000		$ 40,000	0

从表中可以看出，这间工厂在 1900 年产生了 25,000 美元的收入。由于该工厂的资本价值只有 300,000 美元（按 5% 的利率计算），根据第十四章提出的原则，如果其资本价值不发生那个差额（即实现的收入与应得的收入之间的差额 10,000 美元）大小的贬值，它所实现的收入便不可能超过 15,000 美元；但是，该公司不是留出一些收入用于应对资本贬值而进行的折旧（即用于支付未来会发生的维修与更新），而是宣布要增发股息。因此，股东们会收到一笔与工厂在资本价值上发生的 10,000 美元贬值相等且超出标准收入 10,000 美元的股息。也就是说，他们收到的不是其 200,000 美元资本和盈余的正常利息 10,000 美元，而是 20,000 美元。超出标准收入的 10,000 美元就这样与股东的资产贬值完全相等了，他们的资产在这一年中也相应地从 200,000 美元减少

到 190,000 美元。

假设在接下来的一年里，这间工厂再次产生了 25,000 美元的收入。既然工厂在该年期初的资本价值是 290,000 美元，那么，按照 5%的利率来计算，如果其资本价值没有发生那个差额（在这种情况下，是 25,000 美元 - 14,500 美元，即 10,500 美元）大小的贬值，它所实现的收入便不可能超过 14,500 美元。因此，减掉用于维修与更新的费用后，这间工厂在该年期末的资本价值为290,000 美元 - 10,500 美元，即 279,500 美元。我们假设，这两年内发生的全部资本贬值 20,500 美元要由超常维修与更新费用来补齐。既然这间工厂产生的收入只有 25,000 美元，在向公司债券持有者支付完利息后便只剩下 20,000 美元了，因此，为了补齐这 25,000 美元的超常维修与更新费用，便有必要将股票持有者的资本和盈余估计为 500 美元了。于是，这些账户可以表示如下：

1901 年期初的资本账户

资产		负债	
工厂	$ 290,000	债券	$ 100,000
		资本和盈余	190,000
	$ 290,000		$ 290,000

1901 年期末的资本账户

资产		负债	
工厂	$ 300,000	债券	$ 100,000
		资本和盈余	200,000
	$ 300,000		$ 300,000

1901 年度的收入账户

资本来源	收入		支出		净值
工厂	产品	$ 40,000	经常费用	$ 15,000	+ $ 4,500
			超常维修费用	20,500	
债券			利息	5,000	－5,000
资本和盈余	估值	500	股息	0	＋500
		$ 45,500		$ 45,500	0

§ 3

如果维修费用被分摊到两年，那么支付给股东的股息就不是20,000 美元，而是第一年 10,000 美元、第二年 10,000 美元。为了使股东的收入能够如此稳定而标准，而不是忽高忽低、变化无常，只需建立一项专项维修基金。该基金作为一项独立投资而积累几年之后又返还到该工厂中，与此同时，该工厂也会继续发生贬值。我们假设这项计划被采纳并于 1902 年开始执行，那么该年的资本和收入账户便可表示如下：

1902 年期初的资本账户

资产		负债	
工厂	$ 300,000	债券	100,000
		资本和盈余	200,000
	$ 300,000		$ 300,000

1902 年期末的资本账户

资产		负债	
工厂	$ 290,000	债券	$ 100,000
维修基金	10,000	资本和盈余	200,000
	$ 300,000		$ 300,000

1902 年度的收入账户

资本来源		收入	支出		净值
工厂	产品	$ 40,000	经常费用	$ 15,000	+ $ 2,500
维修基金			投资	10,000	−10,000
债券			利息	5,000	−5,000
资本和盈余			股息	10,000	−10,000
		$ 40,000		$ 40,000	0

我们从中可以看到，该工厂的资本价值和以前一样贬值了 10,000 美元，但是，为了弥补这一损失，有价值 10,000 美元的维修基金投资到股票和债券等资产中来。这项维修基金建立之后，该公司的资产价值便可以恒定地保持在 300,000 美元；股东持有资产的股本也可以保持在一个恒定的水平上，即 200,000 美元；股东收到的股息只有 10,000 美元而不是 20,000 美元，因为他们将 10,000 美元投资到维修基金中了。我们可以假设，在接下来的一年里，资产继续发生贬值，该工厂再次产生 25,000 美元的收入，正如我们在第 2 节里看到的那样。既然这间工厂的资本价值只有 290,000 美元，资本产生的应得的收入也便只有 14,500 美元，因此它也必须贬值 10,500 美元。既然前一年里设立的维修基金产生了 5%或者说 500 美元赚得，那么 1903 年的各个账户便可以表示如下：

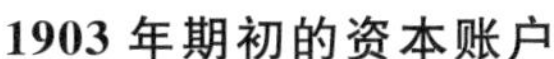

1903 年期初的资本账户

资产		负债	
工厂	$ 290,000	债券	$ 100,000
维修基金	10,000	资本和盈余	200,000
	$ 300,000		$ 300,000

1903 年期末的资本账户

资产		负债	
工厂	$ 279,500	债券	$ 100,000
维修基金	20,500	资本和盈余	200,000
	$ 300,000		$ 300,000

1903 年度的收入账户

资本来源	收入		支出		净值
工厂	产品	$ 40,000	经常费用	$ 15,000	+ $ 25,000
维修基金	收到利息	500	新投资	10,000	− 10,000
			利息再投资	500	
债券			利息	5,000	− 5,000
资本和盈余			股息	10,000	− 10,000
		$ 40,500		$ 40,500	0

从中可以看到，维修基金不仅吸收了支出一边发生的又一笔10,000 美元的新投资，还产生了 500 美元赚得，但是，这笔收入被立即进行了再投资并在支出一边体现出来。最终，在该年期末的资本账户中，这间已贬值到 279,500 美元的工厂，在贬值的同时获得了一笔足以使资产总值提升至 300,000 美元的维修基金。因此，股东们持有的资本价值可以恒定地保持在 200,000 美元，他们也因为自己持有的这 200,000 美元资本而获得了 10,000 美元的标准收入。

§ 4

我们假设，在接下来的一年里需要再次进行超常维修。鉴于这间工厂在这一年里还在持续贬值，超常维修费用将达到约

31,500美元，因此，该维修基金便被出售，出售后获得的资金被用于实际维修。于是，这间工厂在1904年的各个账户可以表示如下：

1904年期初的资本账户

资产		负债	
工厂	$ 279,500	债券	$ 100,000
维修基金	20,500	资本和盈余	200,000
	$ 300,000		$ 300,000

1904年期末的资本账户

资产		负债	
工厂（不包括修缮）	$ 268,500	债券	$ 100,000
修缮	31,500	资本和盈余	200,000
维修基金	0		
	$ 300,000		$ 300,000

1904年的收入账户

资本来源	收入		支出		净值
工厂	产品	$ 40,000	经常费用	$ 15,000	− $ 6,500
			超常维修费用	31,500	
维修基金	12月售出全部基金	31,500	新投资	10,000	+ 21,500
	利息	1,000	利息	1,000	
债券			利息	5,000	− 5,000
资本和盈余			股息	10,000	− 10,000
		$ 72,500		$ 72,500	0

我们从中可以看到，这间工厂的资本价值在1904年期初是279,500美元，期末是268,500美元（不包括修缮）。但是，合计

31,500美元的修缮资金或者超常维修资金又将工厂的资本总值提升到300,000美元。由于维修基金已被全部用于工厂修缮，这期间不存在任何维修基金。因此，这间工厂的总资产为300,000美元，股东所有的资产和之前一样恒定保持在200,000美元，他们的股息也恒定保持在10,000美元。在这一年里，工厂自身没有产生之前账户中有规律地作为净收入而出现的25,000美元，因为在这一年我们必须向工厂收取31,500美元超常维修费用。因此，工厂本身产生了6,500美元的净赤字，但这项赤字被出售维修基金而获得的31,500美元这一大笔收入抵销掉了，所以，再减去该年度的新投资10,000美元，该年度的净收益是21,500美元。因此，我们看到，为了支付折旧费用而存在的维修基金实际上使得资本账户维持在一个恒定的水平上，虽然它年复一年地改变着账户中项目的形式，但它既没有影响债券持有者的利息，也没有影响股东的股息。换言之，维修基金充当了标准化股东收入的工具。在普通的商业会计中，这种标准化被视为一项良策。

§5

有时，也会发生某些例外的情况，例如，在多少有些遥远的未来，诸如采矿公司或者地产公司这样的企业终归会终止运营。可即便在这种情况下，会计们进行标准记账的本能依然十分强烈，对于实现的收入高出或者低于标准收入的部分，他们往往采用一种特殊的方式来处理。

于是，一家公司在终止业务时，最后的收入分配并没有被当作一次普通的派息；事实上，大部分收入都被视为返还给股东的股本了。因此，从形式上看，这家公司是在办理向股东返还股本的手续，并将如此支付给股东的款项作为一项采购成本而非一项股息红利计入账户。

无论何时，只要股东放弃自己的股息，与上述相反的操作便会发生。通常，公司正是以这样一种方式来扩大自己的资本，因为它名义上是在派发普通的红利，但却允许愿意放弃股息的股东对股息进行再投资并因此得到新的股票证书。

§6

从上述账户清晰可见，我们所阐述的资本与收入理论在实践中适用于普通商业会计。事实上，这种会计只不过是对各收入项及其在不同时点的资本额进行记录的一种方法。商人的资产负债表是一张描述其经营前景的报表，其中的每一项分别代表着他预期未来会计入其收入账户的项目的贴现值。因此，对于资本账户的正确解释便是，资本账户就是对"那些预期会出现在收入账户中的项目的资本额"进行的一般性描述；资本账户的波动等于"收入账户中各个项目对标准收入的偏离"；如果资本账户没有出现这种波动，那么收入账户中的所有项目都等于资本账户中相应项目产生的标准收入。

当然，在处理实际账户时，需要对这种一般性描述进行很多切合实际的修正。第三章曾指出，这种修正是出于各种不同的缘由，例如，风险这一重要因素的影响，会计们维持资本账户逐年不变的愿望，将具有两面性的项目（如租契、员工合同等）从资本账户中省略，等等。但是，这些实践上的迫切需要丝毫也不能对资本与收入账户的理论产生影响。在所有情况下，收入账户只是记录了特定时段内资本项提供的服务与负服务的价值；资本账户则记录了这些资本项的现值，而这些现值又是通过特定时点上它们所提供的服务与负服务的预期价值得出的。

第十六章　风险因素

§1

在前三章里，我们其实自始至终都在假设存在那种人为简化的条件。我们想当然地认为，所谈论的资本的未来价值是确切可知的；换句话说，有意忽略掉了或然性这个因素。例子中的那间工厂被视为在未来定能产生收入，就像债券持有者在未来可以获得数额确定的利息一样。不过，在现实世界中，每间工厂、每家企业都既有赢利的可能，也有亏损的风险。本章我们就来讨论这些或然性如何影响资本的价值。

我们已经看到，每当预期的收入即将支付，资本的价值便会随之增加；每当预期的收入正在支付或完成支付，资本的价值又会随之减少。但是，只有当未来的收入被视为确定的时候，资本的价值才会发生上述变化。因此，或然性因素的引入会使资本的价值发生其他变化，而这些变化甚至更为重要。如果我们以股票价格和债券价格的发展变化情况为例，便会发现，由于所谓的或然性因素，股票价格和债券价格的变化过程主要是对不断变化着的未来收入估值进行记录，而不是对可确切预知收入的支付过程进行记录。完全没有不确定性的未来事件，即便有，也寥寥无几。实际上，产权就其本身的定义而言，不过是对于资本在未来提供服务的或然性的权利。对于未来矿井会有怎样的产出，矿主要冒风险；对于未来能否遭遇冬霜，佛罗里达橘子种植园主要冒风险；对于未来是晴是雨还是其他什么气候条件以及是否会遭遇火灾、虫害等破坏，农场主要冒风险；对于外套的御寒性、耐穿性如何，购买者要冒风险。即便所谓的保值(gilt-edged)证券也并非完全没有风险。因此，从某种意义上说，每一位产权所有者都是风险的承担者。一些人会比另一些人高估自己所承担的风险。从这个事实来看，在实际发生的风险和个人对风险的估计之间似乎存在着某种差别。但是，只需稍加思索，我们便可了然于心：这种差别不过是一种假象；因为就这种情况的性质而言，或然性总归是一种估计。或然性是主观的。尽管某个人的估计可能会因此人见识广、直觉准、经验多而比其他人更加准确，但是，估计，无论多么准确，终究还是估计，而非定论。在现实世界中，不确定性是不存在的。除了存在于人类的观念之中，或然性这种事是不存在的。对于全知全能的人而言，所有事件都是确定无疑的。

必须承认的是，这种有关或然性的观点，普通人并不熟悉，公开宣称接受这种观点的学者也不多。因此，文恩(Venn)博士等坚信客观论的学者，将某事件发生的或然性视为该事件在长期内实际发生的次数与全部可能发生的次数之比。但是，不论这个“长期”有多长，该事件实际发生的次数很少会与其可能发生的次数完全吻合。在抛硬币这样简单的例子里，就算抛上 1,000 次，通常也不会不多不少正好抛出 500 次正面朝上和 500 次背面朝上。然而，即便长期论者，也认为正面朝上和背面朝上的或然性是相等的。因此，即使抛出 600 次正面朝上而只抛出 400 次背面朝上，二者的比率也不可以是 6∶4。针对这种异议，长期论者只给出了这样的解答：抛的时间还是不够长，不足以使硬币两面朝上的概率相等，因为测试期越长，这组概率就越趋于相等。不过，他们这样其实是在循环论证。“测试期越长，抛出正面朝上和背面朝上的次数就越趋近其概率”这个命题未必成立。例如，尽管抛出正面朝上和背面朝上的概率相等，但也有可能出现：无论抛多少次，就算一百万次，都是正面朝上；或者一开始抛出正面朝上和背面朝上的概率相等，而越往下进行，越偏离这种相等的概率。但凡研究过概率的学者，无论其对概率持何种观点和看法，没有一个会声称这些情形是不可能发生的。我们听到的最多的评述是：这些情形是不大可能发生的。因此，“测试期越长，抛出正面朝上和背面朝上的次数越接近于其概率”这种表述，就成了“测试期越长，抛出正面朝上和背面朝上的次数越有可能与其概率相一致”。这种表述作为一种观点是符合事实的，实际上它就是我们所熟知的“伯努利定理”(Bernoulli’s Theorem)；但是，我们不能以此为基础来为概率下一个严谨的定义，因为这会使我们用概率本身来定义概率：正面朝上的概率是从长远来看正面有可能近似的次数！除了用概率，我们还能怎样来阐述那些从长远来看硬币会按照其概率而落下的条件呢？恰恰在这一点上，我们看到了长期论的根本困境。有一种说法是：如果两名摔跤选手势均力敌以至于从长期来看“在完全相同的条件下”双方各会赢得一半的比赛，那么在一场比赛中双方获胜的机会也是各占一半。确切地说，如果条件完全相同，那么，同

样的结果必然出现，同样的选手总是获胜。只有在他们未知的因素上一次发生了条件上的微小改变之时，才会有赢家的改变；当这些因素的未知性被引入到问题中来的那个瞬间，观察者便不自觉地将自己的依据从长期转移到符合事实的机会论上了。

这样说来，或然性因素与人们的有知与无知相联系。根据无知论，或然性不是客观的，而是主观的。心灵之外，或然性无处立身。如果某人手握一枚硬币而不示于人，那么，当此人询问邻人正面朝上的真实或然性有多大时，邻人会不会回答有一半呢？可事实上，那枚硬币究竟哪面朝上已然确定无疑——要么正面朝上，要么背面朝上；不存在任何模棱两可的情况。如果持币者不做任何手脚而只是张开手掌并看到是正面朝上，那么，如果他不向邻人透露这个事实，而再次重复那个问题，"正面朝上的或然性有多大?"，邻人会不会还是回答"有一半"呢？对邻人而言，由于他不知道硬币到底哪面朝上，因此两种或然性完全相等；但是，对持币者而言，由于他已经看到硬币哪面朝上了，所以就不存在任何不确定性了。他知道正面朝上。对他而言，或然性这个因素已经不复存在，因为无知这个因素已经不复存在。或然性仅存在于无知之中，并因由人们对所谈事件的相对无知程度而异。事实上，或然性是对无知程度的一种衡量。

当然，实测统计记录可以为我们提供一个重要(有时是唯一的)基础，来衡量我们的有知程度和无知程度。于是，在现实中，我们往往通过事物长期以来的表现来估计其或然性。因此，发生火灾、沉船、死亡的或然性通常经由保险公司估计出来。但是，尽管统计学为我们形成对或然性的主观估计提供了数据，可数据本身并不构成或然性；甚至当数据被纳入保险问题之中，保险审核员也并不盲从，而总是要进行个案分析，研究其中的特殊情况。对某幢建筑物失火的或然性、某艘轮船沉没的或然性、某个个体死亡的或然性做出的最终估计，是基于所有可以获得的数据的，统计学提供的数据虽然构成其中重要的一项，但绝非唯一的一项。

为了将这种关于或然性的理念应用于经济实例，我们来考察一座金矿。这座金矿藏有富金沙石的或然性有多大？普通人会根据自己有无这方面的经验而做出普通人的一种估计。地质学家由于掌握的知识更多，因而会做出不同于普通人的一种估计。然而，事实上，金子要么以某种确定的含量实际存在，要么根本就不存在。这种情况其实就是大自然合拢的手掌里握着的一枚硬币。

§2

但是，在证明或然性纯粹是一种心理的而非客观的量度的过程中，我们更不能把或然性定义为一种数学量度。为了衡量或然性，我们有必要说明：(1)何时两种或然性相等或者不相等；(2)何时一种或然性是另一种的某个比率。

据说当某人没有任何倾向性地认为一件事情会发生而另一件事情不会发生之时，此人心中以为这两件事情发生的或然性相等。据说当此人“有倾向性地认为”一件事情会发生而另一件事情不会发生之时，此人便认为其中一件事情发生的或然性超过另一件事情发生的或然性。对两种或然性在数量上的检验，只要看是否因存在意见分歧而举棋不定、犹豫不决——人们对这两种或然性的支持恰好达到均衡。

接下来就是两种或然性的比率问题了。当我们说一个事件相比另一个事件发生的或然性是2：1时，其中的含义是：在三个同等可能的条件组合中，第一个事件占了其中两个，而第二个事件只占其中一个。因此，如果一顶帽子里面有三张纸牌，而其中只有一张会抽到大奖，那么，对于一个从帽子中抽出一张纸牌的人来说，抽到大奖与没有抽到大奖的或然性之比便是1：2，因为在这三次同等可能的抽奖中，有两次抽到的是没有大奖的空白纸牌。

一般说来，当两个事件中的一个或另一个存在 $m+n$ 个同等可能的情况会发生，而且在这 $m+n$ 个情况中，第一个事件发生的或然性占 m 个，第二个事件发生的或然性占 n 个，那么，第一个事件相比第二个事件会发生的或然性便可以说成是 $m:n$。因此，第一个事件发生的或然性是 $\frac{m}{m+n}$，第二个事件发生的或然性是 $\frac{n}{m+n}$。应该注意的是，这 m 个情况和 n 个情况被假设为是互相排斥的。①

因此，概率并非如我们通常想象的那样，只是一种纯粹的数学问题。相反，概率首先是人们做出的一种具体估算。所谓的数学概率，仅适用于同等可能的数组组合，仅在于计算某既定事件有可

① 经常会有以下这种情况发生：我们无法将概率场分成一些完全同等的可能情况。这时我们只能强迫思维做出一种估算。例如，如果估算者对这个概率场的思维状态完全等同于他对另一个概率场的思维状态，而在另一个概率场中分成三个独立的组合是可能的，且在谈事件占其中之一，那么这个事件的概率就可以说成是1：3。如果对上述两个概率场的思维状态相似却不明确，那么，该事件的或然性大约是1：3，而非就是1：3。

能或者没有可能发生的情况所占这些数组组合的个数。数学概率从未建立起基于自身的概率，而总要依靠人们对同等或然性的某种估计才能起步。与应用数学的其他每个分支一样，概率必须依赖于从外部获取自己的原始数据。通过数学概率，我们看似可以得出，用两个骰子掷出双六的或然性是 1/36。但是，这种计算是建立在以下假设之上的：在某个人的估算中，每一个骰子在落地时六个面中任何一面都有或然朝上。以这个假设为出发点，我们就容易说明为什么在投掷两个骰子时会有 36 个同等可能的情况，而其中只有一个情况是掷出双六。数学是无法得出没有经验协助的结果的。关于骰子问题，数学概率所能做到的只是从“两组六个同等或然性”这个假设条件得出的一个结果。至于这些假设条件是否真的存在，那就不是一个抽象的数学问题，而是一个具体的观点问题了。如果我们知道这个骰子被做了手脚，它的某一边被加重了，那么，情况就会发生实质性改变。

§ 3

为了将这种有关或然性的理论应用于资本的估价或估值，我们需要遵守一个原则，即未来的利率和未来的收入项都是不确定的。但是，在资本估值这一问题上，利率的不确定性并非总是存在的，因为在估值时我们采用的只是当前利率而非未来利率。当然，当我们称利率为当前利率的时候，意思是，与该利率相关的合约或者估值是一个当前的合约或者估值。估值意味着，估值者按照已知的一个利率或者多个利率对当前的和未来的商品进行比较。当前利率可以有几个，因此，如果“当前”指的是1906年，那么，对于将“当前”视为1906年的人而言，我们可以想出一系列1906年适用的利率。例如，1年期合约适用4%的利率，5年期合约适用6%的利率，15年期合约适用5%的利率，上述所有合约都从“当前”这个时刻起算。所有这些利率都是固定的、已知的，仅适用于1906年，它们无法确定1907年或者1914年的合约或者估值所适用的利率。

因此，在进行资本估值的过程中，我们未必要将利率视作一个不确定的因素，除非在谈利率是一个未来的利率。

我们假设图16－1中的收入 *AB* 在时期 *FA* 的期末到期，我们再假设利率是产生贴现曲线 *BE* 的利率。那么，*AB* 的现值就是 *FE*。但是，未来对 *AB* 现值的估值有可能不在利率不变时估值所在的那条贴现曲线 *EB* 上面。这样说来，在 *FA* 时段的中间点 *G*，对 *AB* 的估值可能只有 *GD*，它是我们根据一个更高的利率所产生的更陡峭的贴现曲线 *DB* 所得到的。因此，如果我们假设 *G* 点是利率突然间从一个水平变化到另一个水平的那个点，那么该产权(即对 *AB* 的权利)的价值便是沿着那条断裂的曲线 *ECDB* 而变化的，它由 *GC* 突然变为 *GD*。如果该财产的所有者一开始就预见到利率到达 *G* 点时会升高，那么他在时点 *F* 上对该资产进行估值时就会将这个事实考虑在内，产权的现值也就会变成 *FE′*，是我们根据贴现曲线 *BDE′* 所得到的。这条贴现曲线在 *D* 点由曲线 *BD* 和曲线 *DE′* 夹出一个小角，*BD* 是根据 *G* 时点适用的高利率而做出的曲线，*DE′* 是根据 *FG* 时段和曲线 *EC* 所适用的低利率而做出的曲线。因此，这里面的根本事实是：第一，由于未能预见到利率在未来会升高，因此将该财产的现值估计为 *FE* 而非 *FE′*；第二，资本的现值会与利率在未来连续进行的调整相一致，既有可能减少（如 *CD*），也有可能增加。由于这些调整通常是微小而渐进的，因此资本现值的波动通常不会像这里表示的那么巨大、那么突然，但是，其中涉及的原则依然适用。因此，我们看到了资本价值波动的一个新原因，即无法预知的利率变化。

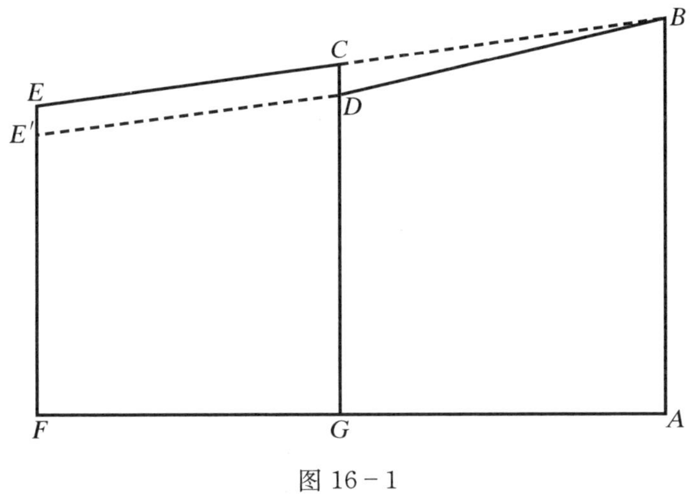

图 16－1

§4

然而，由于利率的变化会影响未来收入项本身的大小，因此，有一个更为基本的途径将利率的变化纳入我们的估算过程之中。上例中的假设条件是：收入项不取决于利率。但是，收入项常常不是第八章中我们称作“最终收入”的构成要素，而是交互作用；用更贴近现实的话来说，收入项常常是要来进行再投资的。这样的收入项会发生自我抵销，并在自己的位置上留下一系列未来的收入项，后面系列中收入项的大小则取决于首个交互作用进行再投资时的利率。如果早就打算进行再投资，那就不仅要了解当前的利率，也要预测未来的利率。例如，对于一位持有 25 年期、5% 利率的债券的投资人来说，估算时会考虑到未来利率的变化。他通常会将最后获得的那笔收入视作本金，打算在其到期支付之时进行再投资，购买一个与之前类似的 25 年期债券。因此，他现在购买的其实并不是一笔 25 年期的收入流（每年获得 5 美元年金，25 年期满时再获得 100 美元本金），而是在购买一笔 50 年期的收入流（其中前 25 年每年获得 5 美元年金，后 25 年每年获得的收入还不可知）。这位投资人要想预测出后 25 年会获得多少收入，就必须首先预测出后 25 年的利率。换言之，尽管该债券名义上代表着一笔不变而确定的收入系列，但由于要进行再投资，该债券实际上代表着一笔 25 年后相当不确定的收入系列，因为 25 年后的利率具有不确定性。这位投资人如果将 25 年期末时的利率预测为 2%，那么他就会因购买了上述债券而在前 25 年每年得到 5 美元，在后 25 年每年得到 2 美元。要是能以 4% 的利率购买一个 50 年期的债券，那么他会情愿按这样的条件来进行投资。但是，要是他将前 25 年和后 25 年的利率都预测为 5%，他现在就不会按 4% 的利率投资于一个 50 年期的债券，而是会投资于那个利率为 5% 的 25 年期债券，待 25 年期满后再按 5% 的利率进行再投资。因此，他对 25 年后利率的预测会对今天的投资选择产生实质性影响。那些预期利率会降低的投资人会倾向于按当前的市场利率投资于长期证券，即便长期证券的利率低于短期证券的利率；而那些预期利率会升高的投资人会倾向于投资于短期证券。例如，对于不断进行再投资的保险公司来说，利率上的任何变化都会成为它们需要考虑的大问题。近来，效力于某大型保险公司的一位精算师指出，利率上的这种变化虽然不是什么非同寻常之事，但对保险公司的繁荣发展来说，利率上的寻常变化都要比死亡率上最非同寻常的变化更为重要。保险公司只能对种种或然性做出大致的考虑：升息的可能性越大，按高利率进行暂时性投资的策略越好；降息的可能性越大，即便按低利率也是进行永久性投资的策略越佳。

§5

然而，在将或然性因素应用于资本估值过程中时，最主要的还不是用在利率上，而是用在收入项本身上。现在，针对这种应用先来谈谈我们自己。我们先考虑完全没有贴现的情况。这种情况的最简单形式就属一般的赌博了。如果某人买了一张彩券，中得 50 美元奖金的或然性是$\frac{1}{10}$，那么，这张彩票的价格显然必须大大低于其可能产生的 50 美元收入。数学家们将奖金与中奖概率的乘积称作中奖或然性的“数学价值”。在我们现在的这个例子中，数学价值就是 50 美元$\times\frac{1}{10}$，即 5 美元。要是一个职业赌徒真的总是按照中奖或然性的数学价值来买彩票的话，那么，如我们从伯努利定理中所熟知的那样，从长远来看，他的收支很可能是相抵的。因此，如果他继续下注，每次支付 5 美元，想中得那 50 美元的奖金，那么,他很可能投注 10 次约有 1 次能中。因此,他可能做出这样的预期:买 1,000 张彩票,有 100 张能中奖,那么,每张彩票花费 5 美元,1,000 张就要花费 5,000 美元,每张彩票中奖 50 美元,中奖 100 张就能得到 5,000 美元。

不过,人们实际付出的代价有可能更高,但通常来说更低,总之,未必就是或然性的数学价值。赌徒们实际付出的代价通常会高于或然性的数学价值。在蒙特卡洛*,赌场就这样赚钱的,但受骗上当的赌徒们深知自己付出的赌资高于赌赢的数学价值。对大多数赌徒来说,后果当然也是毁灭性的。幸好蓄意赌博者在多数社区都只占少数。普通人甚至连或然性的全部数学价值都不愿意付出。他们不仅不愿意承担任何风险,反而愿意付出代价摆脱风险。当赌徒们愿意支付超过 5 美元的价格来买彩票的时候,谨慎的投资者只有在彩票的价格大大低于 5 美元的时候才会有购买的动机。对他们而言,损失的可能超过获利的机会。所以,他们不是要冒少量的风险去获得丰厚的收益,而是情愿牺牲许多来规避巨大的损失。正是基于这种观点,保险应运而生。

适用于不确定收益的三种价值有:(1)当不确定性被彻底消除时,该收益所拥有的价值,即无风险价值;(2)当投资人愿意付出获得该收入的或然性与该收入本身的乘积时,该收益所附带的价值,

---

* 摩纳哥公国一个城镇,位于地中海沿岸和法国里维埃拉,以赌场和豪华酒店而闻名。——译者注

即数学价值；(3)投资人愿意付出的实际价值，即商业价值。因此，在彩票这个例子中，如果我们让彩票持有者有中得 100 美元的机会，那么，这 100 美元不确定收益的无风险价值是 100 美元，数学价值是 5 美元，商业价值则要视情况而定——对于不计后果的鲁莽者，商业价值超过 5 美元；对于平日里谨小慎微者，商业价值低于 5 美元；对于介于上述两类性格之间者，商业价值正好是 5 美元。

数学价值与无风险价值之比可以称为概率系数(coefficient of probability)。在我们假想的彩票例子中，这个概率系数便是 $\frac{5}{100}$。商业价值与数学价值之比可以称作谨慎系数(coefficient of caution)，谨慎系数的大小因个体性格特质的不同而不同。如果某人将商业价值估计为 4 美元，那么，这个谨慎系数便是 $\frac{4}{5}$。有了这些比率，我们就可以从无风险价值推导出某个个体的商业价值，即用无风险价值乘以概率系数，再乘以谨慎系数，也就是：100 美元 $\times \frac{5}{100} \times \frac{4}{5} = 4$ 美元。概率系数与谨慎系数的乘积是商业价值与无风险价值之比($\frac{5}{100} \times \frac{4}{5} = \frac{4}{100}$)，这个比率可以称作风险系数(coefficient of risks)。[①]

谨慎系数体现了个体的性格特征，这种性格特征一部分由先天因素决定，一部分由环境因素决定。在博彩盛行的殖民时代或者在蒙特卡洛这种赌徒聚集的地方，谨慎系数反映出一种反常的不谨慎。与之相反的另一个极端是那些囤积金钱而不进行任何风

① 数学表述可参见第十六章附录的第 1 节。

险投资的胆小者。谨慎系数也会因同一个体处境的变化而变化。正如诺顿(Norton)教授指出的那样,在人们不断变化的处境中,首屈一指的便是个体所占有的资本数量。人们占有的资本越多,在风险投资中遭受重大损失的或然性越小;正是因为这个原因,才有可能富者愈富而穷者愈穷。富人损失几百万也不算什么,穷人损失几百块都难以承受。同样是投资,美国钢铁公司可以大手笔地斥资75,000,000美元新建一座钢铁城,工薪阶层则只能谨小慎微地投资1,000美元做些保本的小买卖,即便如此,前者投资失败的可能性还是要小于后者。

§7

现在,我们可以将这些有关概率的原则应用到资本估值上,也就是说,应用于对不确定收入的资本化上。从实践角度来看,投资主要分为安全投资和不安全投资。但是,即使在所谓的安全投资中,风险因素也是存在的。正如在债券和股票二者之间,后者通常代表着不安全投资,前者则代表安全投资;然而,从某种程度上说,即便是投资于债券,也不一定总是能够收到利息和本金。

我们以5%的10年期债券为例。假设市场利率是4%,这意味着,无论何时100美元在1年后都确定会转换成104美元的收入。在此条件下,该债券应该以108美元出售(参见第十三章)。也就是说,投资者如果以8美元的溢价购买了该债券,那么,10年后只要他得到了规定的全部金额,他便会实现4%的收益。这108美元便是该债券的无风险价值。

但是，尽管108美元是投资者完全确定该债券可以使他获得那些收入项时该债券的价格，但他可能还是觉得会有风险。例如，如果利息支付的概率只有$\frac{9}{10}$，那么他显然就不会支付108美元了。我们可以在这个假设的概率基础上轻易地计算出债券的数学价值为97美元。这个数值是这样得出的：首先把每一收入项乘以其概率系数，然后按4%的市场利率对乘积进行贴现。我们在这里假设，与各笔利息支付和本金支付相联系的风险都是彼此独立的。收到各笔利息支付和本金支付的概率是$\frac{9}{10}$，收不到各笔利息支付和本金支付的概率在每一种情况里都是$\frac{1}{10}$。显然，一年后到期支付的第一笔利息是5美元，那时的数学价值是$5\times\frac{9}{10}$，如果按4%贴现，现值就是$\frac{5\times\frac{9}{10}}{1.04}$。对所有其他收入项来说，如果也能够得到同样的数学算式，并因此得出收入总和的现值，那么，在计算结果中，$\frac{9}{10}$这个分数显然会出现在每笔收入项的现值中，而收入总和的现值不过就再乘以$\frac{9}{10}$便可以了，就好像风险因素不存在一样。换言之，该债券的数学价值就是其无风险价值108美元的$\frac{9}{10}$，即约97美元。

但是，该债券的实际商业价值通常会低于97美元这个数学价值。我们可以将其假设为92.50美元，这表示谨慎系数为$\frac{92.50}{97}$。

这里同彩票例子中的情况一样，我们先用债券的无风险价值乘以概率系数，再乘以谨慎系数$\frac{92.50}{97}$，便可以从无风险价值推导出债券的实际价值。

如果我们不将收到各笔利息支付的概率视为彼此独立，那么数学价值的计算便与上述计算略有不同了。因此，如果我们假设一笔利息支付违约会连带后面所有利息支付都违约，那么，我们在应用概率理论时也应该略有不同，但原则却是一样的。

§8

还有一种方法更常用，我们可以通过这种方法从债券的无风险价值推导出其商业价值。尽管债券价格与风险反向变化，但利率与风险却呈正向变化关系；因此，当债券价值下降时，利率却会相应升高。这样，我们便可以得到无风险利率 4%、数学利率 5.4%和商业利率 6%，它们分别对应该债券的无风险价值 108 美元、数学价值 97 美元和商业价值 92.50 美元。

因此，风险因素会抬高债券的出售价格，而这时会出现一个问题：6%到底是不是真实利率？其实，这个问题纯粹是一个定义问题。如果可能，一种简便的办法是在应用“利率”这个术语时，将其限定在当前收入与未来无风险收入之间的交换范围之内。但是，这样一来，表述什么是无风险利率就太困难了，因为几乎所有投资都或多或少会附带一些风险。于是，商业利率便常常被视为真实利率了。因此，最佳做法是承认三者都是利率，但在必要时将它们区分成无风险利率、数学利率和商业利率。

§9

当我们谈及无风险价值或者无风险利率时，我们试图通过使用“无风险”一词而将或然性因素完全排除在考虑之外——不仅不考虑有收到不足额收入的风险，也不考虑有收到超额收入的机会。但是，证券的数学价值和商业价值超过其无风险价值的情况并不少见，这是因为证券有机会带来额外的收益。例如，每股100美元的优先股确保可以获得的最低收入为5%，即5美元。如果真实利率是4%，那么这张优先股的价值应该是125美元。125美元便是其无风险价值，但是，由于其持有者每年收到的收入很有可能超过5美元，几乎不可能收到不足额的收入，因此，其数学价值会更大，比方说150美元。又由于投资者比较谨慎，所以，其商业价值又会稍微低于其数学价值，比方说130美元。

另外一个例子是美国政府债券。投资于这些债券的国家银行，除了获得利息，还能获得发行银行券的特权。这种额外的好处可以被视为一种额外的收入，在实质上提高了该债券的价值。由于这个原因，除了过分谨慎的投资者以外，人们并不将美国政府债券用作投资目的，持有美国政府债券的通常是国家银行。因此，那些将政府债券实现的利率当作真实利率的做法是具有误导性的。法国地产信贷银行（Credit foncier）发行的债券也附带有类似的好处。由于这种债券有赢得奖金的机会，因此其出售基础利率非常低。

§ 10

一般情况下，我们所面临的风险不仅是会收到不足额的收入，抑或收到超额收入，而是同时具有上述两种可能。这样说来，普通股的股息收入既不像优先股的那样有一个固定的最低值，也不像债券支付的利息那样有一个固定的最高值。普通股的股息收入可能向两种方向中的任何一种变化，而且变化的幅度很大。具体变化幅度可以根据任意选取出来作为比较基础的特定幅度加以衡量。例如，某只股票连续数年产生了下列百分比的股息：5，5，6，5，5，4，5，7，5，3，4，5。为方便起见，我们就以5%为计算基准。这只股票在连续12年里所产生的股息百分比中，有2年超过基准1个百分点及以上，有1年超过基准2个百分点，有3年低于基准1个百分点及以下，有1年低于基准2个百分点。如果这些频次分布是我们用来预判该股未来股息走势的唯一向导，那么，它们就代表着收到各种百分比股息收入的概率。

根据上述数据，我们有可能计算出该股票的无风险价值和数学价值，如果我们还知道谨慎性因素，便也有可能计算出该股票的商业价值。因此，在本例中，无风险价值表示的是：该股票无论何时都确定会产生不多也不少正好(任意假设的)5%收益时的价值。这样，对于每股面值100美元的股票，其无风险价值其实就是一笔5美元永久年金的资本化价值。如果利率是4%，其资本化价值就是5美元除以4%的商，即125美元。

若要得到该股票的数学价值，我们只需在无风险价值的基础上，先加上有可能获得的超额收入的价值，再减去有可能获得的不足额收入的价值。正如上文阐明的那样，我们通过经验发现，每年获得额外1美元收入的或然性是$\frac{2}{12}$，即$\frac{1}{6}$。因此，获得这种或然性的权利的现值便有了一个数学价值$\frac{1}{6}$，这个数学价值大得就好像这1美元额外收入确定无疑会收到一样。但是，每年1美元这笔确定收入的现值却是25美元。因此，每年有$\frac{1}{6}$的机会得到1美元这种或然性（在数学上的）价值便是25美元的$\frac{1}{6}$，即$\frac{25}{6}$美元。同理，获得额外2美元的机会是$\frac{1}{12}$，这种或然性（在数学上的）价值便是25美元的$\frac{1}{12}$，即$\frac{25}{12}$美元。因此，$\frac{25}{6}$美元和$\frac{25}{12}$美元便是我们得到的要加到无风险价值上的两项。要从无风险价值中减掉的两项是：获得比5美元少1美元收入的或然性的数学价值和获得比5美元少2美元收入的或然性的数学价值。这两种或然性分别为$\frac{3}{12}$和$\frac{1}{12}$，其价值分别是25美元的$\frac{3}{12}$和25美元的$\frac{1}{12}$，即$\frac{25}{4}$美元和$\frac{25}{12}$美元。因此，全部数学价值便是：125美元+（$\frac{25}{6}$美元+$\frac{25}{12}$美元）-（$\frac{25}{4}$美元+$\frac{25}{12}$美元），即122 $\frac{11}{12}$美元。如果假设谨慎性因素是$\frac{9}{10}$，我们便可以得出该股票的商业价值是110.63美元。因此，这只股票的三个价值大致如下：

无风险价值 ………………………………………………… 125 美元

数学价值 …………………………………………………… 123 美元

商业价值 …………………………………………………… 111 美元

我们可以以这种方式计算出这三个价值在其他情况中的具体数值。但是，其他情况中涉及的或然性因素往往不那么明确，以致我们只能凭经验做大致的计算。因此，任何对概率理论的进一步应用都会脱离现实实践。①

§ 11

讲求实际的投资者为了估计概率的影响，试图尽一切可能对所有可能影响自身利益的因素做出预测。例如，1904 年 12 月 8 日出版的《工程与采矿杂志》(*Engineering and Mining Journal*)曾有以下记述：归属于绿色铜业联合公司(Green Consolidated Copper Company)的卡纳内(Cananea)铜矿当时的市值为 30,000,000美元。如果我们假设以每年 104,000,000 磅的速度开采 10 年，该矿便蕴藏有 1,040,000,000 磅铜。如果我们再假设铜的价格是每磅 14 美分，生产成本是 8 美分，提炼、销售、佣金等支出是 2.5 美分，即总成本为 10.5 美分，那么，杂志上对该铜矿的估值便是合情合理的。如果我们考虑到未来会有成本节约，那么，成

① 尽管如此，我们也无法想象，经纪人有朝一日会像他们如今利用债券表那样利用概率进行价值计算。作者的同事诺顿教授为我们证实了这一点。有关这方面的简要陈述，参见第十六章附录的第 3 节。

本变成10美分的话,每磅便有4美分的净利润。在此基础上,我们应该得到一笔10年期每年4,160,000美元的年金,其现值按5%计算则是32,000,000美元。但是,由于这些预测含有很大的不确定性,因此,我们可以将杂志上的30,000,000美元视作合情合理的价格,而将30,000,000美元与32,000,000美元之间的差额归于或然性因素,即由概率因素和谨慎性因素共同影响导致的差异。30,000,000美元这个价格所代表的是按照6.5%的收益率计算出的铜矿现值。[①]

因此,在预测从资本中能够获得多少收入时,我们有必要对所有可能的影响因素及其可变性进行预测。这些因素有时多得数不胜数。例如,如果投资于铁路股,持股人要想真正了解这项产权的价值,就必须对铁路交通、价格走势、运营成本(包括劳动力、燃料和物资的数量及价格等)做出预测。无论对其中哪一个进行预测,又都会牵扯到对该行业以外情况的了解,如对庄稼收成情况、农产品价格走势、铁路连线能否增加贸易、人口密度能否升高、竞争态势、是否会有不利于自身的立法等等都做出展望。

① 对于矿井这种贬值迅速的财产而言,经纪人们常常以一种略微不同的方式来计算其基础利率,即在计算投资者可以实现的收益率时基于以下这个假设:投资者不是按照刚刚述及的6.5%而是按照5%这一真实或者保险的收益率建立起折旧基金并进行再投资。按照这种方法计算,我们发现,投资人除了留出5%的资金用于折旧,每年还实现了10%的收益率,而基础利率便被称为10%。就刚刚述及的那个例子而言,这10%实现的收益率和按照5%进行再投资的折旧基金一道,便相当于实现了6.5%收益率和按照6.5%进行的再投资。

§12

现在我们明白了，资本价值的实际变化可归因于以下四个原因之一：(1)贴现效应。也就是说，尽管我们没有收到任何收入，但资本的价值依然会沿着贴现曲线而升高。(2)收入的定期派发。也就是说，在发生收入或者支出时，收到多少收入，资本便减少多少价值；发生多少支出，资本便增加多少价值。(3)预料之外的利率变化。即当利率发生改变时，我们需要按照新的利率对未来事件进行贴现，这导致我们对未来事件做出重新评估，资本的价值也会相应发生变化——如果利率降低，资本的价值就会增加；如果利率升高，资本的价值就会降低。(4)未预见到的预期收入变化。

第四个原因是其中最具实践意义的一个。前三个原因对产品市场行情造成的改变和调整都不如第四个(即对未来不断变化的展望)频繁。每一则关于庄稼的传言、每一场对庄稼造成毁灭的暴风雨或病虫害，都会改变人们对未来收入的预期。既然第三和第四个原因都可以归因于缺乏预见性，所以，如果愿意，我们可以将二者合而为一，一起置于“风险”的名下。

在图16－2中，这四个原因按照上述顺序连续发挥作用。首先，资本的价值沿着某一特定利率构成的贴现曲线 *AB* 而升高。当第一张收入联票(也就是说 *BC*)派发下来时，资本的价值降至 *C* 点，之后则沿着贴现曲线 *CD* 再次升高。当某笔预期成本 *DE* 被消除之后，资本的价值又突然增加，而后沿着贴现曲线 *EF* 再次升高。接着，由于利率突然发生了预料之外的上调，资本的价值便

降低到 G 点,之后沿着更加陡峭的贴现曲线 GH 继续升高。再后来,由于对未来收入的预期发生了改变,资本的价值又会降至 I 点,然后沿着另一条贴现曲线升至 J 点,如此这般,永无止境。这里,我们用实线 BC、DE 等来表示实际收入和实际支出导致的资本价值变化,用虚线 FG、HI 等来表示重估利息和重估收入导致的资本价值变化。

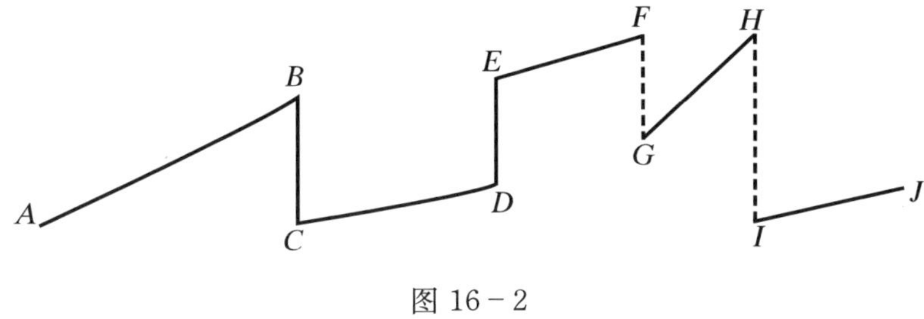

图 16-2

§13

上述几条贴现曲线被假定为与之前我们在探讨确定的预期收入时采用的贴现曲线是相同的。但是,事实上,或然性因素甚至会对贴现曲线产生影响。资本的价值之所以会沿贴现曲线增加是因为即将收到预料之中的确定收入,但在收入不确定的情况下,资本价值在即将收到这种不确定收入时呈现的状态,会与在收到确定收入的情况下呈现的状态大不相同。只有当资本所有者坚信自己快要收到收入之时,资本的价值才会增加。这也适用于股息红利,因为股息红利的派发公告有明确规定的时间;但是,如果派发收入的时间完全是偶然的，那么资本的价值就不会增加，我们得到的也将是一条水平直线而不是一条贴现曲线。如果让钢琴经销商给存货中的一架钢琴估值，他会因为这架钢琴已经在仓库中存放许久而加上利息。他不可能说出下一架被卖出去的会是哪一架钢琴。仅仅因为某一架钢琴已经在仓库中存放许久，并不能保证这架钢琴就能比其他钢琴更早被卖出。因此，钢琴的价值不会随出售时间而增加，只会大致保持在批发价的水平上。同样，人们随身携带的现金也不会凭躺在口袋里而增值，因为它们虽然随时可以为所有者提供服务，但这些服务的确切发生时间却不得而知。实际价值会严格沿贴现曲线而增加的情况主要发生在债券和股票中，因为在这种情况下，收入的派发有明确的时间。如果股东担心某次派发的股息红利会减少，那么，随着股息派发日期的到来，这只股票的价值只会缓慢增加。它所遵循的那条贴现曲线只会爬升到一个较低的高度——代表股息红利不确定时的商业价值。然后，当股息红利的数额公布于众之后，这只股票（包括对即将派发的股息的权利）的价值会在股息派发之前突然上涨，在股息派发之后，又会再次下降，然后再次缓慢上升，直到下次股息派发日的到来。这可以解释我们有些时候观察到的一个现象：处于股息派发期的股票在价值上常常表现得相当稳定，如图 16－3。股票的资本价值只是缓慢地从 A 点增加到 B 点，但一俟宣布派息，便会立即猛增到 C 点，随着股息在 D 点派发完毕，股票的资本价值又会降低到 E 点，然后便如此这般地周而复始。如果我们将介于股息公告和股息派发期间的价值波动忽略不计，股票资本价值的变动情况便会如 AB、EF 和 IJ 所表示的相当平稳了。

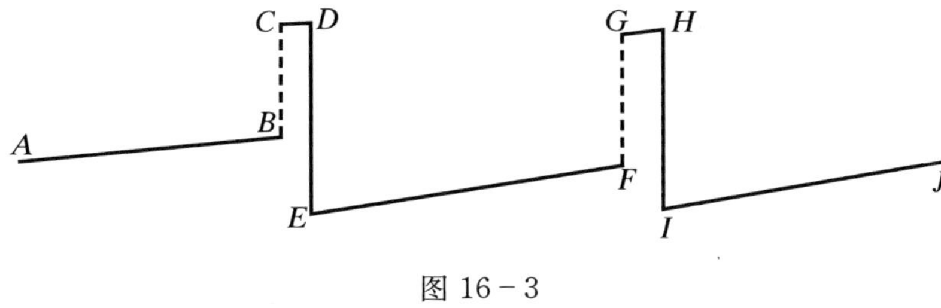

图 16－3

§ 14

或然性因素的引入虽然不会对会计记账产生很大的影响，但也有可能使资本账户和收入账户之间出现某种程度的不一致。造成这种不一致的唯一根源便是资本项规模发生了改变。就如同发生火灾、沉船等灾难事件之后我们会对资本项在未来产生的收入进行重新评估一样，对资本价值进行修正所产生的直接结果便是调低（也有可能增加）该资产的价值。会计人员必须“划减”（或者提高）该资产，并因此同时划减其另一边被称为“未分配利润”或“利润与亏损”的平衡项。对未来的重估可以引致新的修复支出或者新的收入，但是，除此以外，收入账户不会受到影响。

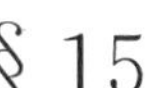

§ 15

商人们不仅尽可能去估计一定会遭遇的风险并相应调整账户，也尽可能去规避这种风险。这种努力可由谨慎性因素的存在推知。当谨慎系数反常到不谨慎的程度，风险就不是被规避的对象，而是被特意寻求的对象了，这便产生了赌博行为和盲目投机。但是，大多数人对风险都有一种正常的恐惧心理，并因此形成了规避风险或降低风险的倾向。

规避风险的方法主要有以下五种：

1.通过为合约的履行增加担保；

2.通过增加预防措施来应对可能蒙受的损失；

3.通过增加预见能力并因此而降低风险；

4.通过保险措施，也就是，通过合并风险；

5.通过将风险抛给投机商这一专业群体之手。

接下来，我们将对这些方法依次进行思考。

§16

既然从资本财富中获得的收入只能大致估计而不能准确预知，那么，只要拥有资本财富，便必然会有风险。但是，通过分割资本财富的所有权，便有可能使一组产权持有者去承担风险，使另一组产权所有者获得固定收入的担保。这便是将证券划分为股票和债券这两个大类的主要原因。任何大型企业都是通过让股票持有者承担风险来保证债券持有者获得固定收入的。正如之前的一章所述，股本充当了资产和负债之间的缓冲器，这就等于说它担保债权人能够获得固定的收入。哈德利总裁（President Hadley）重点强调了这样一个事实：债券持有者将企业不稳定的收入“转化为”固定的年金，从而使一组人收到“利息”而另一组人获得“利润”，这种系统源于一组人渴望规避风险而另一组人愿意承担风险。[①]

尽管如此，债权人和债务人之间的一般关系也必然会使债权人承担一定的风险。这种风险可以通过以下几种方式降低：像银行的贷款和贴现业务那样质押担保或背书[②]；抵押不动产，偶尔也可以抵押动产；像在国家银行票据的例子中提到的那样制定法律规章；等等。

§ 17

上述履约担保方法其实是转嫁风险而非规避风险，我们将要分析的第二种方法则旨在利用专项预防措施来降低风险。事实上，某些财富项之所以存在，只是为了应对无法预知的紧急突发情况。消防车、灭火器、铁路安全设备、安全阀及与蒸汽机和机器机械有关的设施、警报器、保险库等便属此类。从很大程度上说，这种风险应对功能适用于几乎所有的财富储备。为了应对不时之需，储藏室里的食品储备通常要超过一定的需求量，如果与补给源相距甚远，那么这种食品储备的数量更需庞大。军队尤其如此。工厂也通常设有大型储备库，既储备原材料也储备制成品，以便于

307

① 但是，“转换率”并不是利率，因为任何转换率都必须是两种收入之比，这里为股票持有者的收入和债券持有者的收入之比，而利率则是收入与资本之比。

② 背书在减少风险方面的实际作用要比表面看来更大。因此，如果票据的签署人有百分之一的违约可能，票据的背书人也有百分之一的违约可能，但这两种可能是相互独立的，那么，银行遭受损失的可能便是这二者的乘积，即只有万分之一的可能。因此，有两人签名的商业文件通常具有可靠的安全性，当然，条件是签名人是那种可靠的商人，如在邓白氏商业征信所或其他标准商业征信机构拥有很高的评级。

满足预料之外的需求。同样，经纪人、批发商、零售商之所以要维持充足的商品库存，不仅仅是满足已知的顾客需求，更是为了满足未知的顾客需求。谷物等大宗初级产品投机商的作用主要在于保存一个社区的存货储备，防范未来可能出现的短缺。所谓的银行储备几乎都被用作保障基金，以便应对票据持有者和存款者的未知需求，尤其在发生挤兑的时候。这些银行储备常常像灭火器那样，数年甚至数十年闲置不用，只为防范一时之需。据说英格兰银行的一些贵金属条已经闲置两个世纪之久了。普通人所携现金中的一大部分便与银行储备极为相似，携带只是为了应对特殊的紧急情况。一些人甚至专门准备一枚金币，单放一个衣兜，唯恐哪天自己会陷入孤立无援之境。这种在衣兜里放现金的风险应对功效可以说主要是对所携带现金的“利息损失”进行了补偿，因为补给充足而获得的便利与安全也是一种收入，这种收入代替了进行投资而可能赚得的收入。这些从个体视角出发的原则同样适用于银行存款，因而也适用于全部流通媒介。

§18

第三种降低风险的方法是增加信息或知识。我们已经看到，风险不过是无知的表现，科学的不断进步会使风险不断得以降低。可以说，如今工业领域的主要进步就在于掀起了那层覆盖在未来上面的面纱。数不胜数的行业期刊之所以为读者广泛阅读，其原因就在于它们为读者提供了以往的数据和现在的情况，为读者阐明了其中的因果关系，使读者能够更加准确地预测未来。政府部门、技术学校、农业大学公布的农情报告也在朝着这个方向努力。曾几何时，勘探者只能对可见矿产及其开采时间、开采成本进行胡乱猜测，而现如今，矿业学院的毕业生已经能够根据地质学和冶金学的知识使预测具有一定的科学性和精确性。直到近来，农业依然是最具不确定性的行业之一，但是，由于现代农科技术的出现，如今的农业在预测的准确性方面，虽说还不如工业或商业，却也取得了长足的进步。

§19

现在我们来谈谈保险这种规避和转嫁风险的重要手段。保险是用一个风险抵销另一个风险；也就是说，将大量或然性合并在一起之后，便在某种程度上从不确定性中构建起了相对的确定性。为了说明这一点，我们假设有 10,000 座相同类型的房子，由于相距甚远，同一场大火未能将其全部烧毁。我们再假设这些房子在没有缴纳火险的情况下平均价值为每座 10,000 美元；换言之，如果每座房子都能寿终正寝，那么 10,000 美元便是每座房子所提供服务的资本化价值。因此，这些房子的价值总额便是100,000,000 美元。需要指出的是，这 100,000,000 美元是无风险价值，是这 10,000 座房子在没有火灾造成损失的情况下所能创造收入的资本化价值。如果利率是 5%，资本化后的收入就是每年5,000,000 美元。现在我们假设发生火险的或然性是每年$\frac{1}{200}$，那么，每年就会有大约 50 座房子被烧毁。如果按平均 10,000 美元来计算每座房子因此而损失的价值，那么，每年就会有 500,000 美元因发生火灾而损失掉。我们现在必须将这 500,000 美元从5,000,000美元中减掉，因为 5,000,000 美元是没有发生火灾时的收入。相减之后的结果是 4,500,000 美元，其资本化价值便只有 90,000,000 美元了。换言之，这 10,000 座房子的产权在数学价值上是 90,000,000美元，而不是 100,000,000 美元，而这种数学价值上的缩水是由火灾预期造成的。如果我们假设所有这些房子都由一个公司所有，那么，90,000,000 美元这个数学价值可能也是实际价值，因为这样一个公司可以将每年约 50 座房子毁于火灾视作一个几乎确定无疑的因素了。因此，每座房子的平均价值便成了9,000美元。但是，如果这种房子每一座都是由不同的个人所有，那么，由于存在谨慎性因素，每座房子的数学价值就不会是其商业价值了。我们假设谨慎系数是$\frac{7}{9}$，在这种情况下，该房子的价值将是 7,000 美元。换言之，如果还没有为该房子上保险，那么我们便可将该房子的无风险价值视为 10,000 美元，将其数学价值视为 9,000美元，将其实际商业价值视为 7,000 美元。现在，如果房主单纯基于火险发生的数学比率来投保，那么，正如我们已知的那样，火险发生的数学比率是$\frac{1}{200}$，即 1%的一半，因此他每年仅需支付 50 美元的保险费。考虑到万一房子因火灾而损毁后保险公司会按房屋的价值对他进行赔偿，所以他的这笔保险投资很划算；因为现在即便真的发生火灾，他的房子也是有保障的，而且他不必承担火灾带来的风险，而只需每年支付 50 美元保费，这 50 美元保费换算成资本化价值也只有 1,000 美元。因此，他的房子的价值便是 10,000 美元 - 1,000 美元,即 9,000 美元。[①]

然而,这种基于数学或纯粹保险费的保险费率,是不会给保险公司带来任何利润的。但是,即便缴纳更多的保险费也会给被保险人留出大幅度的资本价值结余。如果我们假设要缴纳额外保险费,那样保险费就不是 50 美元而是 100 美元,类似的推理过程会表明:对房主来说,给房子投保后,其价值将是 8,000 美元而不是 7,000 美元。只要额外缴纳的保险费不足以将 7,000 美元与 9,000美元之间的差额全部吞噬掉,投保就是有利的。

当一个人拥有单独一座房子之时,谨慎性因素有很大影响,而一家公司拥有 10,000 座房子之时,谨慎性因素几乎全然不存在了。除此以外,还有无数种情况介于上述两种情况之间。某个人或者某家公司拥有的房子越多,保险越无利可图。用商人们的话来说,就是各种风险之间可以互相提供保险。因此,北德意志劳埃德商船公司(North German Lloyd Company)发现,不给自己的船只投保船毁险才是有利可图的,因为公司船队的规模已经庞大到可以提前对一段时期内遭受的损失进行比较精确的预期了。

保险对个人的一个效应是稳定资产的收入。如果不投保,房主预留出折旧之后,每年可以从 10,000 美元资产上收到 5%的净收入,即每年 500 美元,但万一房子遭遇火灾而烧毁,他以后便再也收不到任何收入了;反之,如果投保,在火灾发生之前,他所收到的是每年 500 美元收入减去保费之后的差额,在火灾发生之后,他还能收到收入,他所收到的是保险公司赔付的赔偿金创造的收入。

① 数学表达式可参见第十六章附录的第 3 节。

§ 20

同样的原则也适用于其他形式的保险。例如海运险，这种保险是将大量船只遭遇的风险合并在保险公司内，进而将个人在海上遭遇的风险降低到相对确定、相对规律的程度上；再如蒸汽锅炉险，这种保险以类似的方式来应对爆炸造成的风险；其他险别还包括：平板玻璃险、盗窃险、牲畜险、冰雹旋风险、忠诚险、意外险、雇主责任险，等等，其中最为重要的就是寿险。[①]寿险这种保险形式和其他保险形式一样，意在稳定保险受益人的收入。如果妻子是她丈夫所投寿险的受益人，那么，尽管丈夫在有生之年所能给予妻子的收入有所减少，但妻子得到的收入却不会因为丈夫的离世戛然而止。因此，寿险与其他险别一样，意在从不规律性中创造规律性、从相对不确定性中创造相对确定性；在保险合约产生了相反结果的情况下，保险便不是真正意义上的保险，而演变为一种赌博。因此，如果一个人为另一个与自己毫无经济利益关系的人投保了寿险，那么，这个投保人就是在拿那个被保险人的生命赌博。数年以前，密歇根便发生过滥用这种被称为"墓地保险"的事件。一些投机者为一些老人投保了寿险，换言之，就是赌他们的死亡，这个保险程序不仅如赌博一样恶劣，还蓄谋已久以致犯罪。这种逻辑也适用于对火险的滥用，如果一个人为一座与自己毫无经济利益关系的建筑物投保了火险，或者为与自己有经济利益关系的建筑

① 参见第十六章附录的第 4 节。

物过度投保了火险,那么此人便是在滥用火险。[①]

保险适用的范围总是有限的;但是,随着商人们掌握了如何将各种形式的风险都简化到统计学的基础之上、掌握了如何来应用概率理论,保险适用的范围也在不断延伸。目前,美国仅寿险公司的总资产就已经接近 30 亿美元了。

§ 21

对于那些无法简化到统计学的基础之上并因此无法得到保险的风险,我们往往可以借助于风险转嫁这种方法而将其转移到那些愿意承担风险的人手里。这些愿意承担风险的人就是投机商。投机商身上的谨慎性因素通常没有普通人那么显著。在某些极端情况下,投机商甚至变成了普通的赌博者。不过,投机商和赌博者之间的区别还是相当明显的。赌博者寻求并制造没有必要承担的风险,而投机商则心甘情愿地去承担那些必然会降临到某处的商业风险。投机商通常能够借助于专业知识而胜任本职工作,由于具备高超的预见能力,风险对"他们而言"从一开始就小于对普通大众。对所有投机行为不加区分地一概抱有偏见虽然是常有的事,但在我们这里投机行为却不是一无是处的;因为如果没有投机商,某些风险就得由那些不大适合承担风险的人来承担。投机行为的罪大恶极之处在于普通大众的参与,他们缺乏专门知识,完全

① 关于保险的道德效应,参见《保险与犯罪》,坎贝尔(A. C. Campbell),普特南出版社,1902 年。

像赌博那样进入投机市场。他们不仅自己要承担赌博常常造成的种种恶果，也会给未参与投机的公众制造出种种恶果，这是因为他们的投机行为会造成相关产品或资产的价值出现虚假波动。

正如公众在进行投资时经常会出现的情况那样，他们并不是独立地对未来做出预测，这时投机造成的恶果尤其严重。如果每位个体投机者在预测事件的未来走向时都不受他人的影响，那么，一些投机者的预测误差很可能朝向一个方向，而另一些投机者的预测误差很可能朝向另一个方向，因而有可能相互抵销掉。但是，事实上，普通大众的预测误差通常是同向的。他们像羊群一样一味地跟从领头羊。他们太容易受人摆布了，这一点从 1904 年他们对股票市场的影响可见一斑，当时托曼·劳森（Thoman Lawson）在报纸上刊登了数则耸人听闻的广告，煽动公众抛售某些证券。

造成危机、恐慌、银行挤兑等事件的主要原因在于：风险不是由个体做出的独立判断而是由群体的模仿行为造成的。危机就是发生总体性、强制性清算的时期。[①]换言之，危机时期与其他时期的不同之处在于两个细节：第一，清算的数量更加众多；第二，清算主要是债权人因为可能破产或实际破产而强制债务人做出的。除非之前对未来存有普遍的错误估计，否则这两种情况都不能存在。当债权人和债务人在达成那纸晦气的合约之时，他们一定是做出了错误的预期。因此，危机其实是在发现了之前的预期存在普遍错误之时所必须受到的惩罚。这种普遍错误虽然有可能归因于大量个体在做出独立判断时同时出错这种巧合，但几乎总是归因于

① 参见朱格拉，《商业危机》，巴黎，第 2 版，1889 年，第 1 章。

个体在做判断时缺乏独立性、归因于模仿这种行为模式。无论什么错误，只要是由有影响力的大人物犯下的，便会像传染病一样传播开来；数百人感染之后又传染给数千人。如果大批投资者都那么易于受人左右，都在孜孜以求那种可以一夜暴富的“可靠建议”，那么他们便会一起做出错误的预期，当这种错误的预期产生了灾难性的后果之时，他们又会想方设法一起溜之大吉。尽管摆渡船上单个乘客的单独移动很少或者从来不会造成灾难性的翻船事故，但如果所有乘客都突然涌向船的一边，那么船体便会倾斜，甚至翻船。同样，投资大众对未知风险突然形成的统一预测，也可能颠覆本来安全航行的信用之船及船上的乘客。简言之，个体的无知与全面的危机存在关联，因为“星星之火，可以燎原”。无论是对大危机的研究，还是对大火灾的探讨，关键之处都在于：相互依存的灾难取代了互不相干的灾难。就大火灾而言，相互依存的行为模式得到了火险研究者的明辨，因此，每一家公司都竭力避免出现过多火险险情在同一处所发生的情况，进而使本公司有可能发生的各项火险险情处于彼此独立的状态；但是，就大危机而言，相互依存的行为模式还没有受到经济史研究者的重视。

同样的原则也适用于解释银行挤兑事件。人们对银行偿债能力的看法并不是根据各自的独立判断而形成的，而是因相互影响而产生的。一年或一年多以前，报纸上报道过这样一件事：一位警察和一群人一起站在威尔克斯－巴里的一家储蓄银行的台阶上避雨，两个途经此地的匈牙利储户未加查实便贸然断定这家银行被歹徒袭击了，然后又在匈牙利人聚居区传播这个令人不安的谣言，结果该银行一开门营业便遭到储户的挤兑。

因此，我们明白了，当投机行为具有模仿性之时，不仅参与者，就连公众，都身处危险境地。但是，当投机行为基于独立判断而做出之时，其功效却常常是超乎寻常的，不仅可以利用投机者的专业知识来降低风险，还可以将风险从缺少信息的人转移给拥有信息的人。最终，投机性产权便逐渐转到那些最有能力预测真实收入的投机商手中了。

现代大生产之所以被称为资本主义投机性生产，其原因就在于：这种生产是由实业巨头来负责的，这些人特别适合对本行业进行趋势预测并塑造未来。运输业和制造业尤其如此，这两大行业都是由知识丰富、训练有素的投机群体来领导的，他们的作用在于由自己来承担本行业的重大风险，而让那些参与合作却不具备专业素养的普通投资者仅仅充当放贷人或者沉默的合伙人。不过，这些实业巨头们也常会辜负人们对他们的信任，不断将风险抛给那些他们假意去庇护的人。

§ 22

在更常被称作投机的特殊领域（即在该领域中人们以多种方式试图对大型交易市场的未来价格走势做出预期）里，我们也能发现与上述运输业和制造业中相类似的一个群体，他们也是知识丰富、训练有素。这些投机者对未来价格走势的预测要么是“牛市”，要么是“熊市”；也就是说，他们要么预测价格会涨，要么预测价格会跌。认为小麦或其他商品价格会涨并会涨过利率的人，如果已经持有了这种商品，则会继续持有，如果还没有持有，便会买入这种商品或者取得这种商品的期权。这种期权被称为看涨期权(call),它在未来某时按照提前定好并被视为较低的价格行权。反之,认为小麦或其他商品价格会跌的人,如果已经持有这种商品的现货,则会抛售手中现货,如果还没有持有,则会卖空,并通过签署合约在未来某时按照提前定好并被认为较高的价格供应这种商品。这种卖出合约通常以期权的形式制定,这种期权被称为看跌期权(put)。

我们只举几个例子便足以说明这种合约是如何转移风险的。由于房地产承包商无法预知未来的造价,我们便去询问一位曾经签订过大额合约的房地产承包商是否觉得自己当时承受着巨大的风险。他的回答是:“不,除了劳动力成本外,我什么风险也不承担;因为我已经签订了合约,使得所有建材在需要的时候都能够按照固定价格获得供应。”因此,那些与建筑承包商签订了各种建材合约的人便承担了价格波动的风险,这不仅使承包商不必亲自去了解石材、砖头、木材等专门市场的行情,也使承包商在投标时能够开出更接近标底的标价,因为他们不大需要考虑谨慎性这个因素。风险转移后,房屋造价降低了,公众当然也能从中受益。类似的结果也可以从其他很多卖空交易中推演出来。我们再举一例,羊毛织品制造商如果能够签订一份合约,使某人卖空或者同意按照固定的价格在特定的日期供应羊毛,他就无须维持大量的羊毛存货。他可以毫不担心地全然用掉所有存货,因为他确定存货用光后也能够获得新的羊毛供应。[①]而如果他没有签订这样一份合

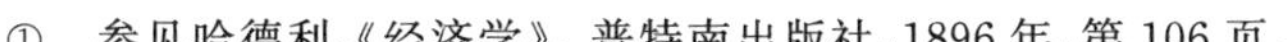

① 参见哈德利,《经济学》,普特南出版社,1896 年,第 106 页。

约，他就有必要维持大量闲置的存货。

一种转移风险的重要方法是套期保值。例如，小麦经销商可以通过套期保值解除自己在小麦运输途中可能遭遇的小麦价格变动风险。具体来说，某小麦经销商拟将从西部购进的小麦运往纽约，并在那里以足以抵补运输成本并能小赚一笔的价格销售。如果小麦的价格突然下跌，那么他可能会发现自己连正常利润都无法实现；反之，如果小麦的价格突然上涨，他也能够获得比正常利润多得多的利润。但是，由于生性谨慎，他宁愿中庸一些——稳赚一小笔即可，而不是要么大发横财，要么倾家荡产。因此，他做了套期保值业务。他进入了一个有些投机性质的市场，因为他知道这个市场与纽约市场的行情走势一致，他在那里做了空头投机，即卖空。万一纽约市场的小麦价格跌了，他在已经发运的小麦交易中赔上的损失都能在他所做的投机性卖空交易中如数赚回来。相反，如果纽约市场的小麦价格涨了，他在已经发运的小麦交易中赚得的利润也都会如数赔在他在投机市场所做的卖空交易里。换言之，我们可以说他是在市场的两边同时下注，因此将所有风险都排除掉，但是，既然他已将投机风险转嫁到与他进行卖空交易的投机商身上了，他也只能从小麦的现货交易中获得正常利润或正常佣金（即销售代理获得的酬金百分比）。[①]

套期保值对参与者（如小麦经销商）产生的显著影响是缩小其获利的空间。因此，公众会因较低的价格而受益。所以，小麦经销

① 参见“美国股票与农产品交易投机”，亨利·C. 埃默里，《美国经济协会出版物》。关于英国保险与投机发展，参见“看跌期权与看涨期权”，希金斯，伦敦，埃芬汉·威尔逊出版社，1902 年。

商、房地产承包商和羊毛织品制造商的情况十分相似。卖空通过把未来与过去绑定在一起，使专业人士能够保证让普通大众获得可以明确预见的系列事件。这对公众产生的有益影响既明显又巨大，主要体现在：省掉闲置不用的存货和储备，产生更加明智的创业方向，使未来收益更具确定性进而促进积累。风险是经济领域最可怕的梦魇之一，一切有助于克服它的工具——无论是增加担保、预防措施、先见之明、保险措施，还是正当投机——都代表着人类获得的恩赐。

第四部分

总结

第十七章　用图对第三部分内容所做的总结
第十八章　一般性的总结
词汇表　　书中所用诸定义之概要

第十七章　用图对第三部分内容所做的总结

§1

研究完资本价值与收入价值之间的关系后，现在可以稍事休息，对其进行简要总结。在第三部分的开始，我们就曾做过如下阐述：资本性财富创造的收入由其为人们提供的任意形式的服务组成；资本和收入二者都既可以用数量来计量，也可以用价值来测算；因此，收入与资本之间存在四种比率；这四种比率是物质生产率、价值生产率、物质收益率、价值收益率。我们专门展开讨论的是价值收益率——收入价值和资本价值之间的关系。

我们认识到，资本性财富的价值是其预期收入的贴现值。收入价值与资本价值之间的关系可以由图形来表示。如图 17－1 所示，收入可由一系列垂线表示（a、a'、a''、a'''），它们之间的水平距离代表时间间隔。然后，我们发现，只要预期收入是可靠而确定的，便有可能表示出预期收入的资本价值，于是我们得到了资本曲线，即一条有波折或者有锯齿的曲线 AB。这条曲线上每一段垂直下降的部分都与其下面所对应的收入项相等，而其间各点则由

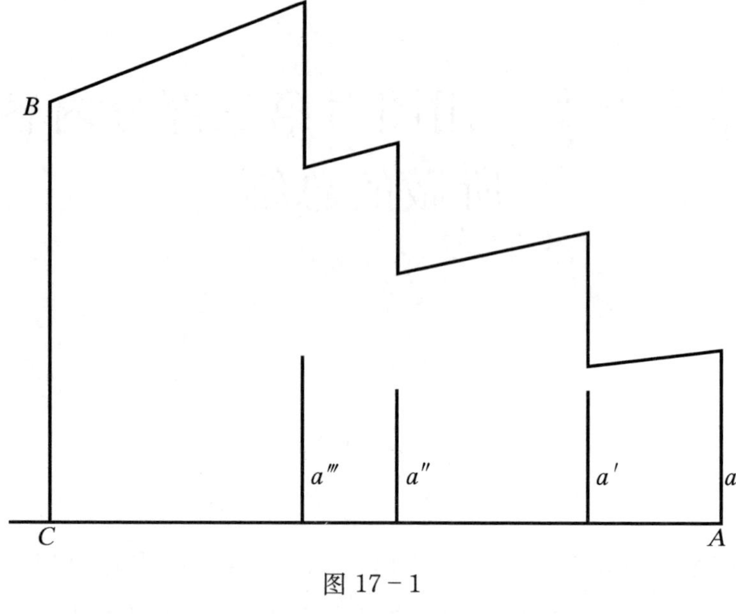

图 17－1

贴现曲线连接到一起；因此，时点 C 的总的资本价值可以由 BC 的高度表示出来。

不过，我们不必非得像这种方法那样分别将资本和收入表示出来，因为单独一条资本曲线 AB 就已经在其锯齿的垂直下降部分将所有有必要表示出来的收入项都包含在内了；在本章，有关资本和收入的主要问题都将借助于 AB 这种资本曲线的几何图形进行重新阐述。

§2

首先，这条曲线表明，任何资本的价值都是预期收入的贴现值。在图 17－2 中，前面图形中使用过的几条贴现曲线被延长至与 CB 相交。因此，CB 被分割出的部分 b、b'、b''、b'''分别代表收入项 a、a'、a''、a'''的现值。我们通过贴现曲线的性质很容易对此进行证明。

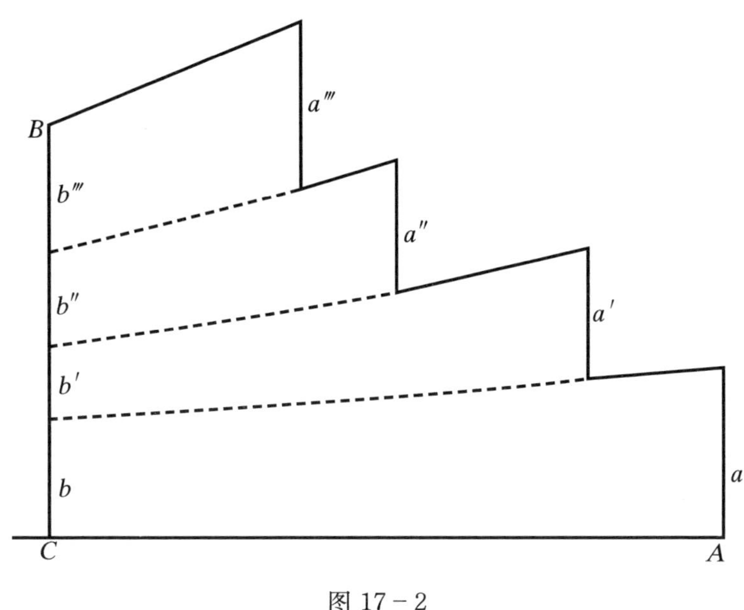

图 17－2

其次（按时间顺序来观察），这个图形表明，资本的价值出现了交替上升与下降。具体来说，当预期收入即将派发之时，资本价值便上升；当每笔收入如联票一样，相继脱离资本而派发下来之时，资本的价值便下降。资本曲线的交替上升与下降，可以是同比例的，表明资本创造的收入等于标准收入；也可以是不同比例的，如果上升的比例大于下降的比例，就表明资本创造的收入高于标准收入，如果上升的比例小于下降的比例，就表明资本创造的收入低于标准收入。

如果派发下来的收入是负值，也就是说，从严格意义上说，这笔收入并不是收入，而是支出，那么我们只需将其中一个锯齿的方向颠倒过来即可，如图 17－3 所示。在这种情况下，资本的价值便是未来收入的贴现值与未来支出的贴现值之差。

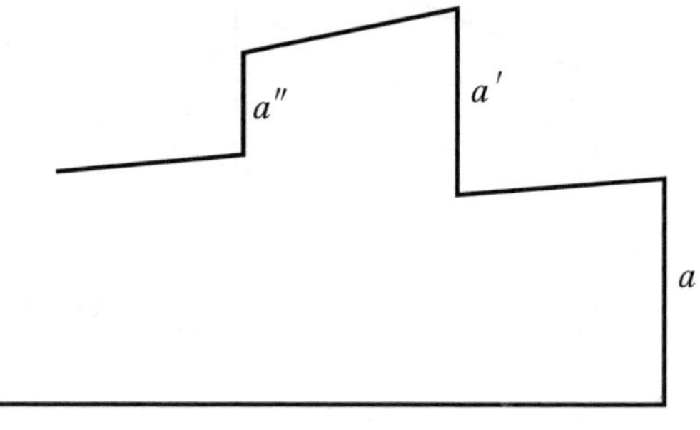

图 17－3

§ 3

如我们所见，如果沿一条资本曲线从最后一次收入支付向前一直追溯到该笔投资的开始，那么，这条资本曲线的两端通常都处于零点，如图 17－4 所示。这种资本曲线表明了资本项从最初使用到最终用尽在资本价值上发生的正常变化过程。我们之所以说这是一种“正常”变化过程，其原因在于，收入与支出正好相抵，不多也不少，而且，主要支出项都发生在该过程的前期，而主要收入项则都发生在该过程的后期。在这种正常曲线上，我们可以说，资本的价值（即图 17－4 中的 AB）在任何时点都代表两层意义：第

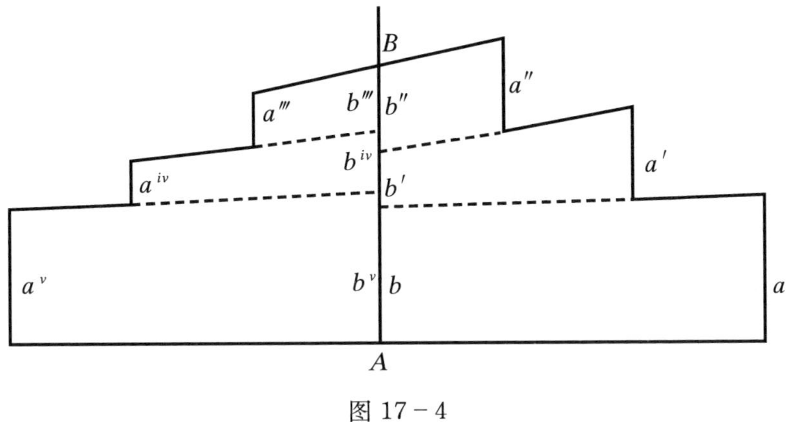

图 17－4

一，它代表未来预期收入的贴现值（如果未来存在预期支出，则需要减去该支出的贴现值）；第二，它代表过去支出的累加值（如果过去存在收入，则需要减去该收入的累加值）。由此，我们可以推知：资本的价值 AB，小于它所代表的未来总收入，大于它所代表的过去总支出。一方面，资本的价值可以被视为由要素 b、b'、b''所组成，它们分别是各自所对应的更大量级 a、a'、a''的贴现值；另一方面，资本的价值也可以被视为由 b'''、b^{iv}、b^{v}所组成，它们分别是各自所对应的更小量级 a'''、a^{iv}、a^{v}的累加值。我们将构成 AB 的要素放在一起，便可以看到，AB 小于预期收入、大于过去支出；因此，我们更可以看到，过去的支出小于未来的收入。为简化起见，我们在图形中选取了一个时点，该时点处于所有支出发生之后、所有收入产生之前；但是，无论位于何处的时点被选取出来，我们都可以基于这种图形而得出相同的原则。换句话说，在正常情况下，任何资本的价值都是介于其过去的生产或采购成本的现值与其未来收入的现值之间的。

在特殊情况下，成本项和收入项均只有一项，这时资本曲线被简化成图 17－5 所示的那样。在图 17－5 中，a 是预期收入，a'是过去发生的支出。如果资本价值 AB 取自收入与支出之间的一个点，那么，根据贴现曲线的本性，我们显然可以得出：a'与 AB 的比率等于 AB 与 a 的比率，或者说，AB 是 a 与 a'的“比例均值”或“几何均值”。换言之，成本、资本和收益之间的一般关系可以表述为，资本是其过去发生的成本与未来获得的收入的比例均值。

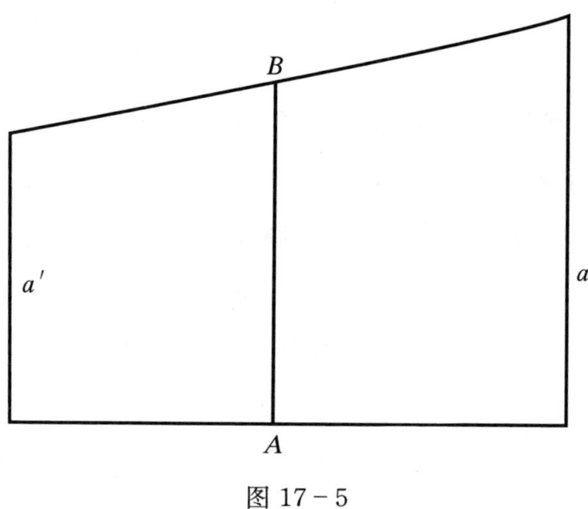

图 17－5

§4

我们还可以用一种紧凑或叠加的形式用图形来表示某家企业或某个社区的资本和收入总和。要制作这样一种图形，只需将任意条资本曲线上相应代表财富项或产权项的纵坐标或者垂线加到一起即可。例如，图 17－6 表示的是一条资本曲线，图 17－7 表示的是另一条资本曲线。图 17－8 将图 17－6 和图 17－7 结合在一起，表示的是图 17－6 与图 17－7 的资本与收入总和。我们将图 17－6 中的纵坐标 b'和图 17－7 中的纵坐标 b''加到一起，便得到图 17－8 中的纵坐标 B；同样，我们将图 17－6 中纵坐标 c'和图 17－7 中的纵坐标 c''加到一起，便得到图 17－8 中的纵坐标 C。从图 17－8 的构成规则来看，很明显，图 17－6 和图 17－7 中曲线上的每一个锯齿，如 a'和 a''，都再现在图 17－8 中了。因此，图 17－8 中的纵坐标表示不同时点上的资本总值，而两个锯齿 a''和 a'则表示其所在的时间间隔期内的总收入。因此，图 17－8 概括了资本的总和与收入的总和。

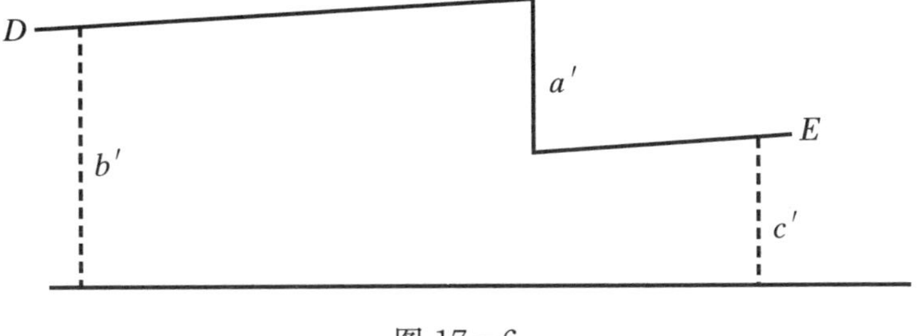

图 17－6

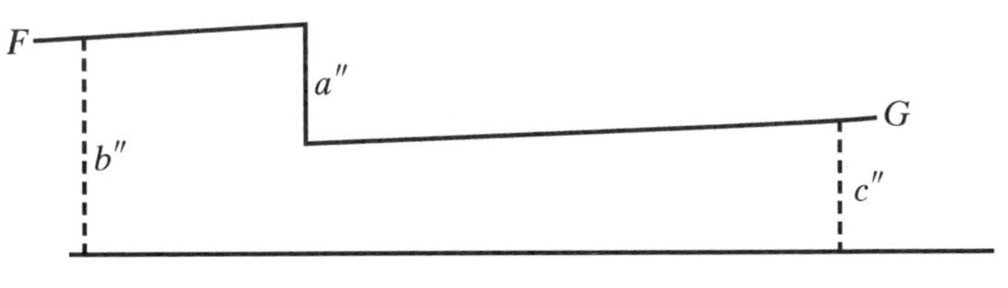

图 17－7

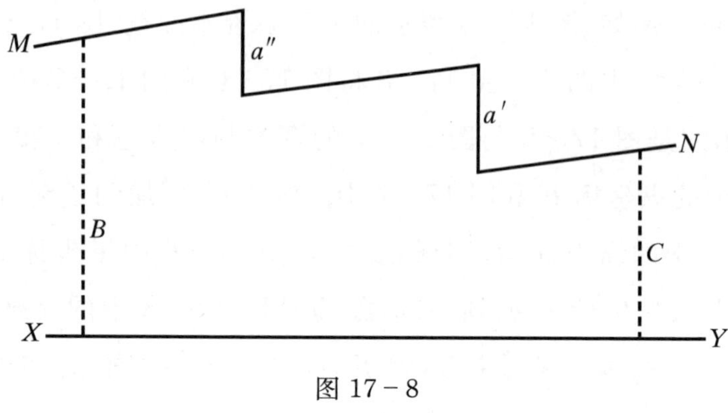

图 17－8

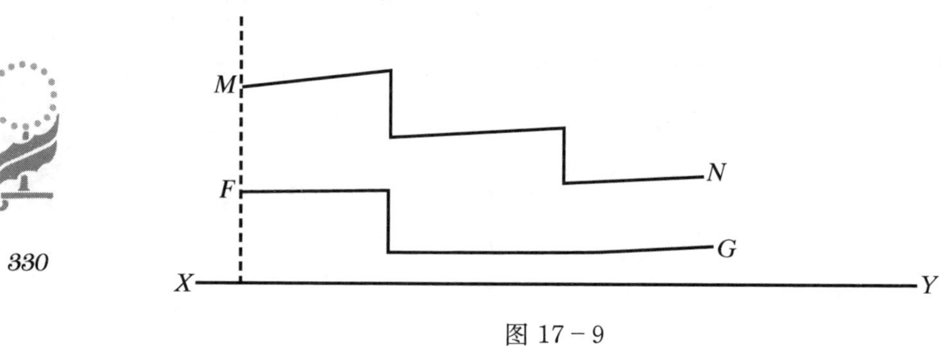

图 17－9

不过，我们没必要分三个图形来表示，因为将前两个图形中的一个置于另一个之中是可以的，如图 17－9 所示。先在图 17－9 的 *XY* 轴上画出与图 17－6 相对应的 *FG*，然后在 *FG* 上面画出与图 17－7 相对应的 *MN*，*MN* 与 *FG* 之间距离就是图 17－7 的纵坐标。在 *MN* 这条曲线中显然包含了一个图 17－7 中没有的锯齿或者波折，但这样画只是为了使 *MN* 在这一点上与 *FG* 之间保留指定的距离。相对于 *FG* 来考虑的话，*MN* 是不存在波折的。因此，相对于 *FG* 来衡量，*MN* 这条曲线取代了图 17－7 中的

FG；相对于基线 XY 来衡量，MN 则代表了图 17－8 中将图17－6 和图 17－7 结合在一起的那条曲线。

无论有多少条资本曲线，我们都可以用同样的方法把它们放在一起。因此（图 17－10），我们先画出第一条资本曲线，该资本曲线有一个收入项 a；我们再在它上面画第二条资本曲线，它的收入项是 a'，然后以此类推。顶端的资本曲线是下面各条资本曲线的总和，每两条资本曲线之间的带状区域（即任何两条相邻的资本曲线之间的距离）可替代一条包含了其他资本曲线的曲线。从构成方式来看，很明显收入项 a 被依次带入到它之上的每一条曲线之中，并由顶端曲线上的一个锯齿来表示，如虚线所示。同样，a'、a''、和 a''' 也被传递到顶部。因此，顶部最后那条曲线的每一个锯齿表示出包含在这条总和曲线中的所有收入项。

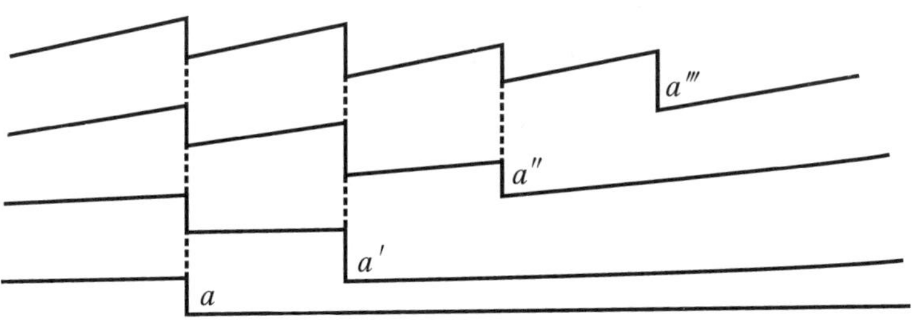

图 17－10

§5

如果不同曲线上的两个锯齿同时出现，那么包含这两条曲线的那条曲线当然会有一个与二者之和相等的大锯齿。如果不同曲线上的两个锯齿一个代表收入的正值，而另一个代表支出的负值，那么这种巧合会使包含这两条曲线的那条曲线产生一个与二者之差相等的小锯齿，而如果收入与支出这两项相等，则二者之差为 0。

这类情况的最重要例子是存在交互作用之时。我们曾经对交互作用做过这样的解释：一次交互作用既是一项资本的收入项，同时又是另一项资本的支出项。如果将这两条资本曲线中的一条附加在另一条上面，那么相等的收入项和支出项就会抵销，把这两条资本曲线结合在一起的那条曲线在代表交互作用的那个时点上是没有波折的，如图 17－11 所示，该图反映的是原木的典型生产过程。伐木营每年都会伐出一定数量的原木，原木的产出量被计入伐木营的贷方，但同时也被计入锯木厂的借方。在图形中，基线和其上方第一条曲线之间的空间代表伐木营的资本曲线，而该曲线上方的空间则代表锯木厂的资本曲线。随着原木从一个类别转换成另一个类别，伐木营的资本价值会相应减少，而锯木厂的资本价值则会相应增加。

这种交互作用或者成对发生的事件有一个特点，它不会在上边那条对其进行最终总结的曲线上留下波折。也就是说，这条曲线上没有前面图形中那些由虚线带入的锯齿——更确切地说，那

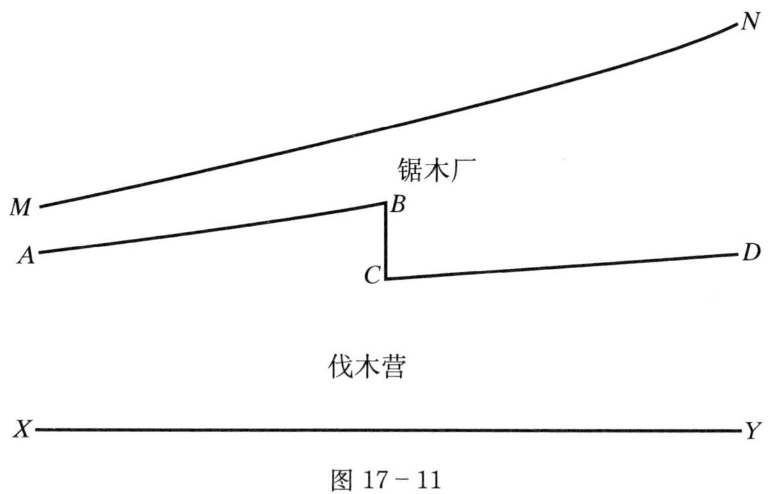

图 17－11

些锯齿在被带入上面一条曲线后产生了相互抵销。交互作用不过是一项资本的牺牲带来了另一项资本的收益，因此并不会对资本总额产生干扰。

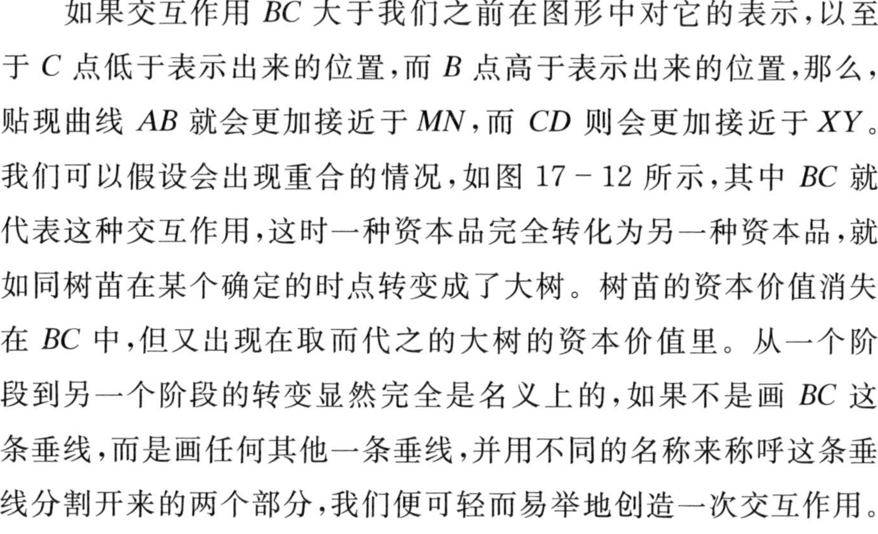

如果交互作用 *BC* 大于我们之前在图形中对它的表示，以至于 *C* 点低于表示出来的位置，而 *B* 点高于表示出来的位置，那么，贴现曲线 *AB* 就会更加接近于 *MN*，而 *CD* 则会更加接近于 *XY*。我们可以假设会出现重合的情况，如图 17－12 所示，其中 *BC* 就代表这种交互作用，这时一种资本品完全转化为另一种资本品，就如同树苗在某个确定的时点转变成了大树。树苗的资本价值消失在 *BC* 中，但又出现在取而代之的大树的资本价值里。从一个阶段到另一个阶段的转变显然完全是名义上的，如果不是画 *BC* 这条垂线，而是画任何其他一条垂线，并用不同的名称来称呼这条垂线分割开来的两个部分，我们便可轻而易举地创造一次交互作用。

如图 17－13 所示，当一系列曲线被构造出来，一条附加在另

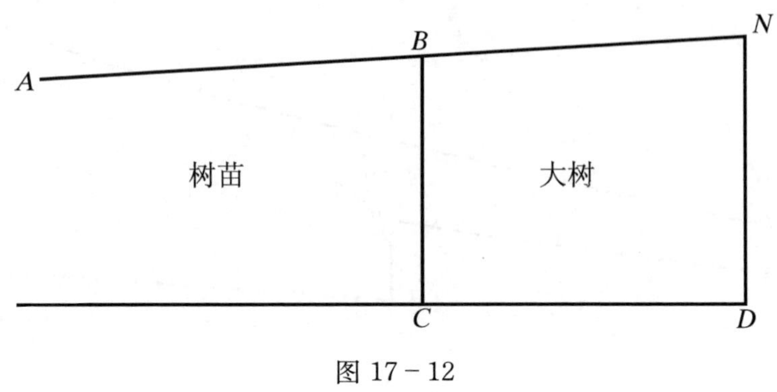

图 17－12

一条的上面，用以表示任意一组资本项创造的收入，这些收入的总和显然是由顶部那条曲线上的全部锯齿表示出来的。这些锯齿为前面章节讨论过的服务“毛边”画出了一幅形象的外观图。在这个图形中，如果我们忽略最上面那层资本，那么紧挨在它下面的那条曲线便成为下面全部资本项系列的毛边。我们可以任意向上或向下一步一步地如此进行下去，拿去一个资本项，或者加入一个资本项。无论是哪一种情况，锯齿毛边都代表其下面一组资本项的收入总和。

在图 17－13 中，最上层资本曲线之下的所有锯齿都代表交互作用。但是，如果它们中的任何一个代表的是最后服务，那么，我们只需用虚线将它们带到顶部的曲线中，如图 17－14 所示。如果一层曲线所表示的资本同与之相距两层或两层以上的一层曲线所表示的资本发生了交互作用，那么，我们可以用虚线将锯齿带到适当的阶段来表示这种交互作用。

由于目前关注的只是这方面的一般情形，故对于更复杂的情

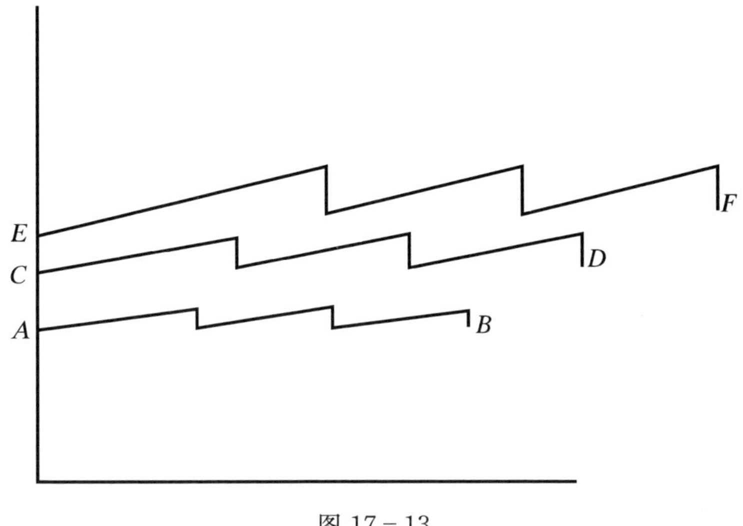

图 17 - 13

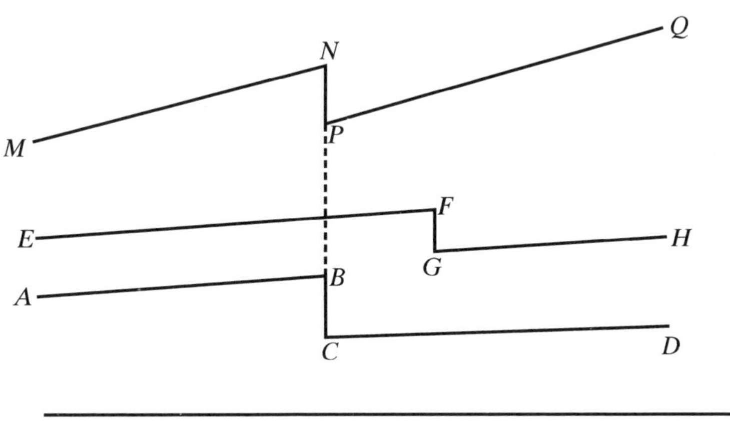

图 17 - 14

况，我们暂且不予考虑了。但是，为了阐释明了，我们姑且假设，所有资本都能够以单一而确定的次序排列，每一层资本只与其之上一层资本发生交互作用，并以此类推直到最上一层资本。实际上，将资本大致安排在这样一种相互作用的系列里通常是可能做到的。

§6

前文用图形对各条资本曲线的总和进行了表示，这种表示包括两项特殊应用。第一项应用可以呈现出某个人所拥有的资本性产权的总值和收入总值，第二项应用可以呈现出全社会所拥有的资本性产权的总值和收入总值。

我们假设某个人的资本可以分成三类：第一，货币投资类资本；第二，货币类资本；第三，可以用货币购买到的可享用物件类资本。我们将这三类资本并置排列起来，如图 17－15 所示。在此图中，只要因为投资而支付了货币，第一层曲线上就会产生一个锯齿，同时投资类资本与货币类资本之间会发生一次交互作用。每进行一次这样的交互作用，投资类资本就像是被撕下了一张支付联票，其价值便会减少联票上标明的金额，而货币类资本则像是收到了一张支付联票，其在价值上会增加联票上标明的金额。同样，只要因为购买可享用物件而支付了货币，在代表货币与代表可享用资本的带状区域便发生了一次交互作用。通过这样的交互作用，货币存量减少了多少，可享用资本便会增加多少。因此，这些操作都是相互抵销的，并没有传递到毛边里。所以，整个这组资本创造的总收入也只由顶部曲线的波状垂直部分来表示。

通过这个图形，我们可以清楚地看到个人收入（individual in-

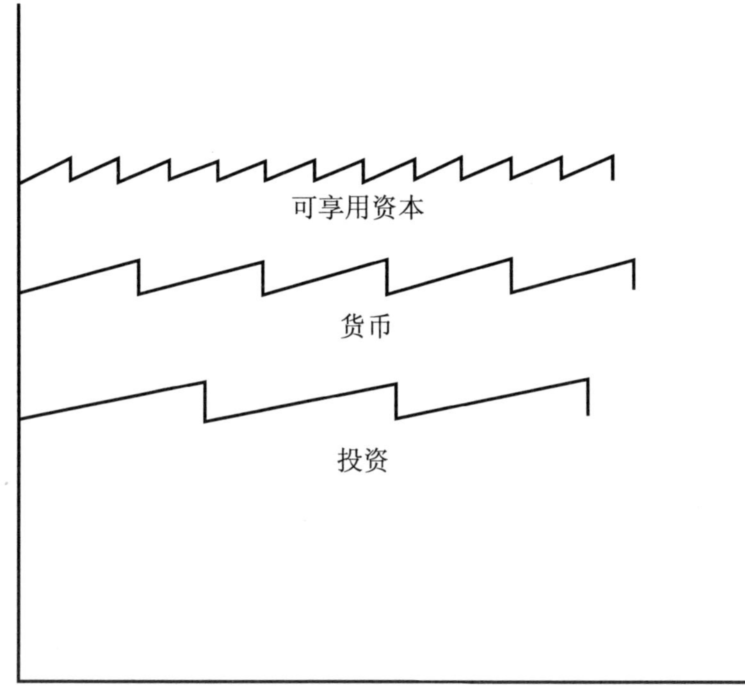

图 17－15

come)的不同意义。商人通常将这个术语应用到投资曲线的锯齿上；经济学家一般将这个术语应用到投资曲线上面的货币曲线的锯齿上，或者应用到代表可享用资本的曲线的锯齿上。实际上，我们选择这三条曲线中的哪一条都没有什么太大关系，因为通常说来，对于任何相当长的时期而言，所有三条曲线都是密切相关的。除非货币存量或者可享用资本在明显增加或减少，否则必然如此。我们已经详细讨论过这方面的例外情形，用图形来表示也没有任何困难。

§ 7

我们还可以利用这种图形式的总结方法为整个社会的资本性财富总值和收入总值做一番相当完整的描绘。一个社会的资本中通常不包括人本身,因此也就无须探讨采取何种方式能将人纳入这种图形的理论问题。事实上,对人进行资本化的方法因研究的特殊目的而不同。我们现在的目的主要是研究人这种资本与其他类型资本之间发生的交互作用,因此,我们实际上只需对人的赚钱能力进行资本化。我们可以将人的这部分资本价值称为“劳动力”(labor power)。于是,我们得到了由劳动力、土地、中间资本和可享用资本组成的社会总资本,如图 17－16 所示。为了方便,也为了避免不必要的烦琐,我们假设劳动力仅与土地发生交互作用、土地仅与中间资本发生交互作用、中间资本仅与可享用资本发生交互作用。整个资本系列产生的收入同之前一样由最上层曲线上的锯齿来表示。

从这个图形中,我们看到,一个社会的总收入源于可享用商品。其他资本项虽然也产生收入,但是,在所有情况下,该收入同时也是上一层资本的一项支出。在计算总收入时,许多错误方法之所以会出现,实际上就是由于将不同层次资本曲线上的锯齿都加到了一起,而忘记了顶层资本曲线之下的锯齿都是交互作用的,因此有正也有负——下层为正,上层为负,所以,这些收入在被加总后便相互抵销掉了。在所有情况下,它们的作用仅仅在于将资本保持在上面一层资本曲线之中。没有它们的活动,上面那些层

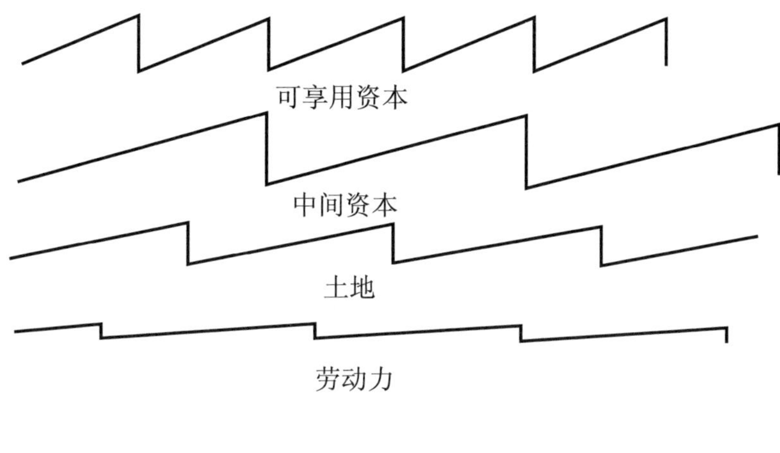

图 17－16

次的资本很快便会耗尽，顶层的收入也持续不了多久。

§ 8

根据这种观点，我们可将每一次交互作用视为来自上一层收入项的一部分的贴现值。在图 17－17 中，交互作用 a 可以被视为来自上一层收入项中从 P 点到 Q 点这一部分的贴现值。庞巴维克教授[①]和陶西格教授[②]时常强调以下事实：本年度的羊毛生产是为了下一年度（或下个月）的纱线生产，本年度的纱线生产是为了下一年度的布匹生产，本年度的布匹生产是为了下一年度的服装生产，等等。这里我们通过图形对这一事实进行了几何表示。

---

① 《资本实证论》（英译本），1890 年，第 179—189 页.

② 《工资与资本》，纽约（阿普尔顿），1896 年，第 2—3 章。

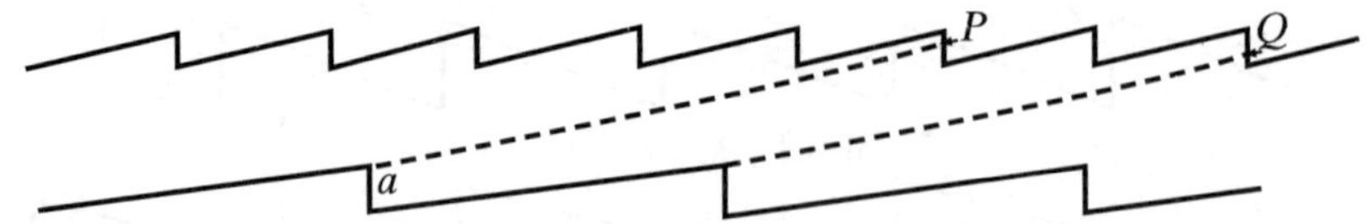

图 17－17

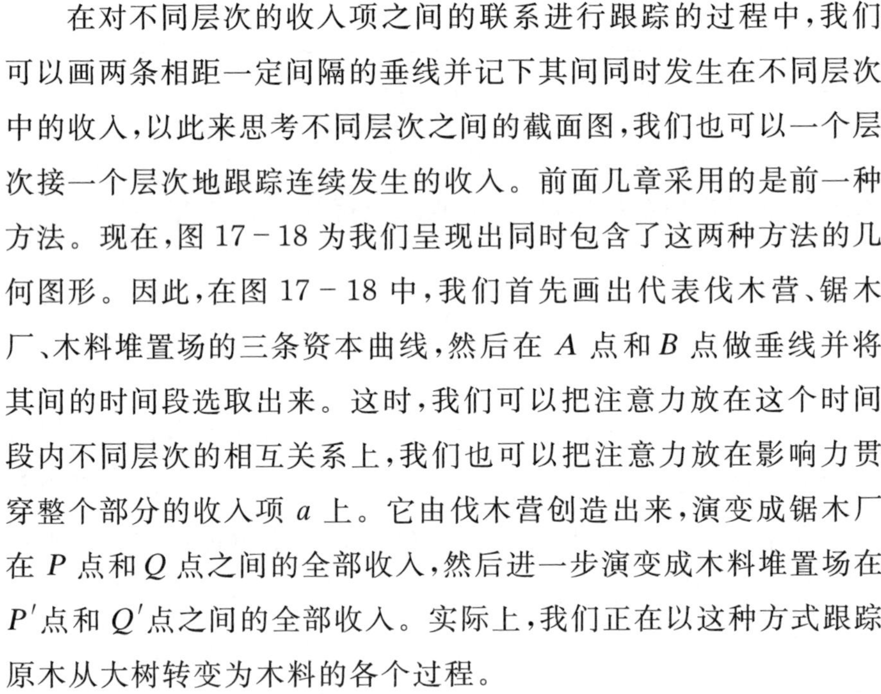

在对不同层次的收入项之间的联系进行跟踪的过程中，我们可以画两条相距一定间隔的垂线并记下其间同时发生在不同层次中的收入，以此来思考不同层次之间的截面图，我们也可以一个层次接一个层次地跟踪连续发生的收入。前面几章采用的是前一种方法。现在，图 17－18 为我们呈现出同时包含了这两种方法的几何图形。因此，在图 17－18 中，我们首先画出代表伐木营、锯木厂、木料堆置场的三条资本曲线，然后在 A 点和 B 点做垂线并将其间的时间段选取出来。这时，我们可以把注意力放在这个时间段内不同层次的相互关系上，我们也可以把注意力放在影响力贯穿整个部分的收入项 a 上。它由伐木营创造出来，演变成锯木厂在 P 点和 Q 点之间的全部收入，然后进一步演变成木料堆置场在 P'点和 Q'点之间的全部收入。实际上，我们正在以这种方式跟踪原木从大树转变为木料的各个过程。

正是考虑到这样一种关系或者一组关系，a 这样的收入项才被称为准备性服务。每一个这种初步的生产过程之所以会发生，都是因为预期到它将引致未来的生产过程并从中产生价值。将这一原则和所有资本的价值都是其预期收入的贴现值这一原则结合

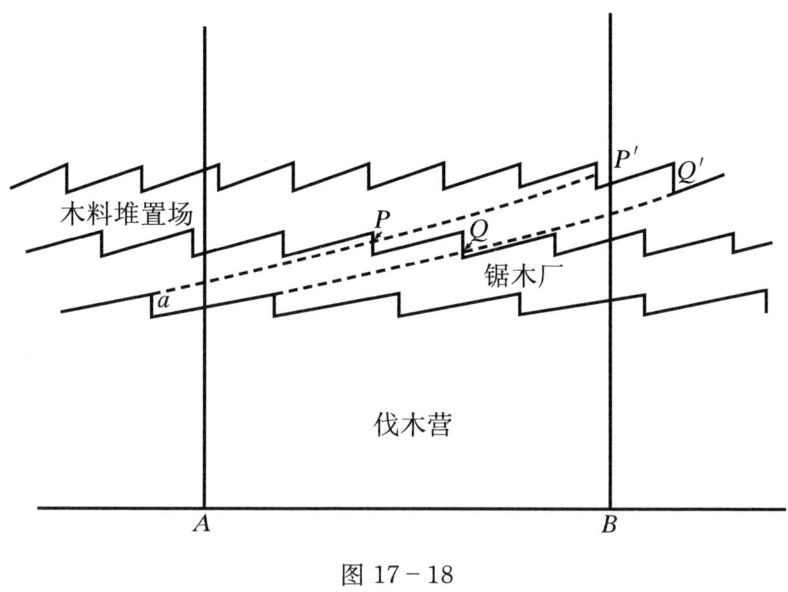

图 17 – 18

在一起，我们就明白了下面各层的资本价值将最终取决于顶层的收入价值；因为之前资本的价值是它所产生的收入的贴现值，而这种包含有交互作用或者准备性服务的收入，又是它所引致的服务的贴现值，如此这般地依次传递直到最顶层，如图 17 – 19 所示。其中，最底层的资本价值 AB 是该层所创造的收入的贴现值，即锯齿 a、a'、a''，但是，这笔收入又是其上一层 P 点和 Q 点之间的锯齿所代表的收入的贴现值，这笔收入进而又是更上一层 P'点和 Q'点之间的收入的贴现值。在这个图形中，所有呈现出来的曲线都在基线上终止；但是，它们也完全可以无限延续下去，代表一笔无限持续的收入。

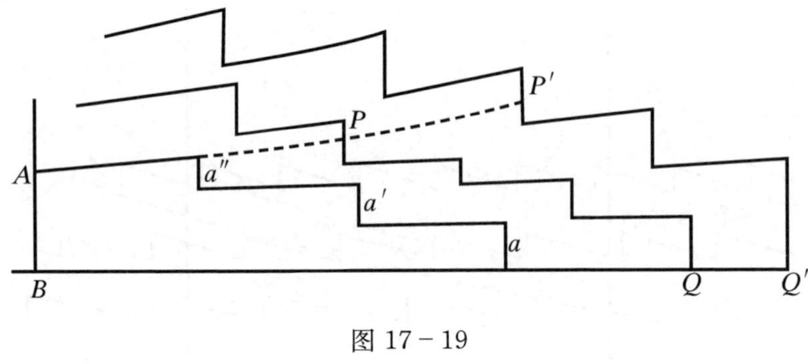

图 17－19

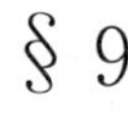

§ 9

第十六章曾经说过，当引入不确定因素时，就需要对我们的资本价值决定理论进行某些修正。现在，我们再来讨论这些问题，但无须对其做进一步延伸。我们只要牢记一点：当或然性因素被考虑进来时，资本曲线会发生突然断裂，不再如之前表示的那样简单，即以零开始，以零结束，其间的锯齿沿贴现曲线交替上升与下降，而是会在对未来或然性的估计发生改变的时点上另外出现断裂。

在这种资本价值曲线中，最重要的是它的起始点。当风险因素或者运气因素被考虑进来时，资本曲线不大可能以零线开始。这种曲线可能始于零线之上的某个点，但却不会始于零线之下的某个点，因为可能获得的收益的现值如果不能超过可能遭受的损失的现值，那么企业根本不会进行这种投资。在绝大多数情况下，企业资本的初始价值都超过零；也就是说，在进行这种投资的投资者看来，即便将风险因素纳入贴现运算，收益也不仅要能抵补成本和利息，还要有超额。总而言之，即便企业刚刚开始运营，刚刚涉猎到各种可能性、刚刚有机会利用这些可能性的企业家，也常常要求收益既能超出正常利率，又能补偿风险。但是，这种要求并不总能成为现实，其原因仅在于存在竞争，竞争使得个人通过专业知识、预见能力等享有的特殊优势统统被对手采取的警惕应对措施所抵销。

对这些问题做到心中有数之后，我们便会发现，任何资本性财富项的价值变化过程都可以用图 17－20 表示出来。资本价值起始于 A 点，即零线之上的一个点。然后，我们假设第一笔支出发生了，因此，资本价值上升到 B 点。从 B 点开始，资本价值沿着贴现曲线延伸到 C 点。在 C 点，由于风险因素的影响，资本价值又突然下降到 D 点。在 D 点，一些新的信息降低了人们对未来收益的预期或者增加了未来遭受损失的可能，因此，资本价值又从 D 点沿着贴现曲线延伸到 E 点。在 E 点，产生了成本 EF，但与此同时，对未来收益的信心受到重创，因此，资本价值不是从 F 点继续演进，而是突然下降到 G 点。从 G 点资本价值再次逐渐而正常地上升到 H 点。在 H 点第一笔收入项 HI 派发下来，我们假设这笔收入低于预期，这表示这时的资本价值过高了，因此，资本价值曲线降至 J 点，并从 J 点继续发展变化，如图 17－20 所示。最终，资本价值在 P 点以零结束，此时最后一笔收入 OP 派发下来。

在本章，我们将收入视为是非连续派发的；不过，同前一章提出的建议一致，将这些原则沿用到收入是连续派发的情况也并不困难。除了已经表示出来的这些情况，如果值得，那些数不清的还

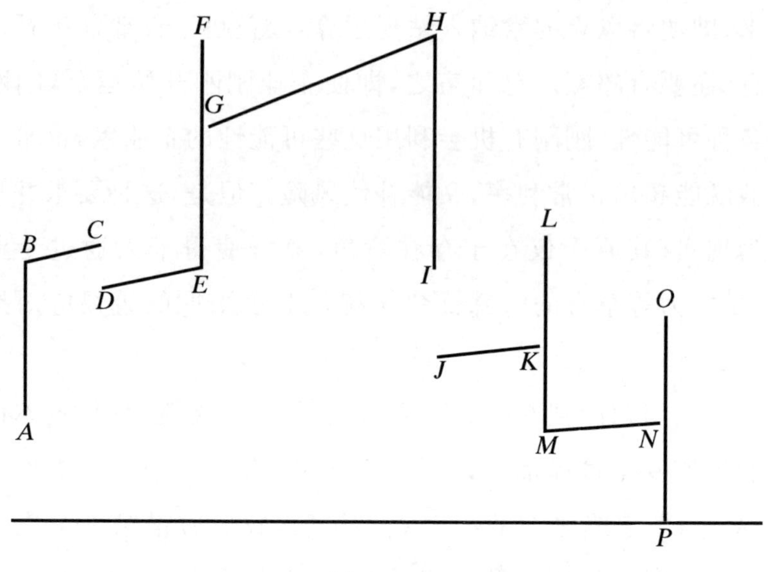

图 17－20

没有表示出的情况也能通过类似的图形表述。但是，我们的目的从来就不是去扩充图形，而是利用图形来连续记录并总结资本与收入的一般关系。

第十八章　一般性的总结

§1

在前述各章，我们着力对大多数资本及其为人类提供的服务进行了明述。在此过程中，我们了解到，人类处于物质世界之中，其间发生的各种事件影响着人类的生活。在这些事件当中，有很多是我们没有办法对它行使控制权和选择权的，它们构成人类的自然环境；还有一些事件人们可以选择和控制，具体方法是，先取得对部分物质世界的所有权，然后对其加以改造创新，进而适应人类自身的需要。因此，物质世界之中那些被人类据为己有的部分便构成了财富，无论这些部分是依然保持原有的自然状态，还是为适合人类需求而被加工成了产品。大量的财富项可以分为两大类：第一，被人类据为己有的地表部分、附着在土壤上的建筑物和工程结构、人们拥有并储存在地表建筑物里的可移动物件，或曰商品(commodities)；第二，人类自身——因为尽管人类是财富的所有者，但他们自身也是被拥有的物件。

这些财富项之所以可以服务于人类的目的，是因为人类对它们的占有使自身能够改变历史事件的发展趋势。借助于土地和对

土地的改造，人类得以加快并改善植物和动物的生长，为自己提供食物和建造其他财富项的材料。借助于住所和其他建筑物，人类得以将各种要素从自己的身体上和储存它们的物件中转移出去。借助于机器、工具等生产器具，人类得以设计并制造新器具，进而扩充原有器具的储备或者替换已经破损了的器具。借助于食物、服装、书籍、装饰品等满足自身直接需求的最终制成品，人类得以使财富物尽其用，即满足人类的欲求，而无论这些欲求涉及的是生活必需品、奢侈品、慰藉品还是文娱品。通过诸如此类的方式，财富以或多或少符合其所有者意愿的方式改变着事物的自然发展进程。这些借助于财富而使事件在其历史发展进程中发生的变化构成了所谓的财富提供的服务。

因此，在描述过程中，我们观察到了一个时点上的财富存量，以及一段时间内从该财富存量中产生的服务流。该财富存量即被称为资本，其产生的服务流则被称为收入。在这两个概念中，收入更为重要，因为资本的存在仅仅是为了创造收入，资本的所有权除了对该资本可能创造的收入享有所有权以外，别无他用。收入在不同所有者之间的划分，在现实中，构成对产生收入的资本所有权的划分，个人所持有的资本份额构成所谓的产权。

§ 2

由此可见，产权和财富显然是相互依存的，没有一方，另一方也无法存在，财产指明的仅是财富在不同个体之间的分配。当我们将个体所有的份额拼凑在一起，我们便得到了全部财富的所有权。同样，财富整体的价值也必须理解为个体所有权份额的价值总和。当我们试图合并个体所有权份额以便得到价值总和之时，我们是通过认真记录所有的资本账户实现的。在记录过程中，我们发现许多项目是成对出现的——一个账户中的财产负项或“负债”对应另一个账户中的财产正项或“资产”。通过这种项目匹配，匹配不上而剩下的便成为最终财产价值的总和，即全部实物财富项的价值。

我们看到，在资本创造的服务之中，绝大多数不过是一类资本与另一类资本发生的交互作用。对多数资本项来说，其完成的所有服务中都会有一部分传递给其他资本项。土地、仓库、铁路、机器、船舶等大量资本，要么为运输而存在，即将财富的位置由一个地点变更到另一个地点；要么为生产而存在，即将财富从一种状态或形式变更为另一种状态或形式；要么为交换而存在，即财富所有权的相互转换。可以说，每进行一次这样的运作，实施变更行为的财富项就提供了一次服务；在收入账户中，这些服务的价值被计入这些财富项的贷方。相反，也可以说，接受了这些服务并因此在位置或状态上发生了变更的财富项则提供了负服务，这些负服务与那些服务的价值完全相同，与此同时，这些负服务的价值被计入这些财富项的借方。于是，当我们到了要将所有收入进行加总的时候，所有成对出现的项目或发生交互作用的项目都相互抵销掉了。这些具有两面性的事件（即交互作用）构成实际计入商人收入账户中的绝大多数收入项。基于这一事实以及每一笔交易都具有两面性这一事实，便自然产生了我们所看到的复式记账原则的全部理论依据。

在所有发生交互作用的财富项中，最终会出现一个没有被抵销掉的收入或者说是净收入，这项收入不仅代表财富在自身内部从一个类别到另一个类别的一次转变，更代表财富向自身外部为人类(即所有者)福利实际做出的贡献。最终剩下的这些收入项就是人类获得的真实收入。说到底，它们完全是由主观的或心理的满意感构成；也就是说，由有意识的合意体验构成。

§3

但是，这些合意的精神体验是以某些不合意的精神体验(即付出的主观努力)为代价的。为了获得主观满意感而付出的主观努力构成了净支出项或者未被抵销的支出项。因此，我们看到，客观收入流和客观支出流还对应有主观付出流和主观满意感。同样，客观资本也对应有支撑着客观资本存在的主观考虑，即所谓的资本的合意性或者效用。如果付出的努力和获得的满意感被称作主观收入，那么，合意性或效用就应该被称作主观资本。时间上的对应性不仅适用于客观资本和客观收入，也同样适用于主观资本和主观收入；合意性是一个时点上的心态；付出的努力和获得的满意感是一段时期内的体验。正如客观资本代表着预料中的服务，合意性也代表着预料中的努力和预料中的满意感。因此，我们看到了客观经济世界在人类心中的一个缩影，它由欲求、努力和满意组成，它们分别对应客观世界中的资本、支出和收入。

§4

为方便起见，我们用“商品”一词概括了财富、产权和服务这三个类别中的一个或全部。我们看到，任何两种商品在合意性方面都可以进行比较，如果两组商品合意性的边际增量相等，则这两组商品的价值也相当。若要衡量不同商品在价值这层意义上是否相当，我们可以用其中任何一种商品（例如货币）来表示所有商品。因此，当不同商品按照一个共同的标准进行了转化之后，我们对资本和收入便有了一种全新的领悟。资本不再是由大量多种多样的财富或产权构成的，现在我们要从资本价值这个意义上来理解它；收入也不再是由多种多样的服务流（其中一些是最终服务流，一些是中间服务流；一些是客观服务流，一些是主观服务流）构成的，而仅仅是由收入价值这个单一的同质要素构成的。

资本与收入在价值意义上的关系正是本书倾力关注的主要问题。我们已经注意到，从价值意义上来理解资本与收入时二者之间的关系大大不同于从其他意义上来理解二者之一或二者时资本和收入的关系。当我们用“数量”来衡量资本和收入时，我们可以说是资本产生了收入；但当我们用“价值”来衡量它们时，我们发现有必要收回上面的表述，并重新表述为是收入产生了资本。通过贴现，我们可以从收入的价值导出资本的价值；通过利率，我们可以对收入的价值进行贴现，但在此过程中我们要适当注意一个事实：未来的收入或多或少总是取决于或然性因素的。由贴现而形成的资本与收入的基本关系自然可以得出：当未来收入将至时，资本的价值会随之升高；而当收入派发下来后，资本的价值又随之降低。此外，资本的价值也会随贴现过程所采用的利率的每一次变化和对或然性因素估测的每一次变化而或升或降。如果资本价值的交替升高与降低是均匀有序的，那么资本会恢复至一个恒定的价值上，在这种情况下，收入可以说成是资本的赚得。资本的赚得构成标准收入，标准收入使得真实收入在任何情况下都有了比照标准。如果真实收入超过标准收入，资本便会发生贬值，但是，我们只要将超出部分归还给一个被称为折旧基金的资本基金，便可以使资本恢复到原来的价值。相反，如果标准收入超过实际收入，超出部分便会成为储蓄并将累积起来，最后追加到资本之中。

§5

如果要用几句话来描述资本与收入的本质，我们可以这样表述：在任何时候都处于人类支配之下的那部分物质世界构成了人类的资本性财富；资本性财富的所有权构成人类的资本性财产；资本的价值构成人类的资本价值；资本的合意性构成人类的主观资本。但是，任何意义上的资本都代表预料之中的收入，预料之中的收入又由服务流或服务的价值流组成。当我们思考资本的价值之时，资本与收入间的因果关系不是资本为因、收入为果，而是收入为因、资本为果；不是现在为因、未来为果，而是未来为因、现在为果。换言之，资本的价值是预期收入的贴现值。不考虑风险或或然性因素的影响时，资本价值的波动与“收入”和“赚得”之差相等，但方向相反；考虑或然性因素的影响时，资本价值除了有上述波动外，还有反映未来收入连续变化的其他波动。

词汇表　书中所用诸定义之概要

偿债基金(Amortization fund):参见折旧基金。

数额(Amount):既定金额在给定时点的数额是其在未来某一时点的等价物。(第十三章第1节)

个人资产或财产(Assets of a person):他的产权,既包括清偿债务的那部分产权,(如果有的话)也包括债务清偿后多出的以及与任何债务都无关的那部分产权(同"资源")。(第五章第1节)

资产负债表(Balance sheet):一份有关个人资产和负债情况的报表(同"资本账户")。(第五章第1节)

基础利率(Basis):证券以特定价格出售时所获得的利率。(第十六章第9节)

证券的商业利率(commercial, of a security):与证券的商业价值对应的基础利率。(第十六章第8节)

证券的数学利率(mathematical, of a security):与证券的数学商业价值对应的基础利率。(第十六章第8节)

证券的无风险利率(risk, of a security):与证券的无风险价值对应的基础利率。(第十六章第8节)

资本(Capital):资本品及资本价值的缩写。(第五章第1节)

资本账户(account):参见资产负债表。(第五章第1节)

资本余额(balance):资产负债表中的资产和负债的价值之差(同"净资

产”)。资本余额可用三种方式衡量:名义资本(资本化的)、账面价值,以及股东或考察的资本账户的权利的市场价值。(第五章第 1 节)

资本的账面价值(book value of):资本、盈余和未分配利润之和。即任意时间计入资本账户中的资产和负债的价值之差。(第五章第 4 节)

资本品(goods):资本财富或资本产权。(第五章第 1 节)

作为股票市场价值的资本(as market value of share):股东所拥有的权利的市场价值。(第五章第 4 节)

资本项或资本工具(instruments):参见“资本财富”。

净资本(Capital,net):参见“资本余额”。(第五章第 3 节)

名义资本(nominal):股份公司中股票的票面价值,进而也是公司资产和负债之差的初始账面价值。(第五章第 2 节)

初始资本(original):资本账户首次开立时的资本。可以用两种不同的方式衡量:名义资本和实收资本。(第四章第 4 节)

实收资本(paid-up):股东实际获得的初始资本的数量。(第四章第 4 节)

产权资本(property):某一时点的产权数量。(第五章第 1 节)

财富资本(wealth):某一时点的财富数量(同“资本项”)。(第五章第 1 节)

资本价值(value):某一时点的股票或产权的价值。它是通过将源于财富或产权的预期收入贴现(或资本化)而得到的。(第五章第 1 节)

资本化(capitalization):将预期收入转化为现时的资本价值的过程。一般仅用于收入均匀且持久的情形,此时将年收入(率)除以利率就可得到。(第四章第 6 节、第十三章第 1 节)

资本化率(rate):利率的倒数(理论上讲,也是贴现率的倒数,但在实践中,这一含义从未有过应用)。

资本化(capitalize):将收入资本化就是要找出与该收入等价的资本价。(第四章第 6 节、第十三章第 1 节)

谨慎系数(Caution,coefficient of):商业价值与数学价值之比。(第十六章第 6 节)

事件的或然性(Chance,of any event):当所有情形的出现等可能时，事件发生的数值与所有情形的总的数值之比。如果一个人并不倾向于认为一种情形比另一种情形更可能为真的话，则（对任何特定时间内的特定个人而言）任意两种情形均具有等可能（同“概率”）。（第十六章第 2 节）

谨慎系数（Coefficient，of caution）：商业价值与数学价值之比。（第十六章第 6 节）

概率系数（Coefficient，of probability）：数学价值与无风险价值之比。（第十六章第 6 节）

风险系数（of risk）：商业价值与无风险价值之比。因此也是谨慎系数与概率系数的乘积。（第十六章第 6 节）

商业基础利率（Commercial basis）：参见“证券的商业基础利率”。

商品（Commodities）：人自身以外的所有可移动财富。（第一章第 2 节）

消费（Consumption）：参见“令人愉悦的客观服务”。

配对（Couple）：债务人的负债以及所对应的债权人的资产；或者资本工具带给他人的服务与相应地给最初提供带来的负服务。（第六章第 1 节、第九章第 2 节）

配对服务（Coupled services）：参见“配对”、“交互作用”。

商品（财富、产权或服务）的合意性〔Desirability of goods（wealth，property，or services）〕：特定的人于特定时间在特定的环境下对（那些）商品的欲求的强度（同“效用”）。（第三章第 2 节）

（特定一组商品的）边际合意（marginal）（近似的定义）：该组商品增加或减少的那一单位所带来的合意。（第三章第 4 节）

准确的定义：当最后增加（或减少）的数量趋于 0 时，合意的增加（或减少）与该组商品增加（或减少）量之比的极限（同“边际效用”）。

（附录第三章第 1 节）

（特定一组商品的）增加的边际合意（progressive marginal）：该组商品增加一单位所带来的合意（同“增加的边际效用”）。（第三章附录的第 1 节）

（特定一组商品的）减少的边际合意（regressive marginal）：该组商品减少一单位所引致的合意（同“减少的边际效用”）。（第三章附录的第 1 节）

（特定一组商品的）总合意（total）：组内商品的合意同组外商品的合意之差（同“总效用”）。（第三章第 4 节）

量度（Dimension）：用其他量表示（衡量）的量的类型。（第一章附录）

贴现曲线（Discount curve）：一条按下列方式构造的曲线，如果曲线的某一垂线代表任意既定的金额，其后的垂线代表后来某一时点该金额的“数量”，而两条垂线之间的水平距离即为时间间隔的长短。于是，任意一条早期的垂线都将表示相隔了由两条垂线水平距离表示的时间间隔的金额的“现值”。（第十三章第 1 节）

贴现率（Discount，rate of）：现期商品和未来商品的价值的交换比率，略小于 1。它同两组商品间隔的时间长短有关。（第十二章第 7 节）

和利率一样，贴现率也可以按年度、半年、季度以及连续时间来计算。（理论上，除了上述含义外，它也具有价格的含义，但实践中从不这么使用。）

总贴现（total）：任意金额同它的贴现或现值之差。

贴现值（Discounted value）：参见“现值”。

负服务（Disservice）：负的服务。财富项引起的不合意事件或阻止的合意事件。（第二章第 2 节、第八章第 1 节）

负效用(Disutility):负的效用(同“不合意”)。(第三章)

赚得(Earnings):参见“赚得收入”。

交换(Exchange):所有者之间相互自愿地转让商品(财富、产权或服务),每笔转让都是另一笔的报酬。(第一章第4节、第二章第3节)

费用(Expense):货币开销形式的支出。(第八章第1节)

流量(Flow):特定事物在一定时间内变化的具体数量。(第四章第1节)

流动率(rate of):流动的数量除以持续的时间。(第四章第1节)

存量(或基金,fund):财富、产权或其价值的现存数量。(第四章第1节)

偿债基金(amortization):参见“折旧基金”。

折旧基金(depreciation):为了使资本价值保持不变而必须回笼部分收入积累而成的那笔基金。也可以将其定义为由真实收入和赚得之差额形成的基金,前提是这个差额被不断积累起来。

如果收入没有规律性,只在固定时期内发生,则折旧基金可定义为源自该收入的一个连续且等价的支付。如果每一笔支付都按复利计算的话,在收入期末,其总和一定等于原始资本。(第十四章第6节)

偿债基金(Fund,srinking):实现的收入与一笔现值相同的有期年金的差额。

在用于公债方面时,也可将其定义为,在指定时段内由每年投入其中的金额累积而成的总额正好能够在该时段结束时清偿某项金额的基金。(第十四章第7节)

收入(Income):“收入服务”或“收入价值”的缩写。(第八章第1节)

收入账户(account):有关资本或个人的特定收入和支出的报表。

(资本的)赚得收入(earned,by any capital):实现的收入加上资本增值(或者减去资本贬值)。换句话说,这是既定资本获得的、不改变其价值的收入。如果利息不变,所有未来收入均可预知,则该定义等价为:既定资本获得的均一且永久的收入。不过,如果利息变动(第十四章第1节)或者未来收入不可预知,则二者不等价(同"赚得"、"标准收入")。(第十四章第4节)

令人愉悦的收入(enjoyble):由令人愉悦的服务所构成的收入。(第七章第6节)

总收入(gross):所有正的收入要素之和。(第七章第1节)

个人收入(individual):个人全部资本带来的收入。(第七章第7节)

货币收入(money):由货币所得构成的收入。(第七章第7节、第九章第5节)

自然收入(natural):由非交换所得的服务构成的收入。(第七章第7节、第九章第5节)

净收入(net):总的收入和支出之差。(第八章第1节)

精神收入(psychic):令人愉悦的意识体验(同"主观收入")。(第十章第3节)

(资本的)实现的收入(realized ,from any capital):真实收入,是资本的真实服务的价值。(第八章第1节)

社会收入(social):社会全部资本带来的收入。(第七章第7节)

标准收入(standard):参见"赚得收入"。

主观收入(subjective):参见"精神收入"。

项(或工具,Instrument):单项财富。(第一章第1节)

交互作用(Interaction):一种资本的服务与此同时也是另一资本的负服务的情形。(同"交互服务"、"中间服务"或"准备服务"、"双重服务")。(第九章第2节)

交互服务(Interacting service):参见"交互作用"。

中间服务(Intermediate service):参见"交互作用"。

利息(Interest):利率与资本价值的乘积。(第十四章第 4 节)

名义利息(nominal):事先规定的债券或票据的名义年度报酬。(第十三章第 7 节)

利率(rate of):下面给出了它的多种含义。本书中用到的标准含义为"以年度计算的溢价意义上的利率"。

利率(rate of)(价格意义上的):一份永续年金的年收益同等价的资本价值之比。(第十二章第 2 节)

如果年金按年支付,就称利率为按年度计算;倘若年金每半年支付一次,就称利率为按半年度计算;若按季度发放,则称利率为按季度计算;如果连续支付,就称利率为连续计算的。

利率(rate of)(溢价意义上的):一定时间间隔内两组商品之间的未来价值和现值交换比率超出 1 的部分。(同"差额意义上的利率")。(第十二章第 4 节)

如果两组商品间隔 1 年,就称利率为按年度计算,这是本书中所使用的"利率"一词的标准含义;倘若相隔半年,就称利率为按半年计算;若相隔三个月,则称利率按季度计算;如果相隔无限小,就称利率为连续计算的。

利率(rate of)(差额意义上的):参见"溢价意义上的利率"。

利率(rate of)(按年计算的、按半年计算的、按季度计算的、连续计算的):参见"价格意义上的利率"和"溢价意义上的利率"。

总利息(total):任意金额同其"数量"之差。(第十三章附录的第 7 节)

劳动(Labor):表现为人类劳苦形式的支出。(第十章第 6 节)

土地(Land):作为地表一部分的财富。(第一章第 2 节)

土地改良物(improvements):建于土地之上或依附于土地的财富。(第一章第 2 节)

个人负债(Liabilities of a person):欠其他人的债务数量。(第五章第 1 节)

余额法(Method, of balance):资本账户或收入账户加总的方法。

这是通过先从所有的正项和中扣除每一个负项和，然后再把“余额”加到一起而得到的。（第九章第 2 节）

配对法（of couple）：资本账户或收入账户加总的方法。这是通过取消“配对项”而得到的。（第九章第 2 节）

支出（Outgo）：负的收入。（第八章第 1 节）

净支出（net）：当支出为负时，就是净收入。（第八章第 1 节）

人（person）：产权的所有者，无论是法人还是自然人。（第二章第 3 节）

法人（fictitious）：像企业和公司那样，出于簿记的目的，想象出来的一个实体，持有他人（法人或自然人）的产权。（第二章第 2 节）

自然人（real）：产权的所有者，是个活生生的人。（第二章第 2 节）

价格（Price）：交换的比率。（第一章第 4 节）

货币价格（money）：交换商品所需的货币量与该商品的数量之比。（第一章第 4 节）

本金（Principal）：债券或票据最终获得的应等于其初始“贷款”（但事实并非总是如此）的那笔金额。（第十三章第 7 节）

准备服务（Preparatory service）：参见“交互作用”。

概率（Probability）：参见“或然性”。

生产（Production）：参见“转变”。

生产过程（Productive process）：参见“转变”。

物质生产率（Productivity，physical）：单位时间内的服务数量与提供这些服务的资本数量的比率。（第十一章第 2 节）

价值生产率（value）：单位时间内服务的价值与提供这些服务的资本的数量的比率。（第十一章第 2 节）

产权（Property）：有可能获得财富的未来服务的权利。（第二章第

3 节）

完全产权(right,complete):拥有一项财富全部服务的排他性的权利。（第二章第 10 节）

部分产权(right,partial):拥有一项财富部分服务的权利,这部分以外的服务为其他人所有。（第二章第 10 节）

购买(Purchase):用货币交换商品。（第一章第 4 节）

不动产(Real estate):土地和土地改良物。（第一章第 2 节）

资源(Resource):参见“资产”。

物质收益率(Return,physical):资本提供的服务数量与资本价值的比率。（第十一章第 2 节）

价值收益率(value):资本提供的服务价值与资本价值的比率。（第十一章第 2 节）

风险系数(Risk,coefficient of):商业价值与无风险价值的比率。它是概率系数与谨慎系数的乘积。（第十六章第 6 节）

无风险利率(Riskless,basis):参见“证券的无风险利率”。

无风险价值(value):风险被消除后的价值。（第十六章第 6 节）

或然性的无风险价值(value of a chance):参见“或然性”。

销售(Sale):用商品换钱。（第一章第 4 节）

服务(Service):按字面意思来说,当一项财富引致了合意的事件或阻止了不合意的事件时,我们说该项财富提供了服务。（第二章第 2 节）

配对服务(Service,coupled):参见“交互作用”。

令人愉悦的客观服务(enjoyable objective):人类直接获得的服务,而不是(像交互作用那样)通过其他客观资本而获得的服务(同“消费”)。（第十章第 1 节）

中间服务(intermediate):参见“交互作用”。

准备服务(preparatory):参见“交互作用”。

偿债基金(Sinking fund):参见“偿债基金”。

标准收入(Standard income):参见“赚得收入”。

标准化(Standardize):既定收入的标准化,就是将其转化为与之等价的赚得收入。

存量(Stock):特定事物在特定时点的数量〔同“存量”(Fund)〕。(第四章第1节)

交换(transaction):与交换者有关的交易的一方,它由两部分构成:贷方和借方。(第九章第9节)

转手(Transfer):有关财富所有权变化的交互作用。(第九章第3节)

转变(Transformation):有关财富形式和条件变化的交互作用(同“生产”、“生产过程”)。(第九章第2、3节)

转位(Transportation):有关财富位置变化的交互作用。(第九章第2、3节)

不合意(Undesirability):负的合意(同“负效用”)。(第三章第2节)

商品的效用(Utility of goods):参见“合意”。

价值(Value):商品(财富、产权或服务)的价值是其数量与价格的乘积。(第一章第6节)

或然性的商业价值(Value, commercial, of a chance):参见“或然性”。

贴现值(discounted):参见“现值”(value, present)。

或然性的数学价值(mathematical, of a chance):参见“或然性”。

现值(present):任意未来既定商品的现值是这些商品所能交换来的现期商品的数量〔同“现值”(Present worth)、“贴现值”〕。(第十三章第1节)

或然性的无风险价值(Riskless,of a chance):参见“或然性”。

财富(Wealth)(广义上):人类所有的有形物件。(第一章第1节)

(狭义上):人类所有的除其自身以外的有形物件。(第一章第2节)

财富项(article of):财富范畴下的任何单个物件。(第一章第1节)

财富项(item of):参见“财富项”(Wealth,article of)。

现值(Worth,present):参见“现值”(Value,present)。

附录

第一章附录

第三章附录

第七章附录

第十一章附录

第十二章附录

第十三章附录

第十四章附录

第十六章附录

第一章附录

§1(对应第一章第7节)
财富、价格、价值的量度

数学家说到一个量的“量度或维度”,像用同类或不同类的其他量进行测度所表明的那样,仅仅指它的种类或类型。数学上可用一个或多个字母来表示它。以牛肉为例。如果 b 代表任何既定数量的牛肉(比如300磅),这个字母就可以用来表示它的“量度”。用小麦表示的牛肉的价格是$\frac{w}{b}$,其中 w 是数量为 b 的牛肉所能交换的小麦数量。这个表达式$\frac{w}{b}$(或者也可以写为 wb^{-1})因而说明了价格的“量度”。重要的不是用小麦表示的牛肉的特定价格是多少,每个价格都有相同的形式 wb^{-1}。最后,用小麦表示的牛肉的“价值”的量度是 w,因为这个价值是牛肉的数量 b 乘以它的价格$\frac{w}{b}$,即 $b\times\frac{w}{b}=w$

也就是说,牛肉的量度可以用 b 来表示,

其价格可用 $p=\frac{w}{b}=wb^{-1}$来表示,

其价值可用 $bp = b\frac{w}{b} = w$ 来表示。

因此，对应于三个不同的量，分别有三个不同的量值。这个事实也可以用通俗一点的话来说。我们衡量布匹时用码，衡量其价格用蒲式耳/码，衡量其价值用蒲式耳。价格和价值像速率和距离一样有着本质的区别，后两者分别用英尺/秒和英尺来衡量；或者像密度和重量，它们分别用磅/立方米和磅来测度。

价格、数量和价值量度的这些区别乍一看有点牵强。可以这么说，价格仅仅是（某种物品）一单位的价值，价值只不过是全部数量的价格。有时候用同样的方法（尽管有失严谨），可以把速率仅仅看成是运动物体在单位时间内移动的距离。表示一单位财富的价值的数字和表示单位（财富）价格的数字相同，这当然是正确的。表示速率的数字和表示单位时间内移动的距离的数字相等，这同样没什么问题。然而速率不是距离，价值也不是价格；尽管在实际中财富是（或者可能是）按单位来考察的，但坚持认为价值和价格存在区别也没什么必要。如果一件“单独的”物品的单价是 25 美元，那么它的价值也就是 25 美元；如果一块 100 英亩的农场价值 5,000 美元，不用英亩衡量而作为一件物品的价格，就是每块农场 5,000 美元。

但是，一旦我们不得不分开处理一单位和一定量单位，就必须在价格和价值之间做出区分。用小麦表示的牛肉价格的数字，既会随着牛肉的单位而变化，也会随着小麦的单位而变化，可表示的牛肉价值的数量只会随着小麦的单位而变化。这个事实清楚地说明，价值和价格不是相同的量度。因此，如果互相交换的牛肉和小麦的数量分别是 300 英镑和 60 蒲式耳，用小麦表示的牛肉的价格和价值将是：

牛肉的价格为：每磅$\frac{1}{5}$蒲式耳。

牛肉的价值为：60 蒲式耳。

牛肉计量单位的变化明显只会影响这两个数字中的第一个。因此，如果牛肉用盎司而不是磅来计量的话，数字就变成了：

牛肉的价格为：每盎司$\frac{1}{80}$蒲式耳。

牛肉的价值为：60 蒲式耳。

另一方面，小麦计量单位的变化却对两个数字都有影响。因此，如果小麦用配克（peck）而不是蒲式耳衡量的话，代表价格和价值的数字将会分别从$\frac{1}{5}$和 60 变为$\frac{4}{5}$和 240，每一个都扩大了 4 倍。

于是，我们看到，牛肉的价值和价格既相似又不同。相似是因为小麦的单位的变化对它们有类似的影响，不同就在于牛肉的单位的变化对它们有不同的影响。

介绍一些物理学方面的应用也许会对那些对量度这一主题不太熟悉的读者有所帮助。如果用 l 表示长度的大小，面积就可以用 l^2 表示，而容积可以用 l^3 表示。因此，长度、面积和容积分别用一个、两个和三个“量度或维度”表示，因为 l、l^2、l^3 的幂指数 1、2、3 分别代表了它们的量度的维数。“量度”一词最初仅用在长度、面积和容积这样的例子中，但很快被扩展到每一种数学的量中。下面给出几个例子，没有说明（l 代表长度，m 代表质量，t 代表时间)：

速率：量度是 lt^{-1}，或者英尺/秒。

加速度：量度是 lt^{-2}，或者英尺/秒/秒

动量：量度是 mlt^{-1}，或者磅·英尺/秒

力：量度是 mlt^{-2}，或者磅·英尺/秒/秒

功：量度是 ml^2t^{-2}，或者磅英·英尺·英尺/秒/秒

马力：量度是 ml^2t^{-3}，或者磅·英尺·英尺/秒/秒/秒

为了解释它们的含义，我们观察到，代表功(或者能)的数字将受质量、长度和时间的变化的影响，比如：增加一个质量的单位(因此代表任意质量的数字都将翻倍)，将会使代表功的数字翻倍；长度增加一个单位(因此代表任何给定长度的单位将会加倍)，将会使代表功的数字翻为四倍；而时间增加一个单位(因此代表任何给定时间的数字将会加倍)，将会使代表功的数字变为原来的1/4。

量度的概念和它的表达形式非常重要，读者可以在《帕尔格雷夫政治经济学大辞典》中找到更完整的介绍，亦可在埃弗雷特(D. G. Everett)的《厘米—克—秒(CGS)单位制》(1891版)一书中发现更多应用。

第三章附录

§1(对应第三章第4节)
边际合意的数学表示

为了在数学上表示任意一组商品的边际效用或者合意,令 Δx 代表用任意特定单位衡量的任意增量,Δu 代表这个增量的合意。比如,如果参照是 15 吨重的一箱煤,且 Δx 为一个 3 吨增量,Δu 就是那 3 吨煤的合意,所以$\frac{\Delta u}{\Delta x}$就代表这额外 3 吨中每 1 吨的平均合意。如果我们假定接下来的增量 Δx 减少为 2 吨(1 吨、$\frac{1}{2}$吨、无限小等等,直至极限接近于 0),表达式$\frac{\Delta u}{\Delta x}$就意味着这额外的 2 吨〔1 吨、1 吨(额外半吨的 2 倍)的$\frac{1}{2}$、1 吨(额外$\frac{1}{4}$吨的 4 倍)的$\frac{1}{4}$,等等〕中每吨的平均合意。这个序列的极限是煤的一个无穷小的增量中每吨的合意,可以表示为$\frac{\mathrm{d}u}{\mathrm{d}x}$。就如同数学家所说的那样,如果为连续情形的话,这是效用的微分商。并且,如果用减量来代替增量,式子的值不变。也就是说,如果假设拥有 15 吨煤的人现在不是增加而是减少了3吨煤，那么$\frac{\Delta u}{\Delta x}$将代表这3吨中每1吨的平均合意，这个值显然要比增加3吨时所求出的平均合意的值大。但是，当我们把3吨的量换成更小的数，比如2吨、1吨、$\frac{1}{2}$吨、$\frac{1}{4}$吨等等，$\frac{\Delta u}{\Delta x}$的值，或者说越来越小的这个减量中每吨的平均合意，在极限处就会同不断减小的增量中每吨的平均合意相等。$\frac{\Delta u}{\Delta x}$的极限可表示为$\frac{\mathrm{d}u}{\mathrm{d}x}$，这个表达式比正文中边际合意可以表达的真正含义要准确一些，并且，随着物件被无限细分，无论数量按增加还是减少计，边际合意都是相同的。不过，实践中，这种数学上的细分并不总是可行，而且，可能还会发生增加一单位所带来的合意完全不同于减少一单位带来的合意的情况。比如，钢琴的主人对第一架钢琴的评价也许会很高，但对第二架就不会那么在意了。鉴于钢琴在单位上不可分割且只能增加或减少整数架数的事实，此时，就合意而言，减少一单位所引起的要远大于增加一单位所带来的。在这个例子中，我们有两个而不是一个边际合意，一台增加到两台，两台减少到一台，我们可以将其区分为“递减的”和“递增的”。

第七章附录

§1(对应第七章第1节)
收入定义的范例

莫瑞,《关于历史原则的英语大词典》,1901年。

收入:6.(特定用法)。作为个人工作、交易、土地或投资一段时间的产出而出现(以数量或常以货币表示);是一个人或一家公司的年度或某一周期的新增所得(receipt);收益(revenue)。之前也写成复数的形式,含义同所得、薪水、利润。现在其复数形式仅用于多人的情形。(流行的含义。)1601年,约翰逊(R. Johnson),《国家与社团》(1603),第196页。以他人一年的收入为代价。1633年,赫伯特(Herbert),《神殿》,第二十七章。绝不会超过他们的收入。1646年,劳伦斯(H. Laurence),《商业守护神》,第152页。他的代价惨痛,得到的又是什么呢?1652年,斯塔佩尔顿(C. B. Stapylton),《暴君》,第16页。他攥着相片,贪婪无度,一心想着再多挣点。1697年,德莱顿(Dryden),《维吉尔·乔治Ⅱ》,第285页。没有一块地能给领主带来那么高的收入。1789年,《混子》,第43章,10页。活着,所谓收入之上,即是多余。1802年,

《医学期刊》,第 229 页。收入,用最普通的话讲,是一个含糊不清的词。它既被用于总收入,也被用于净产出。但是当法律将其限定于利润和赚得的同义词时,其含义就和别的词一样清楚而精确了。1866 年,乔治・艾略特(George Eliot),《霍尔特》,第二卷,第一章,第 76 页。不,我不会攻击教会——也许只有在主教大人的收入被用以弥补贫穷的牧师的收入时才会这样。

上述定义无助于我们对净收入的确定。如果收入仅仅是收支的问题,而且,如果任何一年从一个人手中付出去的钱恰好等于收进来的钱,那净收入就是零吗?

皮尔森博士(N. G. Pierson),《经济学原理》,沃泽尔(A. A. Wotzel)译,第一卷,第 76 页,伦敦(麦克米伦公司),1902 年。

社会收入是一国在特定时期内所支配的所有经济品的总和,也是该国在这段时期生产性劳动的净产出。

特定时期所能支配的不是资本?是收入?

罗雪尔,《政治经济学原理》(第二版,英译本,第 5 页),在谈到国民财富时,他说,总收入的构成包括:

“(a)国内新获得的原材料;

(b)从外国的进口,包括来自海盗掠夺、战争缴获以及捐赠等的物品;

(c)工业和商业在其最终消费之前加到头两个等级价值的增值;

(d)狭义上的服务和在用资本的产出。

为了确定净国民收入，我们还需扣除如下部分：

(a)所生产的产品不能立即满足人的需求的所有原材料；

(b)作为进口的代价的出口；

(c)作为生产性资本和在用资本的损耗。”

上述方法是以商品为出发点，还有一种以获得商品的人为出发点的方法，其计算如下：

“(a)所有独立的私营企业等的净收入；

(b)各州、市、公司、机构等源自其自有资源的净收入；

(c)财产中立即被消费或享用的于前一名义下必须被考虑的那部分；

(d)债务利息必须只能被加到债权人的一方，并从债务人的收入中扣除。”

如果“生产出来的原材料”(a)是收入也是“在用资本的产出”(d)，如何避免重复计算呢？“价值的增值”(c)不是收入而是资本。

艾尔弗雷德·马歇尔，《经济学原理》，第一卷，第149、150页，伦敦(麦克米伦)，1898年。

“另一个好用的词是财富的收益(usance)，它包括个人从其财富(无论把它用作资本还是别的)的所有权中获得的各种利益的全部收入，因此，它包括一个人从自己的钢琴所得到收益，也包括钢琴商人从钢琴的出租中获得的利益。

“当一名借款人需要为一笔用了一年的贷款付账时，这种形式的收入最容易衡量，它可以表示为一笔占贷款额一定比率的支付，也叫作利息。不过，这种叫法也广泛地用来表示与从资本中获得的全部收入等价的一笔钱。

“社会收入可以通过把社会中的个人收入加在一起来估计，而无论他是来自一个国家还是大小不一的人群。一年中生产的所有东西、产生的服务或带来的新的效用，都是国民收入的一部分。

“我们必须要小心翼翼，以免把同样的东西计算两次。如果计算了一条毯子的全部价值，就已经把造毯子用的纱线和劳动算在里面了，绝不能再算一遍。但倘若毯子是家里仆人或洗衣房清洗的，洗涤的劳动价值就必须算上。否则，这一劳动的成果就会从构成国家真实收入的那些新生产的商品和便利中完全遗漏。”

“财富的收益”明显和本书中的收入相同。但“社会收入”看起来和“收益”的概念有别，因为其中包含有具体的财富。

威廉·斯玛特（William Smart），《收入分配》，伦敦（麦克米伦），1899 年，第 18 页。

“在任何时候，分类的尝试看起来都会出现这样的结果：存在两种（令人信服的）计算真实国民收入的方法。一种是消费加上资本的增加值，另一种是用以构成它们的所贡献的服务的加总。两种方法都可以选择，但用哪种要视目标而定。我提出的论题是，当国民收入必须被理解成是消费品的总和，而这些商品又是满足最终经济行为（人的生命）的手段时，它就必须以所贡献的服务的总和来计算。”

包括具体的商品和抽象的服务。

陶西格，《工资和资本》，（Appleton 公司，纽约），1906 年，第

36 页。

“因此，最好把资本仅仅视为早期的财富：所有不是为了满足人类需要的财产。工具和机械、厂房和仓库、原材料和半成品以及准成品，它们都无法直接享用。而所有产成品——食品、住房、衣服、饰品——都是可享用的财富，都是收入。”

住房是收入吗？

亨利·罗杰斯·西格尔（Henry Rogers Seager），《经济学导论》，（Holt 公司，纽约），1904 年，第 163—164 页。

“社会的真实收入在不同实体间分配、分享，从这个意义上说，货币收入仅仅是一个便利的中介。这个真实收入由他全部的货币收入所购买的消费品，以及他个人所节省或存储的部分消费品和资本品组成。”

有关将“储蓄”置于收入之中的问题，参考本章和第十四章的完整表述。

布洛克（Charles Jesse Bullock），《经济研究导论》，修订版，波士顿（Silver Burdett 公司），1900 年，第 376 页。

“按这种方式，任一月度或年度的社会收入都可以分成四个部分：

1. 耐用消费品、过去生产但现在仍为社会所有的产品以及其物质上的消费所带来的满意度；

2. 收入核算期间社会可支配的个人服务；

3. 当前工业期所生产的具有消费特征的有形产品；

4. 厂商在当前工业期内生产的并且在下一期可转化为经济品

的商品或资本品。”

这就避免了重复计算的问题吗？比如，物质产品被计算一次，而它所带来的满意度又被算了一次。

费特，《经济学原理》，纽约（The Century 公司），1904 年，第 40、41 页。

“3. 客观的收入由收入期内个人或社会新获得的各种商品的总和构成。

“4. 从逻辑上讲，收入必定是净增加值，但‘总收入’一词并非毫无意义。总收入（gross income）有时候被说成是总的所得（total receipts），即获得的商品的总和。在扣除支出以及替换掉获得收入所需的商品后，剩下的就是净收入。从技术上讲，人们生产出某种商品需要耗费其他商品。尽管他们存储的木材和煤可视为收入，但还是将其烧掉以便于温室植物的成长。他们一手拿着花，另一只手却烧掉燃料。在第二期，只有价值的净增加值才能算作收入。在任意时期变成个人财富的商品都是多种多样的：为了得到某种商品，他们耗费了之前存在的一些商品——尽管无须耗尽过去的积累或以未来作抵押。一类是总收入，一类是净收入。

“5. 消费品的收入是财富的一部分，但不是其全部。消费品，或当下可获得的‘现存品’，是即时享用的财富的核心部分。在一系列的满足中，只有核心和直接的才是一系列正常的消费品。很多用以获取满足的现存事物都没有被看作是消费品。一块地里的玉米就不是收入。在饥荒年代，它可以被利用，但玉米种子是上一年存下来的，还有一些必须留待来年用。这是财富的一部分，但不属于我们理解的‘现存品’。”

“商品”不是收入，价值的增值也不是收入。参见正文。

科纳沃茨特，《收入及其分配》，莱比锡，1896 年，第 11—12 页。

例如，1886 年 3 月 26 日颁布的《汉堡收入税法》的第四款中是这样定义的：

“所得（收入）税是从净收入或所得中征收的，即所有以货币或货币价值形式存在的（包括自住房的租金、闲置房屋的价值、自然的提供等）有义务纳税的收入，不管来源自哪里，都无例外。”

类似地，1878 年 7 月 2 日颁布的《萨克森收入税法》的第 15 条中规定：

“收入是指包括……自有房屋租金所得及为了家庭消费而从自家经济中所生产出的价值等在内的一切总流入。”

1892 年奥地利的一部关于直接个人税的法律草案中，第 195 条里也用了几乎相同，只是更加细致和精确的表述：

“收入是指所有以货币或货币价值形式存在的个人有义务纳税的总流入，包括自有房屋和其他闲置住房的租金所得，还有自家农业和工商业中，为了家庭消费所生产出的价值，还包括其他所有有义务纳税的预期的自然收入。”

需要注意的是，所有这些法律中，都没有对税收视角下收入的类型、分支或是组成部分做详细的举例说明，而尚存争议的法律仅仅追求对“收入”进行非常笼统的界定。其要旨每次都是：“收入就是不论源自哪里，所有以货币或货币价值形式存在的总流入。”既

然在我们当今建立在私有财产和个体经济基础上的国民经济中，所有实物商品、实物商品的利用、个人服务都可以用货币买卖，并且具有相应的“货币价值”，那么法律制定者就是想要把自家经济中涉及的所有物质和非物质商品，都纳入“收入”的概念中。……换言之，法律制定者仅在名义上定义了“收入”（如上文所做的定义），也就是说将所有商品都纳入“收入”的概念，这些商品要么是从外部进入到自家经济，要么是从自家经济内部新产生的，并且无论是物质（实物）商品还是非物质商品（即实物商品或服务的效用）都包括在内。

将所有新得到的收入或者新生产的商品都囊括进来显然有些过量；如正文所示，将收入严格限定在货币收入的范畴，既会过于庞杂，也会有所遗漏；而不对必要的减免进行定义就要求收入必须是“受限的”或者是“净的”，又会使定义不够完整。

科纳沃茨特，同上，第22—23页。

从这个角度来看，可以说赫尔曼—施穆勒对（个人）收入的定义或理解直到今天都是主流观点（其他不同观点后文会提到）。赫尔曼（《国家经济研究》，第二版，慕尼黑，1870，第582、583页）这样定义（个人）收入：

“每一笔流出有多少是消费，就有多少流入是收入。更确切地说，是在特定时期新增加到一个人不可削减的基本财产中，可以供其任意使用的经济或者是交换商品的总额。很显然，这既可以是物质的，也可以是非物质的。”

施穆勒（见收录在1863年第19卷《国家学总论杂志》中第1—19页的“收入理论与其他”一文）联系赫尔曼对收入的定义，这样写道：

“收入……就是一个主体在某一时期内为满足需求且在不削减其财富的情况下所能够消费的经济商品的总额。对每个个体来说，其劳动成果和财富都是其原始收入。谁没有这种劳动成果，就只能有间接收入；也就是说，只有这样的人是以他人的收入为生的。……所有直接的，即不通过交换就消费或享用的劳动成果和财富属于收入。”

前述以惯常方式表述的定义我们称之为“赚得”，而非“收入”。不过，如正文所示，该定义错在仅着眼于有形的商品，而非其派生的服务或其他方面。

阿道夫·瓦格纳在其著名的《基础》(第一版，第96—97页)一书中，从已有的关于收入的定义中，创造性地进行归纳，将个人收入定义如下：

“在收入中，进账或盈利与作为其接受者的人，也就是与经济主体联系起来。一个人的收入包括两方面：1.经济商品的总额，其在某阶段……有规律地并且能够有规律地重复作为固定收入来源产生净利润，实现财产增长。个人收入中的这一部分由整体经济管理和单独的经济活动(如工作、运营)组成，或者，由资产或特别的权利财产(如奴隶资产、不动产、资本、债权)组成，最后还包括有规律地无偿获得的收入(如慈善捐助、赠予)。2. 享用(使用)或者仅是享用的可能性，来阶段性地不断补充扣除消耗和流通价值减少后的个人财产。

“一个人的收入首先构成了其满足自身需求的物质基础。购买行为是达到其目的的手段。收入可以在得到的当期完全耗尽，而无须通过削减其以前的财产。个人收入交换价值的高低，决定其最终可能持续满足的需求的大小，这对国民经济学有重要意义。”

瓦格纳的定义错在过于严格。他认为收入必须是“有规律”的，而且同时包含了有形的商品和抽象的服务。

科纳沃茨特，同上，第24页。

今天我们可以这样理解一个人的收入：在经济中，一个人的财富所涉及的所有商品。也就是说：1. 不管这些商品是从外部进入到自家经济中的，还是从自家经济内部新产生的；2.不管这些商品是物质还是非物质的。然而还有两种情况——当其反映了当今经济学的共识时——需要被考虑进这一概念中，这两种情况我在导言里谨慎地没有谈及，因为这对那部分没有意义，这两点就是：1. 当被看作“收入”时，所谓的商品在经济中，或是在相关者的财富中，必然有某种规律性；2. 这些商品只能被理解为“收入”——当其在经济中，或者在相关者的财富中新出现时，即当其增加到现有相关者的财富中时。反之，当流入自家经济中，例如，债务被偿还，或者借出的财产被归还，这些成为该经济初始财富的组成部分，就不属于“收入”。

根据科纳沃茨特的定义，想构建一个自身一致的收入概念，会导致将流入一个人财富的所有元素都包含进来。无论它是外部交换还是内部生产所得，无论它是有形还是无形，只要我们认为它不是“不规则的”，不属于前期债务的偿还，就要纳入其中。连作者本人也承认，这个概念毫无用处。

罗伯特·迈耶，《国家学袖珍词典》，第三卷，收入的概念，第348页。

英国的自由主义国民经济学曾经在此基础之上得到一个片面的结论，即按照贸易或工业企业中会计计算净利润的方式来理解收入。

德国的文献避免了这种片面性，目前占主导地位的仍是赫尔曼提出、施穆勒补充的（也许是被过分赞美了的）理论，把收入理解为一年之内所有初始财产最终新生产和提供出来的满足国民需求的所有交换的商品（赫尔曼）；或者是，一个主体在一定时间内为了满足需求且在不削减自身财富的情况下可以使用的经济商品的总和（施穆勒）。

在新时期，以前被认为是理所应当的前提性特征也以概念的形式被提出：在流入中，有规律地重复或是能够重复的部分就构成了收入。

收入形式上的定义经常被回避，然而在 1878 年 7 月 2 日颁布的《萨克森收入税法》第 25 条中这样写道："收入就是所有以货币或货币价值形式存在的流入，要扣除索要、保障和获取这些流入所花费的支出，此外还得扣除某些欠息。通过继承和类似的购买行为得到的不寻常的流入，不属于有义务纳税的收入，而是属于原始财富的增加。"非常类似的是奥地利 1896 年 10 月 25 日颁布的法案，然而第二段有所不同："不寻常收入中，遗产、生命保险、赠予等无偿得到的流入是不需要纳税的。"

这些观点或想法实际上与之前给出的并无二致。

弗朗茨·古特，《收入及其分支的理论》，莱比锡，1878 年，第 62 页。

收入是从某一来源中有规律性地重复增加的财富。收入支取者在不削弱其物质基础的情况下可以享用、消耗或者以任意方式使其消亡。彩票、捐赠和馈赠不属于收入，然而捐赠和馈赠是建立在一定权利基础之上的。

这一观点已经在正文中进行了讨论。

第十一章附录

§1(对应第十一章第2节)
收入—资本比率的量度

如果我们用 t 表示时间,用字母 q 和 v 来区分服务的数量和价值,用字母 Q 和 V 来区分资本的数量和价值,则正文提到的四个比率的构成形式如下:

物质生产率:$\frac{q}{Q_t}$,每年每英亩生产的蒲式耳数量。

价值生产率:$\frac{v}{Q_t}$,每年每英亩创造的美元数量。

物质收益率:$\frac{q}{V_t}$,每年每美元生产的蒲式耳数量。

价值收益率:$\frac{v}{V_t}$,每年每美元创造的美元数量。

第十二章附录

§1(对应第十二章第2节)利率被理解为资本价格意义时的年金和半年年金等的数学关系

如果收入半年付一次，i'表示的是年利率(如正文例子中的4%)，i 是收入按年支付时与之等价的利率(如例子中的4.04%)，则 i'和 i 之间的关系是：

$$i = i' + \frac{i'^2}{4}。$$

为了证明这一点，我们看到，在有关 i'和 i 的假设下，一美元的资本将会买到一份每年为 i 或者每六个月为$\frac{i'}{2}$的永续年金。像前面的例子一样，假设，在六个月中，后一种年金的持有者在收到他的第一份年金收入$\frac{i'}{2}$后，会以1美元的价格把它卖掉。如果利率不变，他会毫不犹豫地这样做。用总收入 $1+\frac{i'}{2}$买一份新的同类型的年金，这会使他每年的收入变为$(1+\frac{i'}{2})i'$，或者每半年获得一半，即$\frac{(1+\frac{i'}{2})i'}{2}$。在后六个月中，他收到所有的支付后再把这份新买的年金按最初的价值$1+\frac{i'}{2}$卖掉。现在他手头上共有金额$1+\frac{i'}{2}+\frac{(1+\frac{i'}{2})i'}{2}$。在这些钱中，他用1美元进行再投资，剩余的部分〔即$\frac{i'}{2}+\frac{(1+\frac{i'}{2})i'}{2}$〕作为收入留下来。

只要简单地重复上述过程，每年就都会有同样一笔钱入袋。这构成了一份按年支付的永续年金。根据上面的公式，其价值可以简单地表示为$i'+\frac{i'^2}{4}$。

既然这是1美元资本所购买的按年支付的年金收入，根据其定义，它的大小我们称为i，故有$i=i'+\frac{i'^2}{4}$。

用相同的方式能推导出按季度支付的年金，彼时，用类似的推理，我们会发现，如果按季度支付年金的年利率用i''表示的话，则有：

$$i=i''+\frac{3i''^2}{8}+\frac{i''^3}{16}+\frac{i''^4}{256}。$$

§2（对应第十二章第4节）利率被理解为溢价时的年金和半年年金等的数学关系、图形表达以及经济解释等

一般情况下，令i'表示按半年计算的年利率，于是，1美元在6

个月后将会是 $1+\frac{i'}{2}$；而再过 6 个月后，按复利计算的金额变成 $(1+\frac{i'}{2})^2$，这个数值一定等于 $1+i$，也就是 1 美元在等价的利率 i 下每年计息一次的金额。即

$$1+i=(1+\frac{i'}{2})^2,$$

或者，展开并化简，得

$$i=i'+\frac{i'^2}{4},$$

这同之前把利率当作资本价格时得到的结果一样。

类似地，令 i'' 表示按季度计算的利率，我们能证明 $1+i=(1+\frac{i'}{4})^4$，而且，如果每年支付 n 次的利率为 $i^{(n)}$ 的话，有 $1+i=(1+\frac{i^{(n)}}{n})^n$。

换句话说，

$$\begin{aligned}1+i&=(1+\frac{i'}{2})^2\\&=(1+\frac{i''}{4})^4\\&=(1+\frac{i^{(n)}}{n})^n=\left[\left(1+\frac{i^{(n)}}{n}\right)^{\frac{n}{i^{(n)}}}\right]^{i^{(n)}}。\end{aligned}$$

随着 n 趋于无穷，最后面的表达式会有一个极限。$i^{(n)}$ 的极限是“连续计算的年利率”，叫作 δ。方括号的极限是称作 e 的自然对数的底。e 的含义一般是给定的，当任意常数 k 趋于无穷时，$(1+\frac{1}{k})^k$ 的极限就是 e。很明显，$\frac{n}{i^{(n)}}$ 就是这样一个数。根据假

设，n 趋于无穷的话，$i^{(n)}$ 无疑会下降。因此，最后一个式子的极限是

$$1+i=e^{\delta},$$

或者，用 e 的值来代替，

$$1+i=(2.7182818)^{\delta}。$$

在把利率当成资本价格时，用本附录上一节的极限法可以给出这个式子的另一种证明。

数字 e（或者2.7182818）在数学上扮演了几乎和 π（3.141592）同样重要的角色。后者表示一个圆的周长相对于直径的比率，但是对多数学生来说，e 要比 π 陌生多了。e 有很多种定义和解释，对经济学家来说，最吸引他们的是：e 是指在一个购买期间内，以复利计算的 1 美元的“总额”，这是建立在利率是连续支付的这个假设基础上的。

如前所述，这个命题隐含于等式 $1+i=e^{\delta}$ 的证明中。下面给出一个更具体的、有真实图形的证明：

如果利率是 4%，按年支付。购买期是 25 年，则 25 年期以 4%的利率计算的 1 美元的终值为 $(1+0.04)^{25}$。

如果利率仍为 4%，每半年支付一次，在 25 年内，1 美元的终值将会是 $(1+\frac{0.04}{2})^{50}$。

类似地，4%的利率如果是按季度支付，此期间 1 美元的终值是 $(1+\frac{0.04}{4})^{100}$。

如果每年支付 n 次，则终值为 $(1+\frac{0.04}{n})^{\frac{n}{0.04}}$。

在极限处，我们得到的就是 1 美元在 25 年内按 4%的利率连续支付的金额。当 n 无限大时，上述表达式的极限就是 e 的定义。

下图给出了不同利率间的差异。在图 A－1 中，令曲线 $B'AB$ 表示一条“贴现曲线”，曲线上任意两个纵坐标代表坐落于两个对应时点的可交易的商品，例如 a 和 b，即 aA 数量的现期商品能买

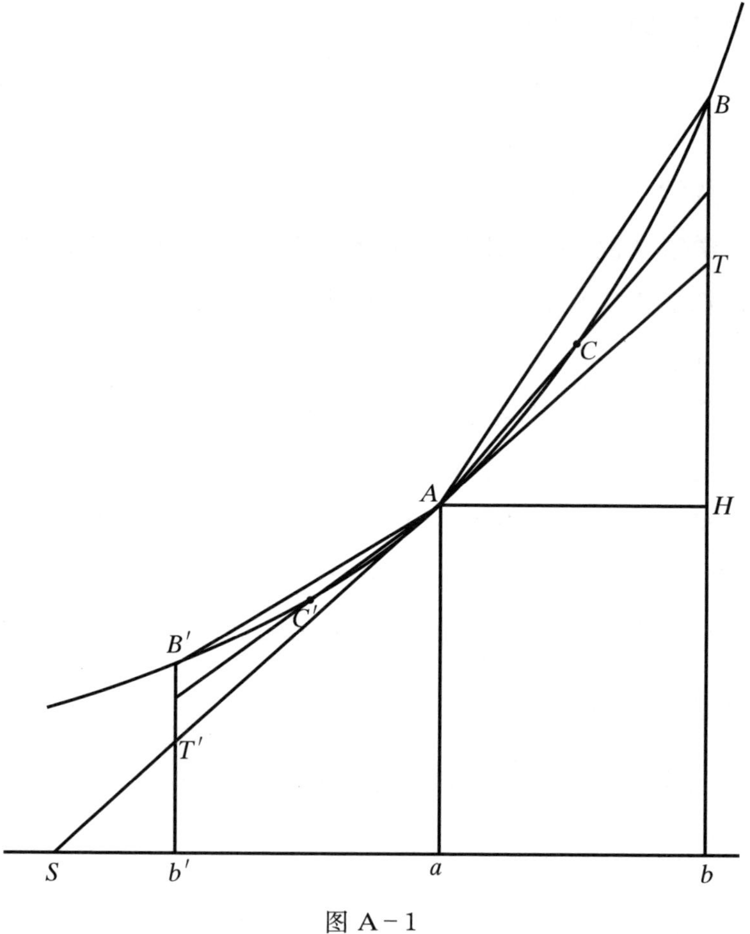

图 A－1

到位于 ab 这段未来时间后的 bB 数量的商品，后者要多一些。如果我们令 a 和 b 这两个点的距离为一年，则按年份计算的利率就是连线（或割线）AB 的斜率除以 aA 的纵坐标，（$\frac{BH}{AH} \div aA$）。与之类似，A、C 两点连线为半年的时长，其斜率除以 aA 代表了每半年计算一次的利率，等等。取极限，切线 AT 的斜率（除以 aA）代表了连续计算情况下的利率。

同样，那个反方向的割线 AB' 代表了按年度计算的贴现率（如果 ab'为一年的时长），AC' 为每半年计算一次的贴现率，以此类推。直到再次回到切线 AT' 或者 AT 上，利率和贴现率的差别不复存在。证明连续计算的利率的倒数很容易（通过相似三角形），换句话说，次切距 aS 表示“购买年数”。

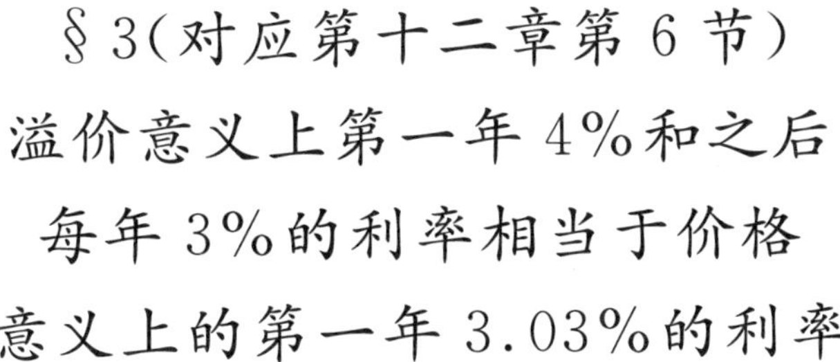

§3（对应第十二章第 6 节）溢价意义上第一年 4%和之后每年 3%的利率相当于价格意义上的第一年 3.03%的利率

给定（作为溢价意义上的）第一年 4%和之后每年 3%的利率。

假设今天 100 美元的投资在下一年会得到 104 美元。到了年末，这 104 美元中有 100 美元被用于再投资。既然之后每年的利率始终相当于溢价意义上的 3%，根据正文的证明，它也必定与价格意义上的 3%的利率相当。因此，下一年 100 美元的再投资可以买到一份 3 美元的永续年金。结果是，今天的 100 美元的收益是下一年的4美元和以后每年的3美元。这一系列收益等同于每年3美元的永续年金再加上第一年年末的1美元。这额外的1美元现值是$\frac{1}{1.04}$或者$0.96\frac{2}{13}$(因为在今年和明年之间的利率是4%)。如果我们从100美元(这代表了如下整个系列支付的现值:4美元、3美元、3美元、3美元,等等)中扣除1美元的现值,就得到了不包含有这1美元的系列年金的现值(比如,一份每年3美元永续年金),剩余的价值是$99.03\frac{11}{13}$。进而,由于这$99.03\frac{11}{13}$美元能买到每年3美元的永续年金,价格意义上的利率是$3\div 99.03\frac{11}{13}$,或者大约为3.03%。这是初始的利率水平,第一年后明显变为3%。

§4(对应第十二章第6节)价格意义上的第一年4%和之后每年3%的利率相当于溢价意义上的第一年37.33%的利率

给定(价格意义上的)第一年4%和之后每年3%的利率。今天的100美元能买一份每年4美元的永续年金,进而每年4美元的年金能按3%的利率卖掉,并因此得到133.33美元。投资者由此在第一年年末获得的收入共计(4+133.33)美元,即137.33美元。所以,那一年溢价意义上的利率是37.33。而在接下来的年份里,无论从溢价角度还是从价格角度看,利率明显都是3%。

§5(对应第十二章第6节)溢价意义上的利率和价格意义上的利率之间的数学关系

总的来说,如果令 i_1、i_2、i_3……分别表示溢价意义上的今年的、明年的、第三年的……利率,而令 j_1、j_2、j_3……分别表示价格意义上的今年的、明年的、第三年的……利率,可以证明,i、j 之间存在下列关系:

$$\frac{1}{1+j_1}+\frac{1}{(1+j_1)^2}+\frac{1}{(1+j_1)^3}+\cdots\cdots=$$

$$\frac{1}{1+i_1}+\frac{1}{(1+i_1)(1+i_2)}+\frac{1}{(1+i_1)(1+i_2)(1+i_3)}+\cdots\cdots$$

$$\frac{1}{1+j_2}+\frac{1}{(1+j_2)^2}+\frac{1}{(1+j_2)^3}+\cdots\cdots=$$

$$\frac{1}{1+i_2}+\frac{1}{(1+i_2)(1+i_3)}+\frac{1}{(1+i_2)(1+i_3)(1+i_4)}+\cdots\cdots$$

$$\frac{1}{1+j_3}+\frac{1}{(1+j_3)^2}+\frac{1}{(1+j_3)^3}+\cdots\cdots=$$

$$\frac{1}{1+i_3}+\frac{1}{(1+i_3)(1+i_4)}+\frac{1}{(1+i_3)(1+i_4)(1+i_5)}+\cdots\cdots$$

可以说,这些等式决定了 j_1,它是 i_1、i_2、i_3……(直到无穷)的一个特殊的平均数,j_2 也同样是 i_2、i_3、i_4……(直到无穷)的一个平均数。证明很简单,对数学感兴趣的读者可以自己去做一下。

前面的等式是用 i 来表示 j 的值。下面的等式则给出了用 j 表示的 i 的值:

$$i_1 = j_1 + \frac{j_1 - j_2}{j_2},$$

$$i_2 = j_2 + \frac{j_2 - j_3}{j_3},$$

$$i_3 = j_3 + \frac{j_3 - j_4}{j_4},$$

……

因此，如果像我们的例子那样，$j_1 = 0.04$，$j_2 = 0.03$，则 $i_1 = 0.04 + \frac{0.04 - 0.03}{0.03} = 0.37\frac{1}{3}$

这些等式的证明也留给对数学感兴趣的读者。他将会发现这两组等式可以各自独立地证明，或者证明了一个再从其中推导出另一个。为了说明每一组等式都能由另一组得出，用代数导出的简单结果来代替第一组等式的左侧部分会很方便。它们是$\frac{1}{j_1}$、$\frac{1}{j_2}$、$\frac{1}{j_3}$，等等。这个简单证明建立在用 1 除以 j_1等的过程的基础上。

从上面的公式中明显能看出，如果 $i_1 = i_2 = i_3 = \cdots\cdots$，则 $j_1 = j_2 = j_3 = \cdots\cdots$而且所有的 $i = j$。反过来的结果也是显而易见的。

§6（对应第十二章第 7 节）
利率和贴现之间的数学关系

令 V'表示与现值 V 相等的一年后的价值。则利率和贴现率的表达式如下：

$$1 + i = \frac{V'}{V},$$

$$1-d=\frac{V}{V'}。$$

由此，将两个等式相乘，可以得出$(1+i)(1-d)=1$，进一步化简，有 $d=i-id$。即对于商品的利率和贴现率而言，代表贴现率的这个数字总是稍微小于代表相应利率的数字。

以半年计的贴现率和利率之间的关系与之类似，因此有：

$$\frac{V}{V'}=1-\frac{d'}{2}$$

和
$$\frac{V'}{V}=1+\frac{i'}{2},$$

由此
$$\left(1-\frac{d'}{2}\right)\left(1+\frac{i'}{2}\right)=1。$$

相乘并化简，

$$d'=i'-\frac{i'd'}{2}。$$

若以季度计，则利率和贴现率的公式如下：

$$\left(1-\frac{d''}{4}\right)\left(1+\frac{i''}{4}\right)=1,$$

或者
$$d''=i''-\frac{i''d''}{4}。$$

同样的推理可用于每年计算 n 次的情形，于是有

$$d^{(n)}=i^{(n)}-\frac{i^{(n)}d^{(n)}}{n}。$$

显然，如果一年的计息次数 n 充分增加，式子$\frac{i^{(n)}d^{(n)}}{n}$将变得无穷小，以至于利率和贴现率在极限处相等。连续计算的贴现率同之前连续计算的利率一样，也称作 δ。

与利率不同,贴现率总是同把未来商品换成现在商品相关联,而不是同资本与收入的交换相关联。在之前的例子中,它不是价格意义上的,而是溢价意义上的(在本例中,溢价是负的)。不过,为了完成我们的概念框架,可以构建一个收入方面的资本价格意义上的贴现率。我们再次回到那个事实:当我们把第一次付款定在第一期的期末时,价格意义上的利率被定义为收入对资本的比率;但如果把第一次付款定在期初,收入对资本的比率可能不再是利率,而是一种贴现率。

因此,如果 100 美元能买到一份每年 4 美元的永续年金,第一次付款定在一年后,则那时候的 104 美元能买到同样一份年金,第一次是即刻付款。在第一个例子中,收入对资本的比率$\frac{4}{100}$,被称作价格意义上的利率;在第二个例子中,收入对资本的比率$\frac{4}{104}$,被叫作价格意义上的贴现率。价格意义上的贴现率和溢价意义上的贴现率的关系完全类似于这两种意义上的利率的关系。

众所周知,债券在确定付息之前,能以两种方式销售:它们可能不附息地出售(无息),也可能带息出售(平价)。这两种方法分别和上面描述的利率和贴现率有关。

§7(对应第十二章第 7 节)
按不同时间计算的贴现率之间的数学关系

如本章附录的第 2 节所述,按不同时间计算的贴现率之间的

关系与对应的利率间的关系非常类似。因此，如果今天的 V 能够买到半年后的 W，则

$$\frac{V}{W}=1-\frac{d'}{2},$$

而如果 W 能够以同样的条件买到下半年的 V'，则

$$\frac{W}{V'}=1-\frac{d'}{2}。$$

由此，相乘得到 $$\frac{V}{V'}=(1-\frac{d'}{2})^2,$$

而 $$\frac{V}{V'}=1-d,$$

因此 $$1-d=(1-\frac{d'}{2})^2,$$

故有 $$d=d'-(\frac{d'}{2})^2。$$

从上面的计算可以看出，每年计算一次的贴现率要小于对等的每半年计算一次的贴现率。类似的推理也适用于按季度以及其他时段计算的贴现率。

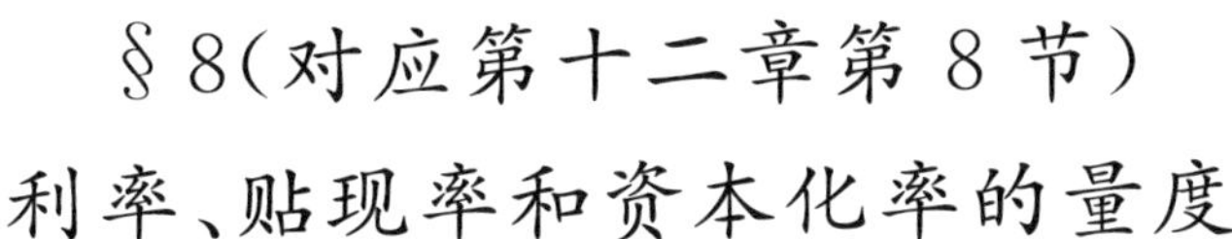

§8（对应第十二章第8节）利率、贴现率和资本化率的量度

价格意义上的利率的形式是$\frac{v}{Vt}$，其中 v 表示在时间 t 内的永久收入流，而 V 代表了它的资本价值。在这个分数中，v 和 V 有相同的量度——美元、蒲式耳，或者其他相同的单位，分数$\frac{v}{Vt}$的表

示可简化为$\frac{1}{t}$或者t^{-1}。[①] 用类似的方法，资本化率作为这个分数的倒数或者$\frac{Vt}{v}$，可量化为 t。

鉴于利率常以年度计，而资本化率更多的是“购买年数”，所以这些结果也得到了一般惯例的认可。

把利率看作是溢价可能获得同样的量度。作为溢价意义上的利率由等式$\frac{V'}{V}=(1+ti)$给出，其中的 V'和 V 是两个间隔时间为 t 的交换值，而时间 t 常是一年的分数，即计息一次的时间。因此，如果按季度计息的话，$t=\frac{1}{4}$。既然 V 和 V'有相同的量度，则$\frac{V'}{V}$就是一个纯数字。而和它相等的部分 $1-ti$，也是一个纯数字。因为在这个数中，第一项 1 是个纯数字，另一项 ti 也是一个纯数字。因此 i 一定是 t 倒数的量度，即$\frac{1}{t}$或者t^{-1}的量度。

显然，贴现率有着和利率相同的量度。

① 有趣的是，如第一章附录所示，“资本价格”的度量完全不同于用另一种商品表示的一种商品的价格的度量。

第十三章附录

§1(对应第十三章第1节)
一笔一年期金额的现值公式

如果利率用 i 表示,很明显,明年 $1+i$ 美元的现价是1美元,因此明年的1美元的现值是 $\frac{1}{1+i}$,且明年任意数额 V 的现值是 $\frac{V}{1+i}$,这是一笔一年期金额的现值的一般性公式。

§2(对应第十三章第1节)
任意期 t 的一笔金额 V 的现值公式

一般来说,两年后的 $(1+i)^2$ 美元的现值显然是1美元,因此,两年后的1美元现值是 $\frac{1}{(1+i)^2}$,两年后的金额 V 的现值是 $\frac{V}{(1+i)^2}$。类似地,三年后的金额 V 的现值是 $\frac{V}{(1+i)^3}$,t 年后的金额 V 的现值是 $\frac{V}{(1+i)^t}$。

最后一个公式完全是一般性的，t 甚至不必是整数。数学好的读者很容易证明该公式适用的时期可以是 3.5 年或者其他任意时间。

§3（对应第十三章第 3 节）
永续年金的现值公式

前文已经证明了永续年金现值为$\frac{a}{i}$的定理。另一个可供选择的证明也常出现在有关年金的论文中，过程如下：考虑一笔每年 1 美元的永续年金，求出它的资本价值。从之前的叙述中明显看出，第一年年末的第一笔支付是 1 美元，其目前的现值是$\frac{1}{(1+i)}$；第二年的支付的现值是$\frac{1}{(1+i)^2}$；第三年的支付的现值是$\frac{1}{(1+i)^3}$；以此类推，以至无穷。因此，全部序列的现值是：

$$\frac{1}{(1+i)}+\frac{1}{(1+i)^2}+\frac{1}{(1+i)^3}+\cdots\cdots$$

为了简化，我们用 v 代替$\frac{1}{(1+i)}$，这个式子可写成：

$$v+v^2+v^3+\cdots\cdots$$

或者 $$v(1+v+v^2+\cdots\cdots)。$$

因为该序列明显是收敛的，括号里面等于$\frac{1}{1-v}$。因此，这笔年金的现值是 $v(\frac{1}{1-v})$，如果我们用它的初始值$\frac{1}{(1+i)}$代替 v，公式就化简为$\frac{1}{i}$。这个数，即$\frac{1}{i}$美元，因此成为1美元年金的资本价值。按比例变化，任意年金 a 的资本价值就是$\frac{a}{i}$。

§4（对应第十三章第3节）按年、半年、季度支付以及连续支付的年金的资本价值公式和图形

如果按年支付的年金变成了每半年支付一次，则波动变小，频率翻倍。在图A－2中，我们看到支付周期为年、半年、季度的资本化年金的形式。如果每年支付一次，每次4美元，锯齿的高度为4美元；如果每半年支付一次，锯齿的高度为2美元；每季度支付一次，高度为1美元。如果付款的频率趋于无限，就达到了一笔连续收入的极限值，此时，锯齿完全消失，年金的价值保持在一个不变的水平上。如果利率是4%且在不同的情况下按年、半年、季度计算，那么在所有的这些情况下，4美元年金的价值在任何一次支付刚刚完成后会回落到100美元。在永续年金的例子中，如果利率是4%并被连续计算，则4美元年金的价值总是100美元。同样的论断适用于任意金额的年金。每次支付后，它的价值均等于年收入除以利率，或者年收入乘以购买年数。

为了得到每半年、每季度或者连续支付条件下的永续年金价值的公式，我们用 i 表示年利率，只需借助前面章节的等式将$\frac{a}{i'}$、$\frac{a}{i''}$、$\frac{a}{\delta'}$转换。由于每半年付 a 美元的年金的价值是$\frac{a}{i'}$，通过关系

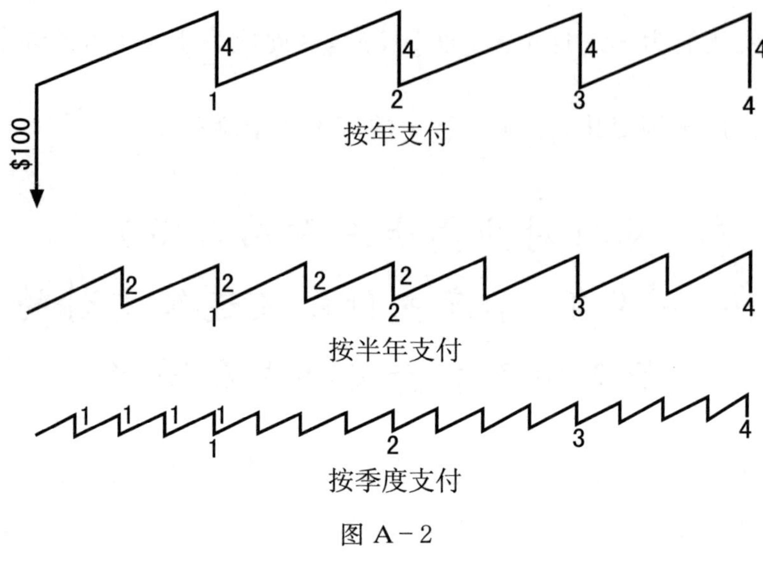

图 A-2

式 $1+i=(1+\frac{i'}{2})^2$，我们可以得到 $i'=2(\sqrt{1+i}-1)$，于是$\frac{a}{i'}$就变成了$\frac{a}{2(\sqrt{1+i}-1)}$。类似地，按季度支付的公式为$\frac{a}{4(\sqrt[4]{1+i}-1)}$；因为 $1+i=e^{\delta}$ 或者 $\delta=\log_e(1+i)$，所以永续年金的公式变成$\frac{a}{\delta}=\frac{a}{\log_e(1+i)}$。

在每一种情况下，将支付的金额用于上述公式，就能得到年金支付前的价值。使用贴现曲线，能获得中间任意时点的价值。比如，用当前（下次支付前的）价值除以 $(1+i)^t$，其中，t 是介于现在和下一次支付之间的一个时点。

§5(对应第十三章第3节)
非连续收入和连续收入的图形

在图A-3中,如果收入的支付回到每年一次,每次4美元,则这些支付以直线法用a、a、a来表示。如果支付每半年一次,每次付2美元,就用b、b、b来表示。如果回到每季度支付一次,每次1美元,就用c、c、c来表示,诸如此类,直至无穷。在每种情况下,线变得越来越短,数目也越来越多。如果这个过程无限持续下去,显然,连续收入要用无穷小的短线来表示,这种做法是不明智的,这也正是面积法成为必要的原因。为了说明它的用法(包括收入不连续的情形),令图A-4中的矩形表示一系列的年支付a,它们的底全都是1单位的,高都等于a。方便起见,每个提到的矩形所代表的时点都在收入发生那年的年末。因此矩形OV所指的时点是P,PW所指的时点是Q。如果收入每半年付一次,方法相同,用矩形OT、YV来代表。不过,由于每个矩形都等于原来的一半,它的高度不再代表单次的收入,而是两倍于那些半年一次的收入,也就是年收入(率)。因此,如果年金是每年4美元,每半年支付一次,矩形OT意味着2美元,它的底只有原来的一半,它的高不是2而是4,即每年的收入(率)。

与之类似,矩形OS、XT、YU等代表了按季度支付的情形,其高度是按季支付时的年收入(率)。

最后,我们将用无数个无限小的矩形合在一起构成的整个图形来表示连续支付的情况,任意点的高度是该点的收入流的年收

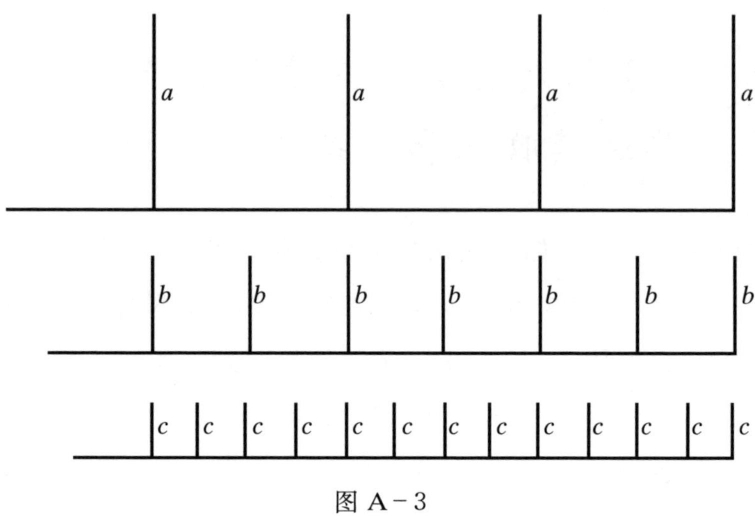

图 A-3

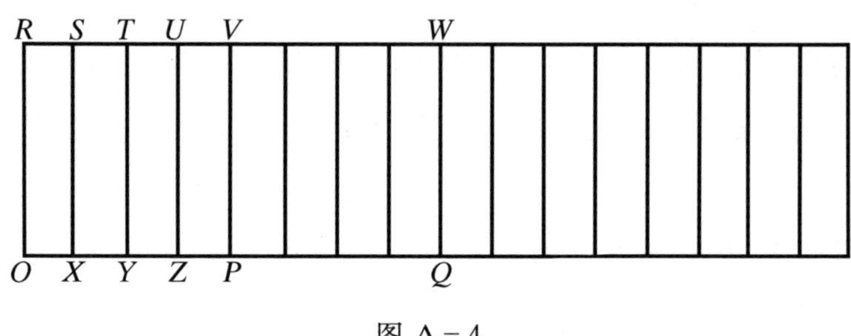

图 A-4

入(率)。

利用极限法,我们可以从一个均一利率下的收入流推出任意收入流。因此,任何一个连续的收入流明显可以用一条曲线来表示(图 A-5),曲线的纵坐标代表了任意时点的收入流的年收入(率),两条垂线 *BE* 和 *CF* 之间的面积(*EC*)代表了这一时段的总收入。

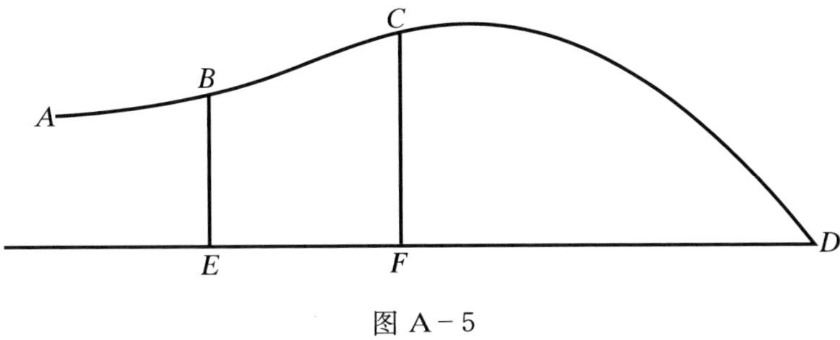

图 A－5

在收入流均一的情况下，用图 A－6 中的面积 OB 来表示连续的收入流。OA 表示收入率，OC 代表这个收入的资本价值。如水平线 CD 所示，该资本价值固定不变。（连续计算的）利率是$\frac{OA}{OC}$。

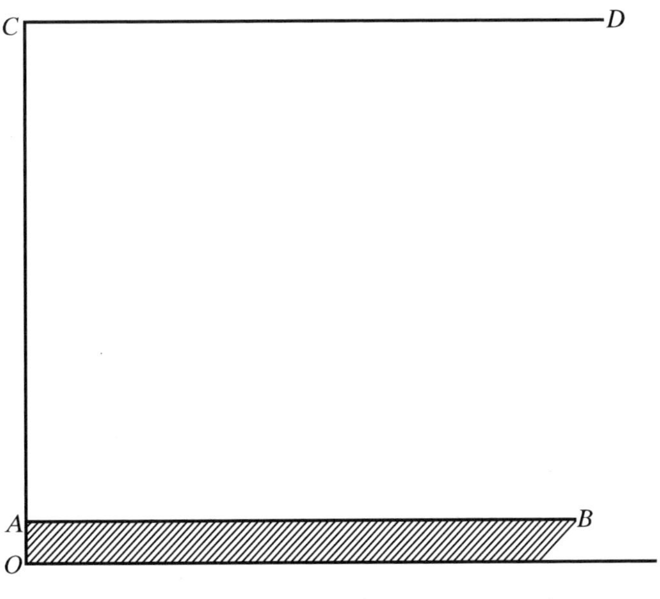

图 A－6

§6(对应第十三章第5节)
有期年金的资本价值的公式

令 a 代表年金的年收入，t 代表时期，而 V 代表现值。我们需要找到用 a、t、i(利率)来表示的 V。我们看到，拥有这种有期年金的人，相当于拥有了一份从现在开始的永续年金再扣除掉延期至 t 期后支付的永续年金。因此，他资产的价值也是这两种年金价值之差，也就是等于现在开始的永续年金减去 t 年之后开始的永续年金的现值。我们知道，延期到 t 年末开始支付的年金彼时的价值是$\frac{a}{i}$，现时的价值是这个$\frac{a}{i}$的现值，可通过将刚得到的$\frac{a}{i}$简单贴现得到，为$\frac{\frac{a}{i}}{(1+i)^t}$。因此，另一份从现在开始的永续年金(现值为$\frac{a}{i}$)应该减去上面的这个式子，即：

$$\frac{a}{i}-\frac{\frac{a}{i}}{(1+i)^t}。$$

§7(对应第十三章第5节)
用图形讨论有期年金的公式。“总贴现”、“总利息”和折旧

在图 A-7 中，令 AB 代表年金的时间 t，AD 为在时间点 A

开始的永续年金的价值，而 BE 表示开始于那个时期期末的等值的一份延期支付的永续年金的价值。BE 在时间 A 点的现值显然是 AC，这可以通过画一条贴现曲线 CE 来得到。因此，有期年金的价值等于 $AD-AC$ 或 DC，是 BE 的总贴现，即庞巴维克所言的“时间意义上的递减”。

同样，发生在后来任意时点 A' 的年金的资本价值（刚好在一次收入支付后），等于一个更小的值 GH。因此，资本价值随着曲线 CE 和直线 DE 之间的距离拉近而逐渐变小。

在这个表述中，贴现曲线通过 E 点。如果另有一条贴现曲线通过 D 点，并且假定每一个单独的收入项（利息）的支付都是从它开始的日期一直到时间点 B，则 EF 就是有期年金的总量，或者说是它在终止时的价值。数量 EF 被称为资本这段时间的“总利息”。

同样，在支付后的任意时点，GI 都代表了集中于那一点的年金的价值，这个价值将包括两部分：HG 是 K 点之后那部分的（贴现）价值，HI 是 K 点之前那部分的（积累的）价值。

年金资本价值的递减已经用 CE 向位于其上的水平线 DE 逐渐靠近来表示，但用 CE 转向为 KB 表示更好，为的是像之前的例子那样，用它到下方水平线 AB 的距离来表示资本价值。图 A－8 给出了这种变换。每次收入支付后的年金的价值用曲线的纵坐标或高度（如 KB 的 mA）来表示，而收入支付前的价值用曲线上这一点的纵坐标来表示（如 nA''），其距离等于收入。中间任意时点的价值明显来自于两点间的一条贴现曲线（如 mn）。结果是，资本价值会像图形显示的那样，随着这个阶梯或者锯齿而升降起伏。

随着收入的次数变多，锯齿会变多且变小。如图 A－9 所示，

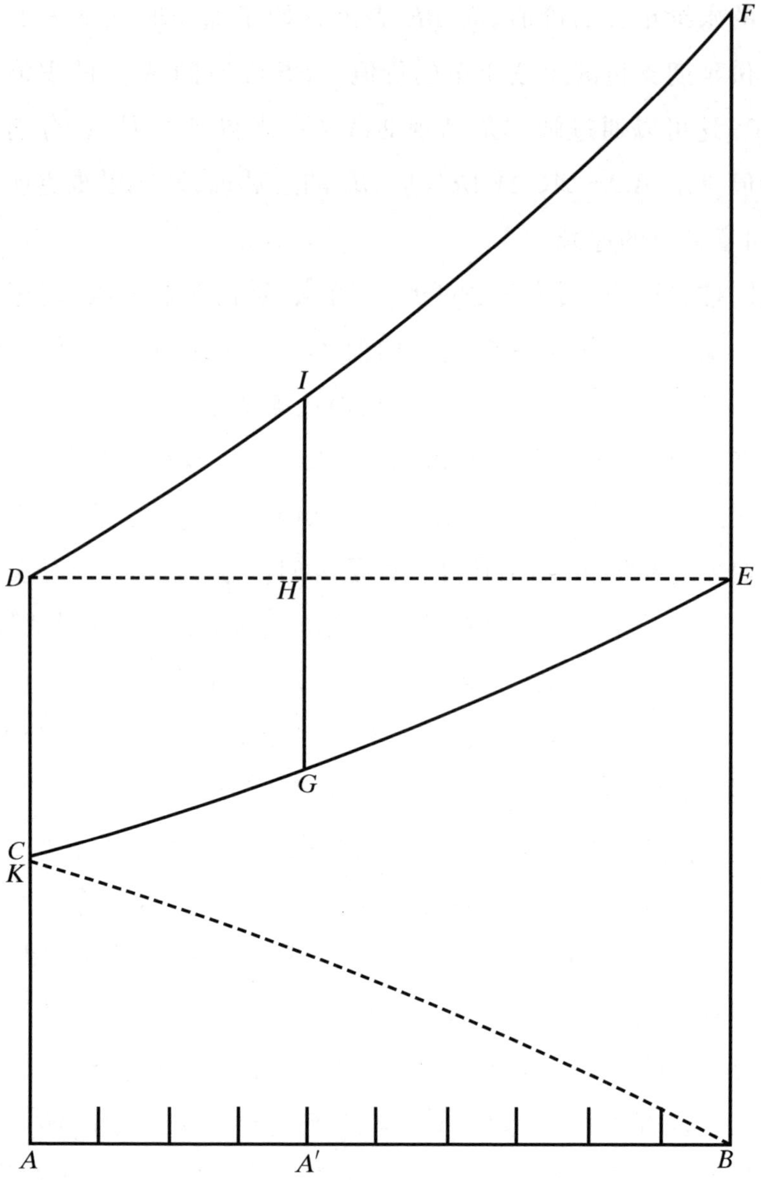

图 A－7

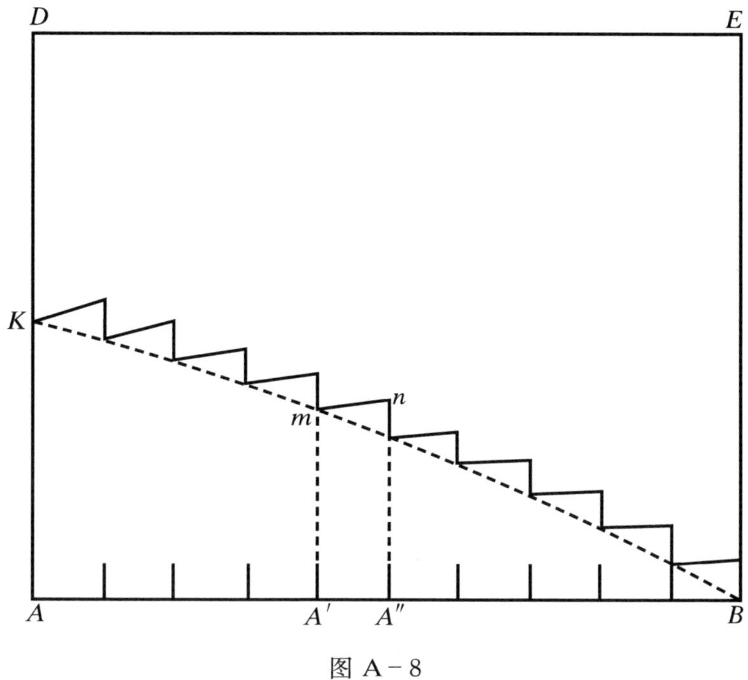

图 A－8

一旦收入流连续，锯齿就消失，曲线 KB 本身代表了所有时点的资本价值。

无论支付之间的时间间隔多长，每次收入支付后，年金的现值（V）的公式都是相同的。然而，这一命题只在下列条件下是完全成立的：（如我们理解的那样）利率 i 是根据每种情况下（半年、季度而不是年，等等）收入支付的频率来计算的。

明显可以看出，收入支付前的资本价值（V）的公式是建立在前面有关 V 的公式基础上的，并且加入了 a：

$$\frac{a}{i}-\frac{\frac{a}{i}}{(1+i)^{t}}+a。$$

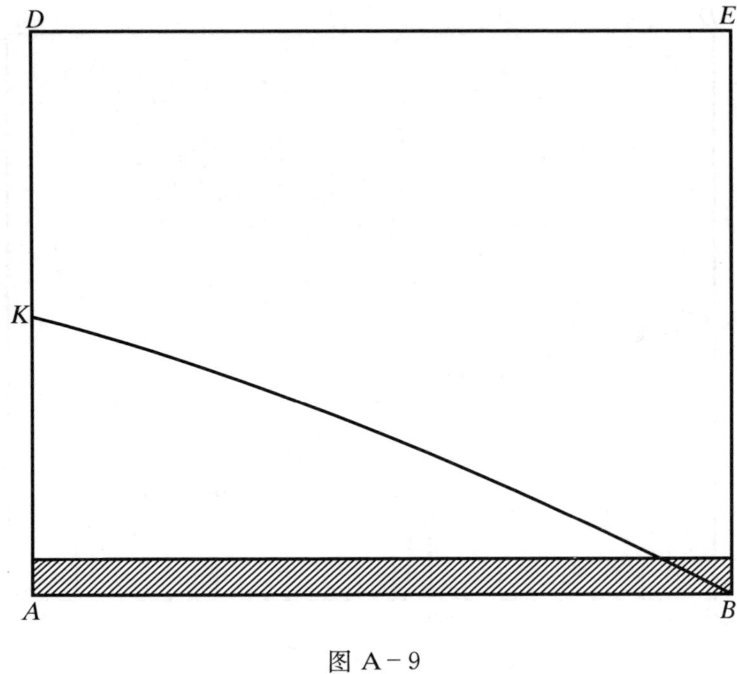

图 A-9

在中间时点上，资本价值等于那个所谓贴现的总量，因为在被考虑的时点和下一次支付之间的时间间隔消失了。

§8（对应第十三章第7节）债券价值的公式

一般来讲，假设某债券的年收入为 a 美元，按年支付，一共 t 年，到期后，除了最后支付 a 之外，还要付一个更大的 P，称为本金。我们要在利率 i 给定的情况下找到这些未来预期收入的现值 V。

有期年金的贴现值已经给出，为

$$\frac{a}{i}-\frac{\frac{a}{i}}{(1+i)^{t}}。$$

延期 t 年支付的贴现值 P 也已经解释过了，显然是

$$\frac{P}{(1+i)^{t}}。$$

这些表达式的和就是我们要的价值 V，换句话说，

$$V=\frac{a}{i}-\frac{\frac{a}{i}}{(1+i)^{t}}+\frac{P}{(1+i)^{t}},$$

或者，
$$V=\frac{a}{i}+\frac{P-\frac{a}{i}}{(1+i)^{t}}。$$

可以考虑一些特殊情形。首先，如果年收入 a 是本金 P 的利息，即如果 $a=P_i$（或 $P=\frac{a}{i}$），则第二项消失，因为它的分子显然是零。又因为现在假设第一项 $\frac{a}{i}$ 可用 P 表示，进而等式变成了 $V=P$。

其次，如果 a 大于 iP，容易证明 V 大于 P；如果 a 小于 iP，则 V 小于 P。

上述公式有重要的实践意义，因为它能让我们算出：某债券必须售价多少才能获得某一确定的利率。

要在数学上使用这个公式，只需要对相关变量赋予特定的数值即可。让我们考虑一个业已给出数字的例子，其中 $P=100$，$a=5$，$i=0.04$，$t=10$。这种情况下，公式变为

$$V=\frac{5}{0.04}+\frac{100-\frac{5}{0.04}}{(1.04)^{10}},$$

化简得 108,和我们之前得到的一样。

类似地,它也表明,如果债券按 6%的利率出售,债券的价格将会是 92.5 美元。

我们已经得出一次付息后债券的价值 V。在这个例子中,债券被(商人们称为)“除息”销售;相反,如果是附息“平价”出售的话,它的价值明显要加上利息 a,为 $V+a$。在两次付息之间,任何时点的价格显然是$\frac{V+a}{(1+i)^{t'}}$,其中 V 是下次付款后债券的价值,而 t'是到下次付款的时间。或者可以写成 $V(1+i)^{t''}$,其中 V 代表上一次利息支付后的价值,t''代表自上次利息支付到现在的时间。实际中,最后一个公式简化为 $V+Vit''$,这又等于 $V+at''$,因为 a 和 Vi 在实际中是相等的,它们都几乎等同于付款期的真实利息。商人经常使用这个公式,at''被称作是从最后一次付息以来的“赚得利息”。

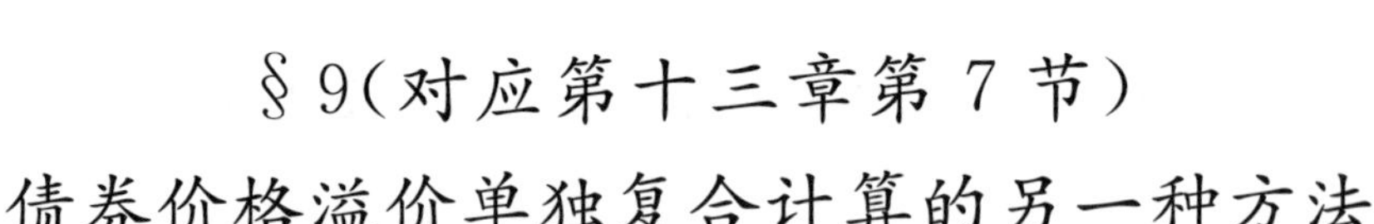

§9(对应第十三章第 7 节)
债券价格溢价单独复合计算的另一种方法

所谓的有效期 10 年(利率为)5%的债券,按 4%的利率出售,可以被看作下列两部分权利的组合:(1)10 年间每年 4 美元的权利和到期时的 100 美元;(2)10 年间每年 1 美元的权利。显然,第一项权利的现值是 100 美元,因此,我们只需要再加上第二项权利

(即连续 10 年,每年 1 美元)的价值即可。于是,这小份年金的现值由 100 美元的真实利息和名义利息的差组成,可以说是它构成了债券价格的溢价。当计算所使用的利率是 4%的时候,这个现值是 8 美元,使用了业已给出的有期年金的计算方式,它是 10 年后的 25 美元的总贴现,而 25 美元是每年 1 美元的永续年金的资本价值。因此,债券总的价值是 108 美元。这个价值的图形表示见图 A－10。

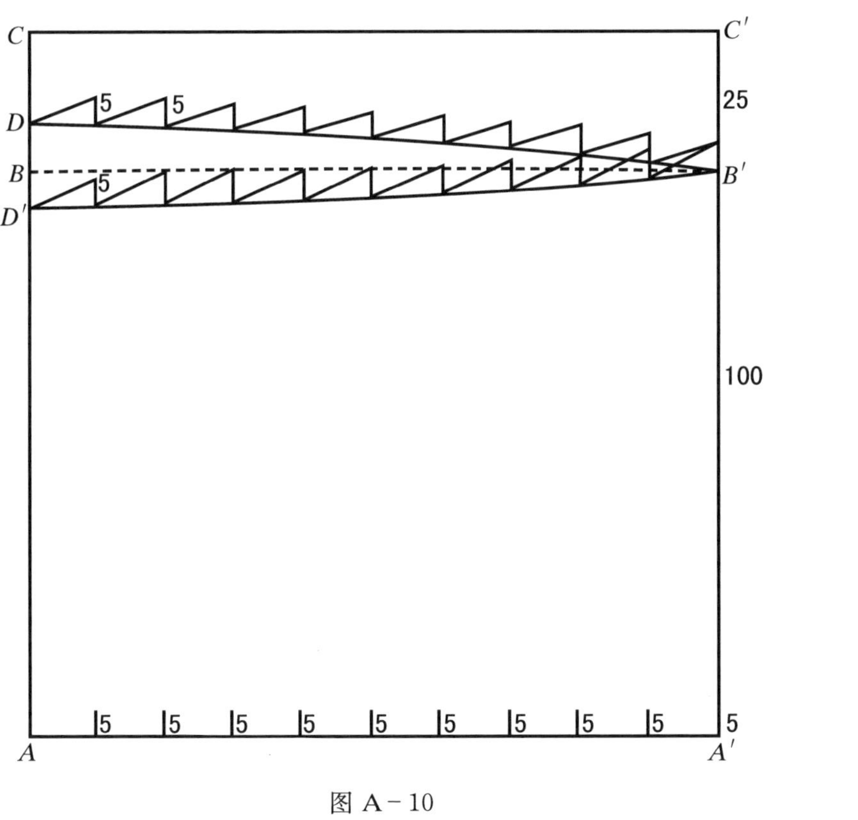

图 A－10

令 AA'表示 10 年的期限,每个时间单位上的 10 条垂线表示

5 美元的利息支付。$A'B'$代表 10 年后的 100 美元本金，而 AB 则表示如果利息支付是 4 美元而非 5 美元时债券的价值(100 美元)。因此，连付 10 年、每年 1 美元的价值必须加到上面。这是 $B'C'$的总贴现(等于 25 美元)，是每年 1 美元的永续年金的资本化。这个 25 美元的总贴现用线 BD 表示，它也是债券售价的溢价。总价是 $AB+BD=AD$。后来日期(紧邻一次支付之前的)的价格用以 CC'作为横轴的贴现曲线 DB'上的点来表示。在每一个支付点上加一条 5 美元的直线，我们就得到了刚付息之前的价值，然后将这些直线的顶点和之前按 4%利率计算的贴现曲线的利息间隔连起来，就得到一系列锯齿状图形，它代表了从现在至到期日债券价格的标准变化过程。

如果债券以 6%的利率售出，我们将得到 $B'D'$(而非 $B'D$)这条和之前一样的锯齿曲线，只不过这条线的斜率是 6%。

§10(对应第十三章第 7 节)
每年计息多次时的债券价格公式

当利息每半年计算一次时，半年收入的公式显然是：

$$V=\frac{a}{i'}+\frac{P-\frac{a}{i'}}{(1+\frac{i'}{2})^{2t}},$$

这个式子适用于利息刚刚支付后的情形。在刚付息之前，公式显然是 $V+\frac{a}{2}$；在中间时点，是这个价值的贴现，或者，出于应用的目的，有简单的公式 $V+at'$，其中 V 是最后一次付息后的价值，

而 t 是到那时的时间。在连续利息的情况下，如果我们像之前的章节那样，用 δ 代表利息，则有

$$V=\frac{a}{\delta}+\frac{P-\frac{a}{\delta}}{e^{t\delta}},$$

这个公式在整个债券有效期内都保持不变。

当然，出于应用的目的，可以在某种程度上对这些变化多端的公式进行转换和简化，而且，它们都可以根据不同的利率来转换。一些精算师显然更喜欢用"有效"的利率 i 作为利率，我们把这个利率叫作"按年度计算的利率"。之前使用半年、季度和其他利率形式的公式（同第十二章附录中介绍的关系一致）可以通过将这些利率替换或以 i 来表示的形式而得到转换。

§11（对应第十三章第 8 节）
任意系列收入的资本价值公式

我们可以将一般情况下任意收入流的资本价值公式表示如下：

令 a_1、a_2、a_3表示发生在距现在的时间依次为任意的 t_1、t_2、t_3时间点上的连续支付的收入，这些时间的间隔可等可不等、可长（整个时期）可短（其中一部分），甚至可正可负，因为收入可在未来，亦可在过去。令 i 代表利率，这样一个收入流的现值为

$$V=\frac{a_1}{(1+i)^{t_1}}+\frac{a_2}{(1+i)^{t_2}}+\frac{a_3}{(1+i)^{t_3}}+\cdots\cdots$$

或者，更简单的表示为

$$V=\sum\frac{a}{(1+i)^{t}},$$

这里的$\sum$取其一般含义,即为其后一系列公式项的加总。

§12(对应第十三章第8节)从既定的连续收入流中推导出资本价值的图形和公式

对于任意连续的收入流,均可用图A－11中MN下面的区域表示,资本价值用曲线NO表示。任何时点的收入流的纵坐标(如RS)代表了它在那一点的收入流。而任何一个区域(如$RSS''R'''$),均表示RR''期间的总的收入流。曲线NO的纵坐标为该收入流的资本价值。NO是从N向后构建的,曲线从收入流上的N点开始,由一个点按下列方式移动而成:在任何位置O点的移动方向都是两种趋势作用的结果。为了表示这两种趋势,我们画了一条通过O的贴现曲线OP,又画了一条与其相切的直线OH,后者与垂直的QH相交,而QH位于OK线左侧一单位远的地方。OH代表了上面提到的两个趋势中的一个,源于对未来价值的贴现。OK位于RS正上方且等于RS,在那个时间点上的收入代表了另一个趋势。结果,根据力的平行四边形原理画出来的OQ将代表曲线在O点移动的实际方向。换句话说,一个点在两种力量OK和OH的影响下移动产生了所需要的曲线NO。

为了说明这种表示方法的正确性,我们先考虑一下收入以半年计的情况。RR''表示一年,Rr表示半年。绘制纵坐标(高度)

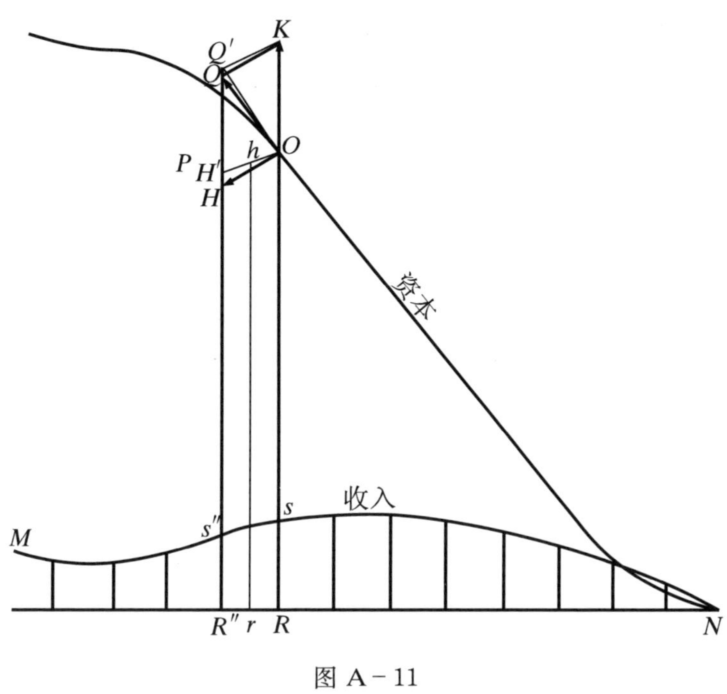

图 A－11

rh。过 h 点作向上垂直的 hq，hq 代表了半年的收入，即 Rs 的一半。为了避免图形的复杂化，hq 线略去了；如果画出来这条线的话，q 点会位于 OQ' 上。于是，根据我们之前的介绍，资本价值将会沿曲线 Ohq 变化，并由此形成一个“锯齿”状图形，这样，Oq 将是那条连接两个相邻“锯齿”最高点的线，在连续情形下，其方向与 OQ 线近似。Oq 是平行四边形 $H'OKQ'$ 的对角线。

因为 $H'Q'$ 与 O 之间的距离是 hq 与 O 之间的距离的两倍（假设 $RR''=2Rr$），接着，根据相似三角形（即 Ohq 和 $OH'Q'$）的原理，前者的长度也是 hq 的两倍。但 hq 代表半年支付的收入。因此 $H'Q'$ 为两个这样的收入，或者说是年收入。因此，有着同样

高度的 $OK(OK = H'Q')$ 也代表了同样的年收入。

换句话说，在 Oq 所在的平行四边形（$OH'Q'K$）中，OK 代表了每年的收入，OH' 代表了贴现曲线 OP 的弦。

现在，很明显了，假设频率增加，收入不是半年支付的，除了 h 点将向 O 点靠近这个结论外，前面的阐述依然适用。通过这种方式，弦 OhH' 逐渐接近切线 OH，平行四边形 $OH'Q'K$ 逐渐接近最初提到的平行四边 $OHQK$，也就是说，它的边分别是 OK（年收入）和 OH（贴现曲线的切线，贴现曲线是从 O 点出发的，一直延伸到一年期左侧边界的垂线那里）。

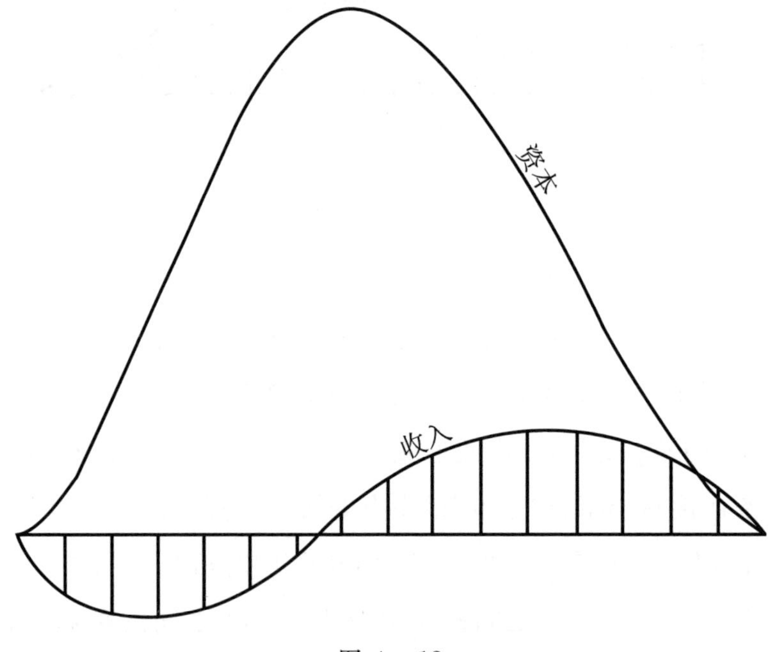

图 A－12

这个解释和论证与力学和运动学中所应用的解释与论证惊人

地相似。根据这种相似的情况，我们可以说，在收入不连续的情况下，O 点沿着资本曲线（向后）有两种交替运动趋势：一是没有收入的时候，它沿贴现曲线运动；二是在有收入的情况下，它垂直上升。在收入连续的情况下，上述两种运动同时发生，曲线变得平滑，而不是一系列的“锯齿”。

同样的原则也适用于收入曲线的一部分位于横轴之下的情况，如图 A－12 所示，这表示负收入。如果在一开始预期成本只是抵销了预期收益，资本价值将在那一刻变为零，而后那一点不断上升和下降，最后又再次回到零的水平。

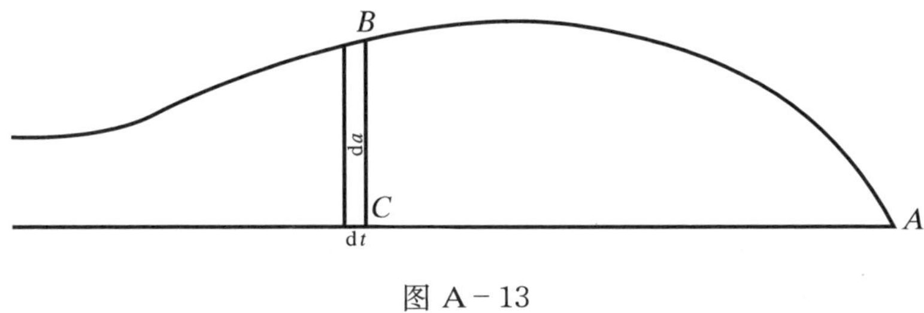

图 A－13

在收入流是连续的情况下，资本价值的公式将是

$$v = \int \frac{\mathrm{d}a}{(1+i)^t},$$

其中 da 代表一个无穷小的收入，它是在时间的无穷小增量 dt 中产生的流量。换言之，da 代表了 ABC 区域无穷小收入的元素（图 A－13），该元素的底或宽度是无穷小的时间 dt。为了进行积分运算，我们用 $f(t)t$ 来代替 da，其中 $f(t)$ 代表 CB，或收入流 t 所对应的纵坐标。如果 $f(t)$ 函数的具体形式已知，那么在任何给定的限制条件下，都可以对表达式进行积分并得到这个资本价值。

§13（对应第十三章第8节）
一个既定收入流的累计金额的图示

根据图 A－14，我们开始研究资本化收入的一般情况。我们现在希望，在 OA''' 这个时段结束的时候，可以得出收入项 AB、$A'B'$、$A''B''$、$A'''B'''$ 的累计值 $A'''Q$，这包括：（1）$A'''B'''$ 自身；（2）

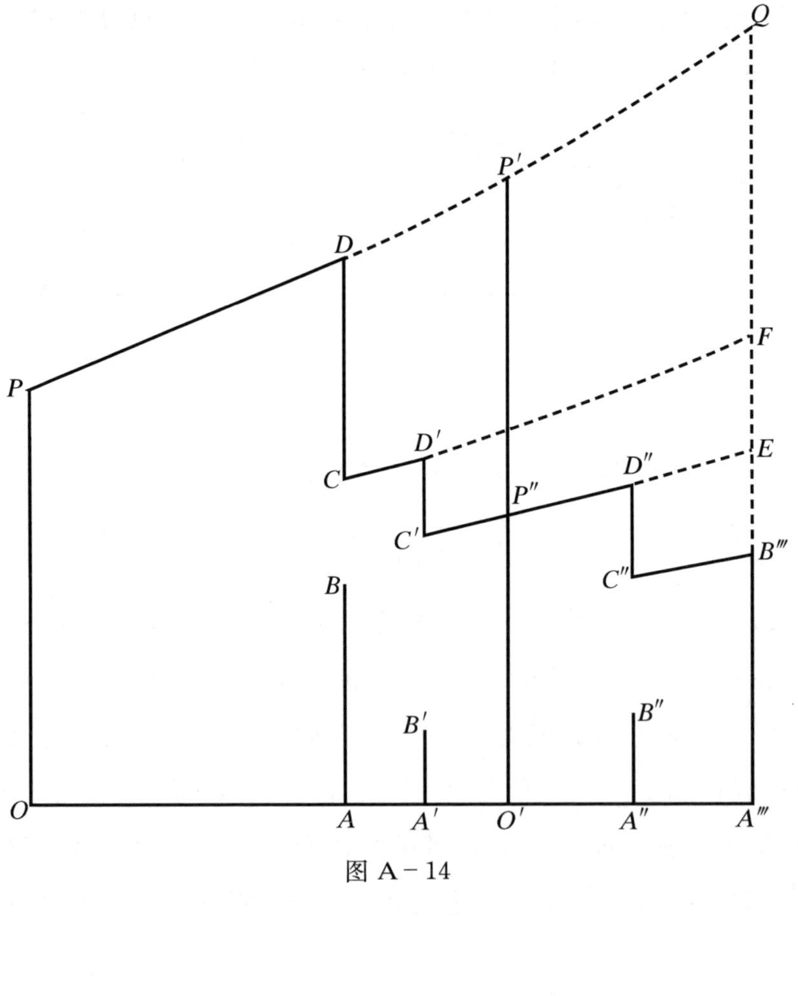

图 A－14

$B'''E$，长度等于 $C''D''$（或与之相同的 $A''B''$），并且可以通过将贴现曲线 $C''D''$ 延长至 E'' 点获得；(3)类似于上述情况，EF，等于 $C'D'$（或与之相同的 $A'B'$）；(4)FQ，等于 CD（或与之相同的 AB）。因此，OP 代表提前支付的收入流的价格，同时 $A'''Q$ 代表最后支付的价格。利用类似的推理，可以证明，整个系列（横轴 OA'''）上任何中间一点的价格就是平滑曲线 PQ 上该点的高度。

一定不要把这个结果同表示未来收入的资本价值的概念相混淆。因此，在时间点 O'，$O'P'$ 代表了所有收入项的价值，过去的或未来的，比如 AB、$A'B'$、$A''B''$、$A'''B'''$，而直线 $O'P''$ 仅表示未来收入项 $A''B''$ 和 $A'''B'''$ 的价值。

§14（对应第十三章第 10 节）对存货或者商品按半年、季度以及连续时间计算利率的结果

和往常一样，这段内容涉及从年度一直到连续时间的利率计算，如果正确对待的话，这些内容并不像看起来那么简单，可能会给某些读者造成不小的困惑。方便起见，如果我们假定商人存储了一段确定时间的每个财富项都叫作这段时间的“周转物”，那么，在这些产品入库成为库存时，就开始核算购买成本和与此相关的其他成本，并且，当它发离仓库时，开始核算它所带来的所有收入或总收入。像下面这样，我们可能从利率以年度计的情形过渡到连续计算的情形：

第一步，假设所有的产品都是年初购入且年末出售，所以其存续(周转)时间为一年。如果 c 为存货成本,它不仅包括采购价格,还包括与此相关的其他所有成本,年末时,它必定为收入的贴现值,这个收入因而为 $c(1+i)$。所以,一年的净收入为 $c(1+i)-c$,或者 ci,ci 除以年初计算的总成本价值 c,即$\frac{ci}{c}$,等于利率 i。

第二步,我们假设 1 月 1 日购入存货的一半,六个月后的 7 月 1 日再购入另一半。和前面一样,每项存货在售前存放一年。1 月 1 日的成本为$\frac{c}{2}$,7 月 1 日的成本也是$\frac{c}{2}$ 。如果我们在 7 月 1 日开始计算库存,之前购买的产品的成本为$\frac{c}{2}$,尽管是六个月前买的,六个月以后会被出售,但它们可能会具有更大的价值,即$\frac{c}{2}\sqrt{1+i}$,后者是成本价值加利息,或预期销售价值减利息。因此,7 月 1 日所有库存的价值为

$$\frac{c}{2}+\frac{c}{2}\sqrt{1+i}\text{。}$$

很明显,每六个月的销售额或收入将是$\frac{c}{2}(1+i)$,这是所购商品成本$\frac{c}{2}$的累计价值。就一整年而言,收益刚好是原来的两倍,即 $c(1+i)$。如果我们扣除了每年的成本 c,和以前一样,得到的将是净收入 ci,净收入 ci 除以任何一年的 1 月 1 日或 7 月 1 日资本价值,得到的比率将是

$$\frac{ci}{\frac{c}{2}+\frac{c}{2}\sqrt{1+i}}\text{。}$$

这个表达式很明显同$\frac{2i}{1+\sqrt{1+i}}$是一样的，似乎与利率不再相等。但矛盾之处源于如下事实：商人的收入以半年计，而 i 却以年度计。如果我们用半年计的利率 i'来代替 i（即 $i'+\frac{i'^2}{4}$，如第十二章附录的第 2 节所介绍的那样），就会发现，通过化简，上述表达式可简化为 i'。换句话说，在人为的简单情况下，商人在半年期内，所有的买入量和卖出量应该相等，这段时间的年收入与资本的比率为 i'。同样，如果他的买进和卖出发生在每个季度之内，则每季度的收入对资本的比率将是 i''，也就是按季度计算的年利率。一直这样持续下去，直到达到一种极端（或极限）的情形（实际生活中也比较常见），即商人每天都每天都买进、卖出。我们发现，在任意时点，年净收入除以资本价值，就是连续时间情形下计算所使用的利率。人们将看到，为了使这个命题易把握，如下做法很有必要：对商人资本的估值，既不应是批发价，也不该是零售价，而是中间价，这个价格要考虑到库存不能立即卖出以及卖出前也没必要去等一年的事实。同样的推理显然可以应用到存货的周转期大于或小于一年的情形。

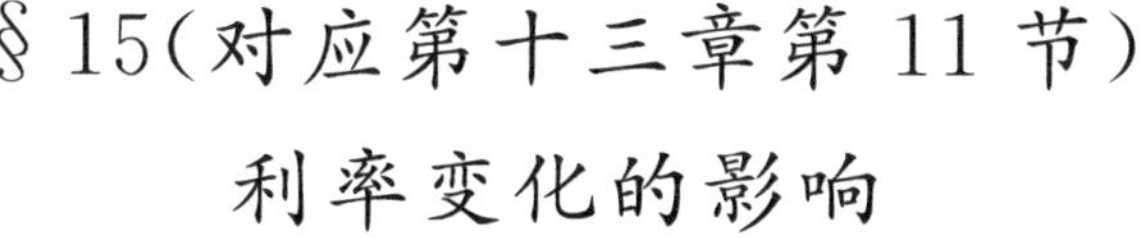

§15（对应第十三章第 11 节）利率变化的影响

到目前为止，我们一直把利率视为连续时间里的一个不变的量。可实际上，利率在不断地波动。我们先假定这些波动是可知的，而且，为方便起见，将研究限定在标准时间间隔为一年的情形。令第一年的利率为 i_1，第二年为 i_2，第三年为 i_3，以此类推。所有这些信息均事先已知。利用这些利率，我们可以计算出任何一项或一系列收入的现值。因此，如果两年后的价值是 1,000 美元，第一年的利率 i_1 为 5%，而第二年的利率 i_2 为 3%，则这 1,000 美元的现值先按 3% 贴现到第一年年末，结果为 $\frac{1,000}{1.03}$ 或 970.87 美元，因为这个数值是一年后的，再按 5% 对其进行贴现，结果为 $\frac{970.87}{1.05}$ 或 924.30 美元，这就是现值。

在一般情况下，如果用 V 代表收入项，则第一年年末的收入为 $\frac{V}{1+i_2}$，同理，这个收入的第一年年初的现值为 $\frac{V}{(1+i_1)(1+i_2)}$，当然，这个公式很容易扩展到三年或者更多年数的情况。

如果我们用图 A－15 中的直线 AB 来代表未来值 V，它在第一年年末的值为 CF，这是根据代表 3% 水平的贴现率的曲线 BC 得出的；其现值为 ED，是根据代表 5% 水平的贴现率的曲线 DC 得出的。换句话说，我们用了一条有间断点 C 的贴现曲线 BCD（即第一年和第二年有不同的贴现率），而没有用有一个同样贴现率水平的贴现曲线 BD。

和前面一样，用这种方法能准确地得到任何一系列收入项的现值，不同的是，现在的贴现曲线有点不规则，因此，如果不同时点的收入项都非常大的话，就像图 $A-16$ 中的 AB、CD、EF、GH 那样（按发生的顺序排列），离现在最远的收入项 AB，通过贴现曲线 BC 贴现到 C 点，把倒数第二项加到 C 点的资本价值上，再把根据

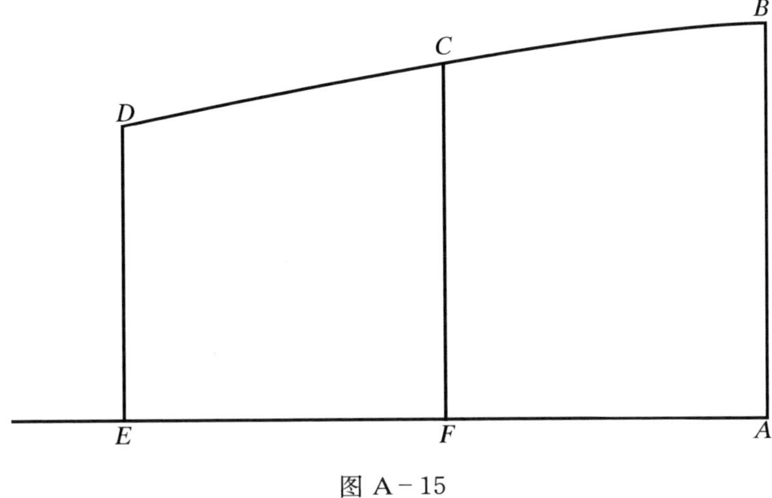

图 A－15

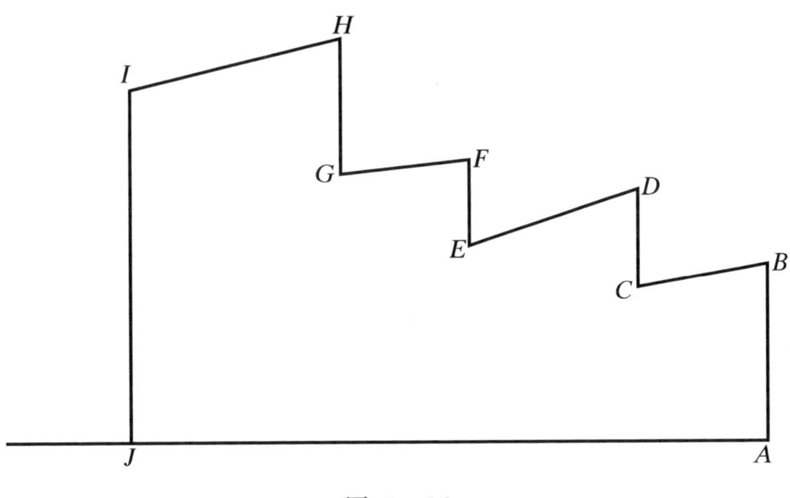

图 A－16

下一条贴现曲线 *DE* 得出的资本价值加到 *D* 点上，以此类推，一直到 *I* 点。因此，*IJ* 就是给定的一系列收入项的资本价值。

以这种方式，我们可以对第十三章所提到的资本化收入的全部特例进行评述，并用预先可知且变动的利率（贴现率）加以修正。不过，这种计算方法的实际意义不大，因为利率（贴现率）的变动很难预先了解。

这种没有实际意义的问题对我们的研究有价值吗？它可以通过替换简化计算，过程是：在可能的情况下，对于一系列利率 i_1、i_2、i_3……，其平均值为 j，如果对给定的一系列收入项，我们用均一的贴现率 j 进行贴现，则得到的现值同用不同的 i_1、i_2、i_3……进行贴现所得到的现值完全相等。这个式子的平均利率（贴现率）j 来自单个特定的利率 i_1、i_2、i_3……，用它来对每期的收入项 a_1、a_2、a_3……进行贴现，结果得到：

$$\frac{a_1}{1+j}+\frac{a_2}{(1+j)^2}+\frac{a_3}{(1+j)^3}+\cdots\cdots=$$

$$\frac{a_1}{(1+i_1)}+\frac{a_2}{(1+i_1)(1+i_2)}+\frac{a_3}{(1+i_1)(1+i_2)(1+i_3)}+\cdots\cdots$$

尽管实用价值不大，但这个公式可以有多种应用。进而，和前面一样，通过取一份今天开始的永续年金和一份递延到既定时期的永续年金的现值的差值，我们可以得到给定收入项的一份有期年金的价值。如前所述，从今天起至无限远的未来，每年的收入是 a，平均利率是 j_1，我们只需将这个年收入 a 用 j_1 贴现，就得到了永续年金的现值；同理，递延年金的终值为 $\frac{a}{j_t}$（j_t 为某个时点之后的无限期的年贴现率的平均值）。这份递延年金的现值可以通过对后一年的年金值用贴现率 $j_{1,t}$ 进行贴现而得到，其中 $j_{1,t}$ 是年金存续期内各个单独利率（i_1、i_2、i_3……i_t）的平均值。

债券的价值亦可用同样的方法求得。我们刚刚已经介绍了如何求债券利息和本金 P 的现值，到期时，本金的现值明显为$\frac{P}{(1+j_{1,t})^{t}}$。

§16（对应第十三章第11节）用极坐标表示资本和收入

懂数学的读者可能会对收入和资本的另一种表示方法感兴趣，即用极坐标而不是矩形的方法。在图 A－17 中，半径代表最初的资本。矢径（或向量径）转一周所需要的时间可以用来代表采购周期，因此，如果利率是 4%，采购期就是 25 年。一年的时间矢径将转$\frac{1}{25}$周，OA 的长度也会变为 OB，按年利率 4% 算，BC 是最初 OA 的$\frac{1}{25}$。如果利息 BC 没有用于再投资，资本也不再等于初始的本金，矢径在下一年将移动到 OD 的位置，在这期间，利息同样增加 DE。变化会一直持续下去，最终得到一个齿轮状的图形。每个齿都是 OA 的$\frac{1}{25}$，25 年的齿的长度的总和就是半径的长度。如果利率以半年计，齿的数量就是 50 而非 25 个，但大小是原来的一半。继续缩短计息时间，直到变化是连续的，此时我们将得到无穷小但无数多的锯齿，但其完整一周的数量和仍然是 OA。

在收入为零的时候，资本的积累用矢径增加的长度表示，最终的结果是形成螺旋状的轨迹，每 25 年形成一个螺旋。一个完整的周期之后，如果利息按连续时间的情形计算，OA'与 OA 的“数量”

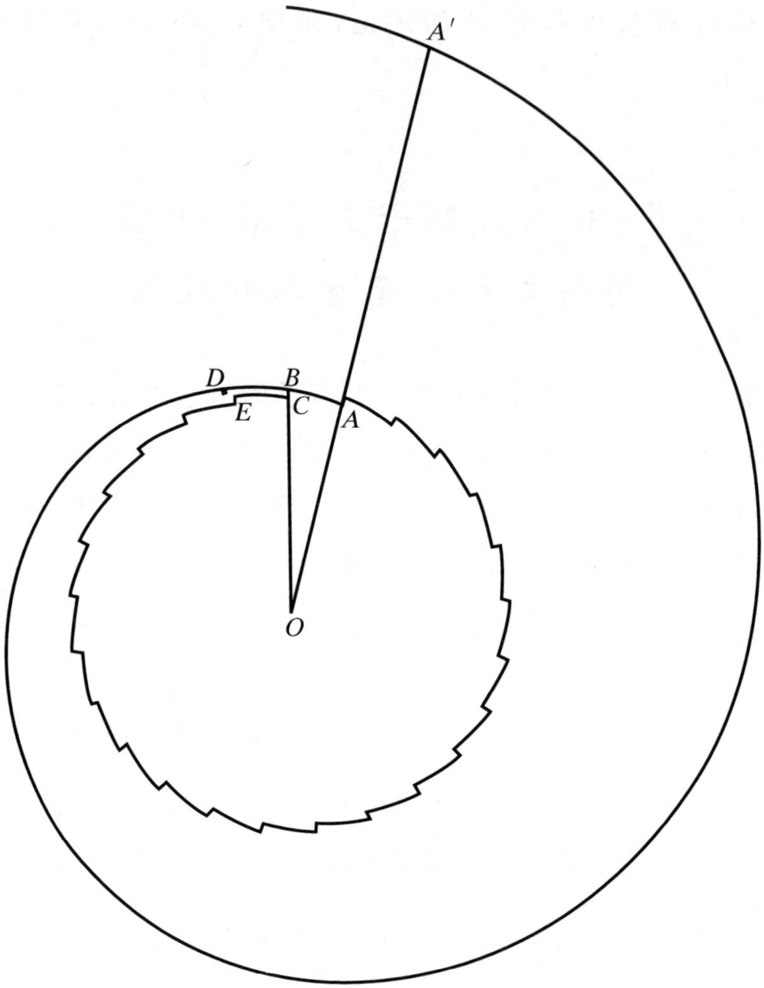

图 A－17

之比为 e，$e=2.718$。

不管利率是多少，资本积累都可用同样的螺旋来表示。完整的一周并不代表某个具体时间段，而只是一个采购期；而且，矢径转得越快，显然意味着利率增加得也越快。所以，如果利率不是

4% 而是 8% ，则矢径每 12.5($\frac{25}{2}$)年(而不是 25 年)就能完成一整个上述的螺旋。类似地，如果利率是 2% 的话，完成一整个螺旋的时间就变为 50 年，这个螺旋就是所谓的等角螺旋，它有以下特性：螺旋上任何一点的切线与矢径形成的角度都相等。本例中，这个角的正切为 2π。这个角是 80°57′。该螺旋的公式为$\frac{\rho}{\rho_0}=e^{\frac{\theta}{2\pi}}$，其中 ρ 代表矢径的长度，θ 代表转动的角度，ρ_0 是初始的矢径长度，e 和 π 当然是用字母去表示的大小，e 是的自然对数的底，π 是圆周的周长与直径的比。

第十四章附录

§1(对应第十四章第5节)
利率变化时,有关标准收入的两个不同概念

如果利率在几年间一直变化,则收入和资本比较的标准就需要重新表述。我们发现,在假定利率恒定时,既定资本的标准收入是一个永久且均一的流量,该资本在任何时刻都是该流量的现值。将标准收入理解为持久不变的收入还是资本价值保持在一个固定水平的收入,都无关紧要。因为在利率不变的条件下,一笔固定的收入必然使资本价值维持在一个固定的水平上。但是,当利率存在变化的可能时,标准收入的两个概念便不再等价。因此,如果第一年的利率是10%,第二年是5%,第三年是6%……那么在接下来的几年里,使资本保持不变的收入流与数字10、5、6……成比例。一个拥有100美元资本的人,第一年显然会赚得10美元且本金100美元不变,第二年赚得5美元且本金不变,第三年赚得6美元,以此类推。每年赚得的那个收入都同利率成比例。如果把这个收入流作为一个参考标准的话,相对于这个收入流而言,第十三章阐述的命题仍然成立,即如果任何一年的实际收入超过了标准

收入，资本将损失超出的部分；如果实际收入少于标准收入，资本将积累不足的部分。

不过，标准收入的这个概念并不是唯一合理的，如果可以选择的话，我们可能会使用标准收入的其他定义来说明一个永久且均一的收入流。此时，它是随时间而变化的这样一个收入流的资本价值。如前所述，这个收入流的价值可以通过将收入（率）a 除以单个利率的均值得到，比如，像上面例子中的 10%、5%、6%，等等，用第十二章附录第 5 节的计算方法就能得到利率的平均值。如果把平均利率记为 j_1，资本值就是$\frac{a}{j_1}$。例如，假设一个人有一笔每年均为 5 美元的永久收入，如果现时的利率为 $j_1 = 5\%$，则资本价值为 100 美元；同理，如果第二年的利率为 $j_2 = 4.9\%$（从第二年开始，未来各期的平均利率），则资本价值为 102 美元；如果第三年的利率为 $j_3 = 5.1\%$，则资本价值下降至 98 美元。把这种收入流作为标准的话，只要损失和增值可以参照上面所提到的可变的资本价值的变化来衡量，有关损失和增值的定理就依然成立。因此，如果获得的收入在第一年年末大于 5 美元的话，资本价值就会因这一差异而遭受损失，它将按照 102 美元而不是 100 美元来计算，前一个值是收入维持不变标准时的价值。

因此，无论采用哪种标准收入的定义，都可以用同样的语言来表述真实收入和标准收入之差的影响。在一种情况下，参照标准是不变的资本和变化的收入，而在另一种情况下，参照标准是可变的资本和不变的收入。现实生活中，尽管为了特定的目的，第二个标准可能更合适，但我们经常采用的是前一个标准。我们都知道这样一个例子,二十年前,在市场利率较高的时候,有些投资者尽管清楚利率一直不断地下降,还是进行了一些投资。仅仅是为了资本价值免遭贬值,他们就煞费苦心。结果,当再次投资时,这些人不得不面临收入的严重贬值。如果他们能记得每年将收入而不是资本留出一部分以抵销利率下降的影响,这个收入的贬值就可以避免。人们很少这样做,因为利率下降或者其他变动难以精确地预测,然而,在安全投资的情况下,总能计算出资本价值维持在一个不变的水平上所需的投资,进而就会获得一个完美、均一的收入流。

§2(对应第十四章第12节)可预见的税收对资本增值的影响

假设兄弟三人在没有考虑到税收的情况下,各自投资于不同的年金。老大用10,000美元买了一份每年500美元的永续年金;老二买的是每年1,000美元的永续年金,但要延迟15年后才支付;老三买的是一份6年期、每年2,000美元的年金。做了上述投资后,假定政府宣布要征收所得税,税率为10%。如果正确地解释了"收入"的话,即将它简单地认为是年金收入,则三人的财产将分别立刻减少1,000美元,任何一个的税后价格都是9,000美元。不过,如果"所得税"被理解为对赚得(也就是收入和资本增值)征税的话,如前所述,则税并不仅仅会令三人的财产等量减少,而且会对税后资本价值的增值产生长远的影响。为了说明这种"反馈式的"影响，用 c 代表老二在无（真实）收入期间任意一年年末（存储）的资本价值，因此，如果买了这份每年 1,000 美元的年金的话，则第 15 年年末的 $c=18,000$ 美元，因为一份每年 1,000 美元的永续年金在那时的资本化价值是 20,000 美元，其中 2,000 美元被当作资本化的税款额而扣除。令 i 为利率（如 $i=5\%$），t 代表税率（如 $t=10\%$）。我们希望先求出 c 前一年的资本价值 x。显然，x 是 c 的贴现值（$\frac{c}{1+i}$）减去最后一年所征收的税的贴现值。这是对该年的资本增值（即 $c-x$）征收的税。如果税率是 t，税额就是 $(c-x)t$，其贴现值为 $\frac{(c-x)t}{1+i}$。从后一年的资本价值的贴现值 $\frac{c}{1+i}$ 中减去这一项就是本年的资本价值 x，即

$$x=\frac{c}{1+i}-\frac{(c-x)t}{1+i},$$

求解 x，得 $x=\frac{c(1-t)}{1-t+i}$。税额是 $t(c-x)$，如果用刚才得到的 x 值去替换，则有 $t(c-x)=\frac{cit}{1-t+i}$。如果将 $i=0.05$、$t=0.10$ 带入，得 $x=c\times0.947$ 以及税额 $=c\times0.0053$。

我们把 c 在第 15 年年末的值（比如 18,000）代入，将得出 x，一年前的 $x=18,000\times0.957$，即 17,046 美元，再往前一年的价值是后一年的价值乘以 0.947，即 16,142.56 美元，以此类推，直到得出现值 7,952.15 美元。表 A－1 给出了对价值增值征收 10% 的税率的总体影响，也包括税收对资本价值自身的"反馈"。

表 A－1

	资本价值	资本价值增值	征收 10%的税
开始	$ 7,952.15	……	……
第一年年末	8,397.20	$ 445.05	$ 44.51
第二年年末	8,867.27	470.07	47.01
第三年年末	9,363.54	496.27	49.63
第四年年末	9,887.58	524.04	52.40
第五年年末	10,440.95	553.37	55.34
第六年年末	11,025.29	584.34	58.43
第七年年末	11,642.33	617.04	61.70
第八年年末	12,293.91	651.58	65.16
第九年年末	12,982.06	688.15	68.82
第十年年末	13,708.62	726.56	72.66
第十一年年末	14,475.84	767.22	76.72
第十二年年末	15,286.00	810.16	81.02
第十三年年末	16,142.56	856.56	85.66
第十四年年末	17,046.00	903.44	90.34
第十五年年末	18,000.00	954.00	95.40

表中的税额明显有别于正文中的税额，后者不包括这种“反馈式”的影响，因此，对于资本价值增值所征的税额的现值应该从714 美元变为 661.81 美元。在挥霍无度的情况下，现值也应该做同样的修正。不过，我们的主要目的并不是研究不同征税方式的影响，而在于说明：将储蓄置于收入之内，以及将能够导致资本贬值的部分真实收入或服务排除在外，这样的理论是站不住脚的。

§3(对应第十四章第 13 节) 应用：一个对实际收入征税的不切实际的所得税体系

从理论上讲，所得税应该对收入的每个组成部分征收，而不管这个部分是大是小，是正是负。也就是说，正的收入应该征税，负的部分应该补贴。这种制度在理论上是完美的，但在实践中很难实施。

本书并没有尝试去制定出一个税收体系，以解决之前指出的那些存在于现有体制中的难题。以实际获得的收入项为基础来估税绝不可行，这没什么疑问。因为这些项仅仅是交互作用的正方，以及某些资本项的会计账户中支出的抵销部分。这套机制的具体实施需要我们对每笔销售征税，并对每笔投资进行减免。如果试图估计出这些征收和减免的数额，以及像逻辑上要求的那样，估计出相应的支出的税款，做到公正、不偷税、不漏税是很难的。纳税人会夸大支出，低估收入，因此，税收制度对用以应付资本贬值或储蓄的收入进行了减免，并对资本增值部分征税，从这个意义上讲，也不是完全不公。如果一项资产的贬值总是能够被其他资产相等的增值所抵销的话（比如，纳税人的总的资本价值保持在相同的水平上），这种税收制度将是完全公平的。总之，大额收入经常被再投资，因此根本就不该缴纳所得税。如果我们假设这种再投资必然存在，就可以认为这种税收制度是合理的。比如，在英国，定期年金不像收入那样全额征税，而是仅仅对部分利息征税。而用来弥补本金损失部分的收入是不征税的。当然，在本金损失从来没有被其他形式的投资补偿，而是由最终的令人愉悦的收入所表示时，该制度就有失公正了。

为了阐述英国对资本贬值部分的税收减免问题，我们举如下例子。如果有一份总价为 1,000 美元的五年期年金以 4%的利率计算（每半年计息一次），则在第一个六个月的月末，需要支付

111.33美元，表 A－2 给出了每一时期的资本价值、由此得出的利息、支付给受益人的数额，以及资本的损失值。①

表 A－2

	期初资本额	期末产生的利息	期末总支付	资本贬值	期末剩余资本
第一年年末	$ 1,000.00	$ 20.00	$ 111.33	$ 91.33	$ 908.67
第二年年末	908.67	18.17	111.33	93.15	815.52
第三年年末	815.52	16.31	111.33	95.02	720.50
第四年年末	720.50	14.41	111.33	96.92	623.59
第五年年末	623.59	12.47	111.33	98.86	524.73
第六年年末	524.73	10.50	111.33	100.83	423.90
第七年年末	423.90	8.48	111.33	102.85	321.05
第八年年末	321.05	6.42	111.33	104.91	216.15
第九年年末	216.15	4.32	111.33	107.00	109.14
第十年年末	109.14	2.18	111.33	109.14	000.00
				$ 1,000.00	

如果一开始拥有资本 1,000 美元，在第一个半年期的期末，剩余 908.67 美元，资本价值损失了 91.33 美元；将这个资本再投资并获得利息，获得了一个总的资金组合，大小和之前一样，仍为1,000美元。同理，在第二个半年期的期末，初始的证券值 815.52 美元，但必须加上上一期投资的资本(91.33 美元)和本期的投资(93.15 美元)，总额同为 1,000 美元。以后的每年都以此类推。

这样，如果在英国，每年都对利息征税(表中的第二列的数值)，倘若第四列中的数据是每年真实的再投资的数值，并且这种再投资的利息被当作另一种形式的收入的话，就谈不上有什么不

① 源自《精算学会教材》，第一部分，“利息”，拉尔夫·托德亨特(Ralph Todhunter)编，第 57 页，伦敦(莱顿)，1901 年。

公平。换句话说,每笔再投资不是按复利积累,而是形成了可以产生永久利息的一个单独的基金,这些利息在收到那一刻可迅速转变成令人愉悦的收入。在这种情况下,这个人每年都将均匀地从给定的证券和再投资的其他所得中获得 20 美元的净收入,并将资本维持在 1,000 美元的水平。因此,对"资本贬值"部分的税收减免并非绝对地不公,因为贬值最终将不复存在。

不过,实际上,我们从来都不清楚"贬值"在多大程度上被真正用于再投资,对第一列而不是第三列的数额征税的合法性完全是出于方便。理论上看,第三列表示从这种特定形式的资本中所获得的真实收入,它应该被征税,而且之后无论以何种形式被再投资都应免税。这种方法尽管在具体应用中不太切合实际,但是在将个体的收入作为一个整体而征税时具有一定优势。将个体收入部分〔所有的收入要素(无论大小)和支出要素(包括再投资)〕集合在一起后,每个个体都会有一个需要(单独)纳税的净收入。对这样的个体来说,一个税收制度要能够对其资本的任何净贬值征税,因为这种资产贬值意味着一大笔收入。但如果他将收入储蓄起来而不是消费掉,则增值部分就要免税,因为这部分增值不是他收入的一部分。这套所得税制度能确保征税过程中的公平,在实践中常被称作是对"消费"征税的制度。

第十六章附录

§1(对应第十六章第6节)
概率、谨慎和风险的数学系数

令 V 为无风险价值,数学价值等于 V',商业价值为 V'',概率系数为 P,谨慎系数为 C,整体的风险系数为 R,我们得到

$$p=\frac{V'}{V},C=\frac{V''}{V'},R=\frac{V''}{V},$$

从而 $R = PC$。

也就是说,风险对价值的影响表现为两方面:一是通过概率值,它给出了数学价值;二是通过谨慎值,它给出了商业价值。在实践中,将 P 和 C 单独考虑是不可能的。这个分析的目的与其说是介绍清楚谨慎性因素,还不如说是对 R 和 P 做一般性的区分,并指出证券真实的市场价值不是其精算的或者简单的数学价值;换句话说,R 和 P 不是一回事。

§2(对应第十六章第7节)
风险债券的数学价值公式

令 p_1 表示在一年后得到收入的第一笔支付 a_1 的概率，p_2 表示(在第一笔收入已经获得的情况下)得到收入的第二笔支付 a_2 的概率，p_3 表示(在前两笔收入都已经获得的情况下)得到收入的第三笔支付 a_3 的概率，以此类推，p_4、p_5……p_n，其中 n 代表最后一笔支付的年数。获得第一笔支付的或然性(或风险)是 p_1，进而，到期时第一笔支付的数学价值是 a_1p_1，现值是$\frac{a_1p_1}{1+i}$。不过，获得第二笔支付的概率很明显不是 p_2，而是 p_1p_2。因为概率论的首要原则之一是，两个连续事件的概率是二者单独发生的概率乘积。因此，如果在投掷硬币时，正面朝上的概率是$\frac{1}{2}$，则连续两次正面朝上的概率就是$\frac{1}{2}\times\frac{1}{2}$，或$\frac{1}{4}$；同样，连续三次正面朝上的概率为$\frac{1}{2}\times\frac{1}{2}\times\frac{1}{2}$，或$\frac{1}{8}$，等等。于是，到期时获得第二笔支付 a_2 的数学价值为 $a_2p_1p_2$，其现值为$\frac{a_2p_1p_2}{(1+i)^2}$；类似地，第三笔支付的现值为$\frac{a_3p_1p_2p_3}{(1+i)^3}$，后面的以此类推。所获得的现值的表达式的加总即是这份财产的总的数学上的现值，如果用 V_m 表示这个数值的话，有：

$$V_m=\frac{a_1p_1}{1+i}+\frac{a_2p_1p_2}{(1+i)^2}+\frac{a_3p_1p_2p_3}{(1+i)^3}+\cdots\cdots+\frac{a_np_1p_2p_3\cdots\cdots p_n}{(1+i)^n}。$$

若假定上述概率相等，即 $p_1 = p_2 = p_3 = \cdots\cdots = p$，则可用 p^2 来代替 $p_1 p_2$，用 p^3 来代替 $p_1 p_2 p_3$，等等。

既然 p 代表获得支付的概率，很明显，没获得支付的可能或风险就是1同这些概率的差。我们用字母 q 来表示违约的风险，因此 $q_1 = 1 - p_1$，或者 $p_1 = 1 - q_1$，以此类推。若所有的概率 q 均相等，我们用 q 来表示（不能获得支付的概率），进而，财产现值明显可以写成

$$V_m = \frac{a_1(1-q)}{1+i} + \frac{a_2(1-q)^2}{(1+i)^2} + \frac{a_3(1-q)^3}{(1+i)^3} + \cdots\cdots + \frac{a_n(1-q)^n}{(1+i)^n}。$$

假定违约风险 q 很小，分数 $\frac{1-q}{1+i}$ 明显与 $\frac{1}{1+i+q}$ 近似相等。这一结果可以通过将第一个分数的分子分母同除以 $1-q$ 得到，新的分子为1，新的分母是 $1+i+q+\frac{q^2+iq}{1-q}$。在分母的这个表达式中，如果 q 很小的话，则分数的部分就可以忽略不计，因为 $1-q$ 约等于1，而分子 q^2+qi 由两部分组成，每一部分都是两个非常小的数的乘积。因此，如果 $q=\frac{1}{100}$，$i=\frac{4}{100}$，那么 $\frac{q^2+iq}{1-q}$ 大约就是0.0005，（与 $1+i+q=1+0.04+0.01$ 比较）这是一个可以忽略不计的数。因此，当 q 很小，数学价值的公式可以近似为

$$V_m = \frac{a_1}{1+i+q} + \frac{a_2}{(1+i+q)^2} + \frac{a_3}{(1+i+q)^3} + \cdots\cdots + \frac{a_n}{(1+i+q)^n},$$

也就是说，当违约风险很小时，它的影响基本上就和利率上涨所带来的影响相同。如果无（违约）风险利率是4%，进而1%的违约风险会使贷款协议的基础利率涨至约5%的水平。因此，如果我们

投资于所谓的 5%的十年期债券，并假设每笔后续支付的概率为 $\frac{99}{100}$，违约风险 q 为 $\frac{1}{100}$，则在市场利率为 4%的情况下，债券的数学现值近似为

$$V_m = \frac{a_1}{1+i+q} + \frac{a_2}{(1+i+q)^2} + \frac{a_3}{(1+i+q)^3} + \cdots\cdots$$

$$= \frac{5}{1.05} + \frac{5}{(1.05)^2} + \frac{5}{(1.05)^3} + \cdots\cdots$$

换言之，现值大约和一个基础利率为 5%的债券的现值相同，票面价值当然也是 100。

不过，如果违约风险 q 很大的话，则上面给出的近似公式将不再适用。因此，如果违约风险是 $\frac{9}{10}$，或者说，不违约或者获得支付的或然性是 $\frac{1}{10}$ 的话，则该财产的数学价值公式变为

$$V_m = \frac{a_1\left(\frac{1}{10}\right)}{1+i} + \frac{a_2\left(\frac{1}{10}\right)^2}{(1+i)^2} + \frac{a_3\left(\frac{1}{10}\right)^3}{(1+i)^3} + \cdots\cdots$$

很明显，上式中的所有其他项与第一项相比，都可以忽略不计（除非后续项 a_2、a_3 等的迅速增长抵销了分数 $\frac{1}{100}$、$\frac{1}{1,000}$ 等的下降）。在 5%的 10 年期债券的例子中，如果任意时刻的违约风险都是 $\frac{9}{10}$，在忽略了第一项以外的其他各项后，债券的现值为 $\frac{5\left(\frac{1}{10}\right)}{1.04}$，大约是 50 美分！考虑谨慎系数的话，这个现值还有可能进一步减小。换句话说，这份债券没什么价值。因此，在高风险的情况下，

我们不能简单地把风险的概率加到利率上去计算现值，而且，商业价值（当然）甚至会小于数学价值。换言之，在实践中，通过提高利率（似乎被当作一种保险费）来补偿风险投资是不可能的。这种债券在现实中完全没什么价值，因为，尽管上面的基于支付风险为$\frac{1}{10}$的计算是正确的，但实际中这种支付风险为0。高风险不仅使贷款的条件纷繁复杂，而且，这些条件又使得偿还的不确定性加大，然后进入一个恶性循环中。一个债权人会设想，为了可回收的100美元本金，如果只借出50美分而不是100美元，就可以抵销$\frac{9}{10}$的风险。不过，他会发现，这么做并没有抵销风险，而是增加了风险。

在前面的计算中，我们假设，如果支付出现一次违约，则后继支付全都不会发生（全都违约）。不过，通过指派后继年份中支付的或然性〔比如，令第一年的为 p_1，第二年的为 p_2（而不是以前的 $p_1 p_2$），第三年的为 p_3，等等〕，然后相应地改变第437页中的公式，就可以很容易地将上述公式扩展到更一般的情形，而不管各年份的风险之间是否相互依存。

§3（对应第十六章第10节）用标准差衡量的均值的变异

对所承担风险的进一步分析，会发现用对均值的变异来衡量更可取。因此，在前述例子中，年息依次为5%、5%、6%、5%、5%、4%、5%、7%、5%、3%、4%、5%，在衡量对年息的变异时，我们应该参照平均利率4.9%而不是5%。因此，在连续的12年间，对均值的离差或偏差为+0.1、+0.1、+1.1、+0.1、+0.1、-0.9、+0.1、+2.1、+0.1、-1.9、-0.9、+0.1。

有一个简单的指标显示了这一系列的对均值的偏离，我们将其称为标准差。它是一种离差的平均值，但不是简单的数学均值，而是对一系列离差的平方求数学均值（或代数均值），然后再开方。包含了上述12个单独离差的标准差的公式为

$$\sqrt{\frac{(0.1)^2+(0.1)^2+(1.1)^2+(0.1)^2+(0.1)^2+(-0.9)^2+(0.1)^2+(2.1)^2+(0.1)^2+(-1.9)^2+(-0.9)^2+(0.1)^2}{12}},$$

其值为0.95。

用标准差而不是其他类型的平均值去度量离差的程度基于以下几个原因。有关均值偏差或均差的代数平均值难以获得，因为除非我们在计算时把负号（这些值都是合理的）忽略掉，否则它的结果为零；标准差非常容易计算，它没有上面显示的那么复杂，而是根据一个定理，这个定理说的是，均差的平方的均值与下列方式计算的均值是相等的：任意量的离差的平方减去均值与该量的差值的平方。这个定理的证明非常简单，可以在任意一本概率论的教科书中找到。将这个定理应用到上面的例子中，我们先算有关其他量（比如5%）的离差而不是均值，因此，离差分别为0、0、1、0、0、-1、0、2、0、-2、-1、0，它们的平方是0、0、1、0、0、-1、0、4、0、4、1、0，进而代数平均值为$\frac{11}{12}$或0.902。这就是关于5%这个值的离差平方和的均值。从中我们减去均值4.9和另一个量(5)的差值的平方，离差可以计算出来。差值是0.1，其平方为0.01。用0.902减去它，得0.892，这也是均差平方和的均值，取平方根得

0.95，这就是我们需要的标准差。用这种方法计算标准差所需的时间远不及用直接方法计算所需时间的十分之一。

标准差在处理所有涉及对均值的偏离的统计数据方面发挥着重要的作用。最简单的一个应用，就是将任意给定的离差转化为相对于标准差（或是它的一个固定部分）的离差。惯常的做法是用绝对离差除以标准差，因此，在上面的例子中，标准差是0.95%，绝对离差是 2%，则相对离差为 2÷0.95 或 2.1。

从绝对离差到相对离差的这种转化使得不同的概率分布或者曲线可以相互比较，使得构建的概率表可以适用于所有情况。在有些时候，离差可能指降雨量的英寸数，有的时候是气压的磅数，还有的时候是每年分红的比例，就像上面的例子一样。这些离差没法相互比较，但是求出它们与特定情况下的标准差（分别用英寸、磅和年分红比例来表示）之比后，我们就得到了三个简单的纯数字的比率，它们说明了对标准差的偏离程度的大小。

如果现在查一下概率表的话，我们立刻可以找到任意既定相对离差的概率值。查表可知，在未来任意年份中，红利偏离平均利率（为 4.9%）2%的或然性为$\frac{1}{20}$。我们可以得出相对离差是 2.1，这个数值在概率表中对应的概率值是$\frac{19}{20}$，[①]这表明了离差波动在2%范围内的概率是多少。也就是说，如果平均值是 4.9%的话，

① 参见达文波特，《统计方法》，第 55 页，纽约，威利出版社，1899 年。我们在其中发现相对离差为 2.1，单向离差的概率为 0.4822。因此，双向离差的概率是这一值的二倍，或 0.9644，约为$\frac{19}{20}$。

红利的波动范围将是2.9%—6.9%。

所观察的离差的波动范围越大，某一年的实际红利值落到这个范围之外的或然性就越小；再者，概率下降的速度要比范围变大的速度快得多，这种关系源于概率论，并在分布理论方面有非常重要的影响。它的一个推论是，一个人越富有，他所承担的风险就越小。与财富较少的竞争者相比，由于拥有较多的资本，可以安全运营的余地更大，进而更有可能将这些财富控制在一个安全的范围内。诺顿教授也强调这样一个事实，即垄断的趋势使得资本家的优势得以增强。“结果是一个有趣的循环，处于顶层的就是那一伙人，他们垄断了这一领域，面对给他们带来巨大利润的风险，试图压低其商业价格。这又导致了风险承担者的财力进一步增强 。这一过程没有止境，能力和财力上的差异又通过遗传得以保留和延续。”①

这些方法的一个重要的应用，是计算赚得应小于债券所要求的利息数额这个事件的概率，该概率可以从概率表中查到。这个概率对应于用下述方法得到的相对离差：将平均期望赚得与利息的差除以$\frac{2}{3}$个标准差。就像诺顿教授所说的那样，商人们能以这种或那种方式（比现在）更好地利用他们过去的经验。仅仅瞟一眼过去的赚得并下结论，并没有科学地利用赚得所呈现的事实。取平均数没有太大的价值，但知道均值特别是了解对均值的离差却很重要，而这种离差就是用标准差衡量的。计算的捷径是：先算出

① 源于作者的一封信，参见诺顿，“贷款信用理论”，《美国经济学会出版物》，1904年，第54页。

过去赚得的均值，然后求出有关这一均值的标准差，接着是其波动的概率（比如，赚得小于利息支付水平的概率），最后是把我们有关未来不会遵循过去的轨迹发展的看法考虑进来，对之前的结果加以修正。上面四个步骤中，只有最后一步需要根据以往的经验。但是，现在，除了第一个之外（甚至也包括第一个），都被忘在了脑后。

曾经有一段时间，商人们不用债券表，也不核算成本明细，签订寿险合同的时候对任何有关死亡率的数字不屑一顾。而现在，专业的会计师和精算师的工作已经取代了这些粗枝大叶的计算方法，因此，仅凭对未来收入状况的猜想也应该被概率论的现代统计应用所取代。[①]

§4（对应第十六章第20节）均衡的纯寿险保费的计算方法

在组织合理的保险公司中，寿险的主要特点和火险的情况类似，即每年的保费不是根据那一年的死亡率而是根据均衡保费计算的。在保单的早些年会高一些，而后几年会低一些。这种安排的明智之处在于它可以激励所有的“风险”继续投保，尽管在只收

---

① 参见《卖出和买进》，希金斯（L. R. Higgins），伦敦，1902年，第65、66页。沿着这条线索，参见埃奇沃思，“银行业务的数学理论”，《皇家统计学会期刊》，1888年，3月；对现代统计方法的介绍，参见卡尔·皮尔森（Karl Pearson），《科学的规范》，以及其期刊论文“生物统计”；该方法在财务和产业问题方面的应用可见诺顿的《纽约货币市场的统计研究》，纽黑文（Tuttle，more house & Taylor 公司），1903年。

取自然保费的情况下，随着年龄的增长，一个趋势是不大可能发生的风险将不再投保，因此保险公司会面临逆向选择的问题。索取一个均衡保费的结果是，保单的数学价值会随着时间而不断增加，因此，几年之后，保单的持有者会拥有一份价值不菲的财产，如果愿意，他可以选择把它卖掉或用作贷款的抵押，等等。这份基于数学计算的保单的价值，当然是获得赔偿（或保险）的概率的现值减去支付保费的概率的现值。因此，对于一个 30 岁的人来说，如果已经在保 10 年，他 35 岁去世的概率为 732/84720 或0.86%，因为在 84,720 个 30 岁的人中，大概有 732 个人会在第 36 年死亡。因此，假设利率是 4%，在那一年收到 1,000 美元的保险赔偿费的概率的现值是$\frac{1,000\times(0.0086)}{(1.04)^5}$即 7.07 美元。用同样的方法，我们可以计算出可能的生命存续期内其他年份的这一概率的现值，并将所有这些现值加在一起，得出收到保险赔偿(287.66美元)的现值的总和。这个值应该扣掉他支付保费的概率的现值。所以，在他 35 岁时，在上述年份里支付保费的概率，就是他活到那个时刻的概率，这个概率是 0.958。把这个数乘以保费并贴现，得到这个可能的保费支付的现值，把现值加上其他年份的类似的总和，将会得到他需要支付的保费的现值的总额，约为 222.86 美元。接着，从刚刚得出的预期获得赔付的现值(287.66 美元)中减去这个数，就是这份财产的数学价值的现值 64.80 美元，这也被称为保险的价值或者保单的“准备金”。

真正的商业价值或其愿意支付的价值会更高一些。在这个例子中，谨慎系数会增加财产的价值（而不是降低），因为保险倾向于

降低风险，而不是制造风险。

人们已经正确地开发出了有关寿险的数学价值的计算方法，感兴趣的读者可在《精算师协会教材》的第 2 卷（伦敦，莱顿出版社，1901 年）中找到更完整的解释。

译　后　记

费雪生活于19世纪末20世纪初，他视角广阔、博学多产，研究的领域不仅包括经济学，也涉及数学和统计学，甚至还是一位发明家和健康专家。他和克拉克一道被看作是那个时代美国最引人注目的经济学家。由于有着数学方面的专业背景，其作品中大量使用数理方法并流露着早期奥地利学派一般均衡的思想。

本书意在为会计学和普通的经济核算提供理论基础。在费雪眼中，资本是可以产生服务流的财富，是个存量，也是唯一的生产要素。它不仅包括常见的土地和原材料，亦包括人（从这个角度说，费雪是现代人力资本理论的重要先驱）。资本引致的服务流即为收入，是个流量，资本价值要通过将收入贴现而得到。因此，收入是资本之因，未来是现时之因，对存量和流量的区分是分清两者的关键。除此之外，本书也对财富、产权、效用或欲求等概念进行了说明，介绍了计算总财富使用的两种方法——余额法和配对法。他认为，资本产生收入的过程（也就是生产活动）是一类资本与另一类资本发生的交互作用，涉及财富“运输”、“生产”和“交换”等变动。在看待资本和收入的关系时，不仅要从“数量”的角度，更要从“价值”的角度来理解。在此基础上，他还提出了四个基本的比例关系，其中最重要的是“价值收益率”，利率便属于后者，也是连接资本和收入的纽带。本书最后部分的内容主要是在技术上对资本价值的确定，特别是对风险条件下资本价值的确定，给予了详细的说明，并通过图形进行了形象的概括和总结。

书中有很多技术性的细节，特别是涉及会计账户的部分更是如此，这么做的原因就是为重要的概念和结论寻找坚实的理论和现实基础，费雪也正是用这样的一针一线织出了现代资本和收入理论的网。本书并非是他被提及最多的作品，但正如马克·布劳格(Mark Blaug)所言，"在他的诸多精彩著作中，本书是最精彩的，书中的所有其他内容实际上已经为现代经济学悉数接受"。后来著名的《利息理论》就是这一工作的延续。

本书的初译的分工如下：我翻译了其中的前言、第一至第七章、词汇表及附录，卢欣翻译了第八至第十八章，还有一些德语内容，得到了姜莱博士的帮助。最后，由我在初译的基础上对全书进行了校对，因此，翻译上出现的问题也由我来负责。

感谢商务印书馆的编辑李彬先生的信任和宽容，并给了我们足够的时间来完成此书。由于译者的水平特别是知识结构有限，细心的读者一定会在书中发现错误和疏漏，恳请指正，不胜感激。

谷宏伟

2016 年 3 月于大连

图书在版编目(CIP)数据

资本和收入的性质/(美)欧文·费雪著;谷宏伟,卢欣译.—北京:商务印书馆,2017
(汉译世界学术名著丛书:120年纪念版:珍藏本)
ISBN 978-7-100-14125-3

Ⅰ.①资… Ⅱ.①欧… ②谷… ③卢… Ⅲ.①经济收入—研究 Ⅳ.①F014.4

中国版本图书馆CIP数据核字(2017)第138049号

汉译世界学术名著丛书
(120年纪念版·珍藏本)
资本和收入的性质
〔美〕欧文·费雪 著
谷宏伟 卢欣 译
谷宏伟 审校

商 务 印 书 馆 出 版
(北京王府井大街36号 邮政编码100710)
商 务 印 书 馆 发 行
南京爱德印刷有限公司印刷
ISBN 978-7-100-14125-3

2017年12月第1版 开本 710×1000 1/16
2017年12月第1次印刷 印张 28½
定价:140.00元